安徽党史上的革命精神

中共安徽省委党史研究院◎编

中国文史出版社
CHINA CULTURAL AND HISTORICAL PRESS

图书在版编目(CIP)数据

安徽党史上的革命精神 / 中共安徽省委党史研究院编. -- 北京 : 中国文史出版社, 2023.10

ISBN 978-7-5205-4260-9

Ⅰ. ①安… Ⅱ. ①中… Ⅲ. ①中国共产党—地方组织—党史—安徽—学习参考资料 Ⅳ. ①D235.54

中国国家版本馆CIP数据核字(2023)第166719号

责任编辑:程　凤

出版发行:中国文史出版社
社　　址:北京市海淀区西八里庄路69号　　邮编:100142
电　　话:010-81136606　81136602　81136603(发行部)
传　　真:010-81136655
印　　装:廊坊市海涛印刷有限公司
经　　销:全国新华书店
开　　本:1/16
印　　张:18.5
字　　数:210千字
版　　次:2023年10月北京第1版
印　　次:2024年3月第2次印刷
定　　价:88.00元

《安徽党史上的革命精神》
编 委 会

主　编:程中才

副主编:朱贵平　顾永俊

编　辑:祝鸿霞　朱金龙

前　言

习近平总书记在庆祝中国共产党成立100周年大会上的讲话中，第一次明确提出并提炼了伟大建党精神的深刻内涵，即“坚持真理、坚守理想，践行初心、担当使命，不怕牺牲、英勇斗争，对党忠诚、不负人民”，同时深刻阐释伟大建党精神的历史地位和重大意义，指出伟大建党精神是中国共产党的精神之源。一百年来，中国共产党弘扬伟大建党精神，在长期奋斗中构建起中国共产党人的精神谱系，锤炼出鲜明的政治品格。

安徽是一片红色热土、改革沃土，安徽人民具有光荣革命传统和改革创新的基因。一百多年来，伟大建党精神在江淮大地上传承发展、发扬光大，安徽走过了风云激荡的不平凡历程，取得了令人瞩目的历史性成就，在中国革命、建设、改革历史长河的每一个断面都留下了深深的印记；同时，孕育形成了跨越时空、历久弥新、具有鲜明本土特色的系列革命精神，主要有大别山精神、新四军精神、淮海战役精神、渡江精神、渒史杭精神、王家坝精神、小岗精神、老区精神等，成为中国共产党人精神谱系的重要组成部分。

系列革命精神源自伟大建党精神，内涵丰富，底蕴深厚，品质高尚，浓缩了中国共产党领导安徽人民进行百年奋斗的辉煌历史，是安徽人民共有的精神家园，是安徽发展进步的动力源泉，是取之不尽、用之不竭的宝贵精神财富。在新时代新征程上，我们需要深入研究阐释、大力弘扬系列革命精神，传承红色基因，赓续红色血脉，把伟大建党精神点燃的红色火种播进一代代江淮儿女的心中，凝聚起同心共筑中国梦的磅礴力量，让系列革命精神在新时代全面建设社会主义现代化国家、全面推进中华民族伟大复兴的新征程中绽放出更加绚丽的光芒！

目　录

大别山精神的基本内涵和当代价值

刘延年　苏明波　孙雯娟

中国共产党在领导大别山区人民进行波澜壮阔的新民主主义革命斗争中，锤炼和铸造了彪炳史册的大别山精神。2021年9月29日，经党中央批准，中共中央宣传部梳理的第一批纳入中国共产党人精神谱系的伟大精神发布，大别山精神名列其中。大别山精神，是指从1921年中国共产党诞生，到1949年新中国成立这一特定历史时期，在大别山这一特定区域[①]，中国共产党领导人民群众在长期革命斗争的过程中，用鲜血和生命凝成的一种以实现共产主义为价值取向的革命信念、革命意志、革命意识、革命品质和革命行动的总和。

一、大别山精神形成的历史背景

大别山区地处鄂豫皖三省边区，是全国著名革命老区。建党之初和大革命时期，大别山区是马克思主义传播和中国共产党组织建立最早的地区之一；土地革命战争时期，中国共产党在大别山区领导创建

①本文所指大别山区大体相当于土地革命战争时期鄂豫皖革命根据地所辖区域。据《鄂豫皖革命根据地史》：鄂豫皖革命根据地位于湖北、河南、安徽三省边界地区。其中心区域为鄂东北的黄安（今红安）、麻城、黄陂、孝感、黄冈、罗田、蕲水（今浠水）、蕲春、黄梅、广济，豫东南的商城、光山、罗山、固始、潢川、信阳，皖西的六安、霍山、霍邱、英山（今属湖北省）、舒城、潜山、太湖、宿松，共计20余县的全部或一部；其周围的红军游击区域有40余县。

的鄂豫皖革命根据地是仅次于中央苏区的第二大根据地，诞生了多支红军主力；解放战争时期，大别山区是刘邓大军千里挺进大别山的落脚地和解放全中国的前进基地。大别山区人民在革命斗争中创造的“28年红旗不倒”的奇迹，成为中国共产党的重要建党基地、中国革命的重要策源地、人民军队的重要发源地。

（一）大别山区是中国共产党的重要建党基地

1.马克思主义在大别山区的传播

近代以来，大别山地区人民遭受到帝国主义和封建势力的双重压迫，人民大众进行了一次又一次的反抗斗争。为挽救民族危亡，全国出现了一批学习西方资产阶级文化思想的知识分子，大别山区的先进知识分子痛心于北洋军阀的黑暗统治，走到了要求进步和改革的前列。1904年，安庆人陈独秀创办《安徽俗话报》，宣传反帝反封建思想。1915年9月，陈独秀在上海创办《青年杂志》（后改为《新青年》），高举民主和科学的大旗，新文化运动席卷全国。1917年10月，恽代英在武汉创办互助社，以“群策群力，自助助人”为宗旨；同年秋，朱蕴山在六安筹办安徽省立第三甲种农业学校，传播新思想新文化；信阳的河南省立第三师范学校创设“第三师范贩卖部”，公开销售《新青年》《每周评论》等进步刊物。这些地方都成为向大别山地区传播新思想新文化的窗口。

五四运动后，以陈独秀、李大钊为代表的知识分子不遗余力地学习、宣传马克思主义。这一时期，大别山各地陆续出现学习、研究马克思主义的团体，马克思主义开始广泛传播。在鄂东，1920年2月，恽代英、林育南等创办“利群书社”，经销进步书刊，成为武汉地区宣传马克思主义新思想的重要阵地。经过董必武等人的启迪，一大批进步学生到武汉、北京等地寻求革命知识，将新文化新思想传播到自己的家乡。1920年3月，董必武与张国恩在武昌创办私立武汉中学，董必武还三次到黄安宣传革命道理，指导黄安青年协进会创办《黄安青年》。在豫南，1920年8月，罗山青年学社成立，学习和研究马克思主义经典著作和进步刊物，并创办《三日报》。1922年至1923年，在武汉中学读书的学生袁汉铭、董汉儒发起组织商城学会。在皖西，1920年初，六安三农教师朱蕴山和进步学生组建中国革命小组，霍山燕溪小学成立马克思主义学习小组，学习研究马克思主义。1921年1月，高语罕编写的《白话书信》出版，是安徽省最早系统传播马克思主义的课本。1922年，皖西青年蒋光慈、韦素园赴俄国留学，蒋光慈回国后著有《少年漂泊者》等著名革命文学作品。

2. 大别山区中共组织的建立

大别山区是全国较早建立中共组织的地区之一。1920年8月，董必武、陈潭秋等7人成立武汉共产党早期组织。1921年7月，董必武、陈潭秋参加了中共一大。1922年2月（一说1921年秋冬），陈潭秋回家乡黄冈陈策楼介绍萧人鹄、胡寅亮入党，后成立中共陈策楼小组，

★中共陈策楼小组成立旧址，位于湖北省黄冈市黄州区陈策楼村

1924年8月发展为中共黄冈支部（后改为中共黄冈特别支部），隶属中共湖北地方组织。鄂东黄梅、黄安、麻城、罗田、广济、蕲春、蕲水等地，也先后建立了党的组织。至1927年四五月间，鄂东已有党员1356名，其中黄冈县有643名。

1925年4月，信阳党团支部在信阳铁路扶轮学校成立，隶属中共北方区委领导，7月发展为中共信阳地方执行委员会。豫南的商城、固始、罗山等地也先后建立了党的组织。

皖西是安徽最早建党的地区。1923年春，柯庆施受陈独秀委派到安庆恢复团组织活动，建立党的组织。当年冬，中共安庆支部成立，柯庆施任书记，直属中共中央领导。同年冬，薛卓汉、徐梦秋等从上海大学回到家乡寿县发展党员，成立中共小甸集特别支部，曹蕴真任书记，直属中共中央领导。

★中共安庆支部旧址，位于安徽省安庆市北门万安局一号濮家老屋

1925年冬，中共六安特别支部在六安城关成立，直属中共中央领导，书记王绍虞。此后，寿县境内还先后成立了中共淮上中学补习社支部、瓦埠小学支部、寿县城关支部、窑口集特别支部、堰口集支部等多个党的组织，霍邱、霍山等地也开始建立党的组织。

在中国共产党成立之初，大别山地区的党组织陆续建立，成为中国共产党的重要建党基地。这一时期，党的干部较多，革命力量发展较快，对大别山革命斗争产生了深远影响。所以在整个新民主主义革命时期，大别山地区一直是党在全国活动的中心区域之一。

（二）大别山区是中国土地革命的重要发生地

1. 大别山区的武装起义和革命根据地的创建

大革命失败后，鄂豫皖三省党组织在八七会议精神指引下，高举土地革命和武装斗争的旗帜，将工作重点由城市转入农村，在大别山区先后举行了黄麻、商南（立夏节）、六霍、请水寨等著名武装起义，组建了中国工农红军第十一军三十一、三十二、三十三、三十四师，创建了鄂豫边、豫东南、皖西三块革命根据地，为建立统一的鄂豫皖革命根据地奠定了基础。

黄麻起义和鄂豫边革命根据地的建立。1927年11月13日，中共黄麻特委和黄麻暴动行动指挥部率领农民起义军约3万人，占领黄安，取得黄麻起义胜利。后成立中国工农革命军鄂东军，共300余人，潘忠汝任总指挥，戴克敏任党代表。黄麻起义胜利后，党在鄂东、鄂豫皖边区创立了第一支革命武装和第一个革命政权，标志着鄂豫皖边区土地革命的开始。1928年1月1日，鄂东军改编为中国工农革命军第七军，同时组建新的中共黄麻特委，以木兰山地区为中心开展游击战争。5月，黄麻特委和第七军决定到河南光山南部柴山保地区进行开辟工作，实行武装割据。7月，第七军改组为中国工农红军第十一军三十一师，吴光浩任军长兼师长，戴克敏任党代表，全师120余人。10月，中共鄂东特委重建，王秀松任书记，特委机关设在柴山保。1929年4月，中共鄂东北特委成立，徐朋人任特委书记，辖黄安、麻城等8个县的工作，红三十一师发展到400多人。5月30日，黄安、麻城、黄陂、孝感县委和红三十一师党委召开第二次联席会议，总结了一年来边界斗争的经验。鄂东北地区的工农武装割据区域北起柴山保，南到黄安八里、桃花一带，东至麻城黄土岗附近，西达孝感的汪洋店，南北约40公里、东西约70公里，鄂豫边革命根据地初步形成。

商南起义和豫东南革命根据地的创立。为推动整个大别山区的工农武装割据，中共鄂东特委派徐子清、徐其虚、卢玉成等人到河南商城帮助工作。1929年3月13日，中共鄂东特委、红三十一师党委和中共豫东南特委在光山南竹园召开联席会议，决定把商南党组织暂时划归鄂东特委领导。鄂东特委将商城南部、罗田北部和麻城东部划为特别区，成立中共商罗麻特委。5月2日，商罗麻特委在太平山穿石庙召开紧急会议，决定在立夏节举行起义。5月6日立夏节当晚，商南起义如期举行，丁家埠、斑竹园、吴家店等10多个暴动点同时行动，一举成功。5月9日，起义队伍会师斑竹园，成立了中国工农红军第十一军三十二师，师长周维炯，党代表徐子清，全师200余人。5月10日，决定在南溪黄鹤湾设立商城县临时办事处。到8月，红三十二师发展到

★商南(立夏节)起义总指挥部旧址，位于安徽省金寨县吴家店太平山村

300多人，初步建立了以南溪、斑竹园、吴家店为中心，南北100多里、东西六七十里的豫东南革命根据地。

六霍起义和皖西革命根据地的创立。1929年5月，皖西境内先后爆发了诸佛庵民团、南庄畈六保联络自卫团起义和武陟山、流波䃥农民武装起义，揭开了武装斗争的序幕。10月，中共六安中心县委在郝家集正式成立，舒传贤任书记。六安中心县委辖六安、霍山、霍邱、寿县、英山、合肥6县党组织，实现了党对皖西革命力量的统一领导。11月8日，中心县委领导独山起义取得成功，六安各区和附近各县纷纷举行武装起义。11月16日，桂伯炎、袁继安领导六安六区农民起义；11月19日，舒传贤、喻石泉领导霍山西镇农民起义。随后，中心县委先后领导霍山桃源河农民起义，徐家集、江家店民团起义，白塔畈、尧冲农民起义。至1930年4月，六霍起义烽火燃遍了皖西大地，成为鄂豫皖边区规模最大、范围最广、持续时间最长的一次武装起义。起义武装组建为中国工农红军第十一军三十三师，师长徐百川，全师200多人。

受六霍起义影响，1930年2月4日，中共安庆中心县委及潜山县委发动请水寨起义，组建工农革命军潜山独立师（后称潜山工农革命军），王效亭任师长、陈履谦任党代表，全师100余人。之后，创立了以天堂为中心的革命根据地，与六霍红色区域连成一片。

到1930年4月下旬，皖西红色区域发展到东抵淠河，西接商南，南至金家铺、水吼岭，北抵徐家集、丁家集的广阔区域，初步形成了南北200余里、东西100余里，人口40余万的皖西革命根据地。

2. 鄂豫皖革命根据地的形成和发展

鄂豫皖革命根据地的形成。1930年2月25日，中共中央发出给湖北省委、河南省委、六安中心县委的指示信，决定将湖北的黄安、麻城、黄陂、孝感、罗田、应山（后又增加黄冈、安陆），河南的商城、光山、固始、潢川（后增加罗山），安徽的六安、霍山、英山、霍邱、寿县、颍上、合肥等县，划为鄂豫皖边特别区，建立中共鄂豫皖边特委，统一领导边区的革命斗争。3月17日，中共中央发出给湖北省委的指示信，决定成立鄂豫皖边特委，郭述申任书记。3月18日，中共中央发出给鄂豫皖边特委并转红三十一、三十二、三十三师的指示信，决定将3个师合编为中国工农红军第一军。3月20日，中共鄂豫皖边特别委员会在黄安箭厂河成立，郭述申任书记。特委由湖北省委领导，与河南省委发生横的关系，统一领导鄂豫皖边区的革命斗争，直接指导鄂东北、豫东南各县党组织的工作，同时保留六安中心县委继续指导皖西各县党组织的工作。至此，鄂豫皖边区基本实现了党对革命根据地的集中统一领导。4月10日，红一军成立，许继慎任军长，曹大骏任政治委员。随后，红三十一师改编为红一军第一师，徐向前兼师长。5月中旬，红三十二师改编为红一军第二师，漆德玮任师长；另组建红一军独立旅，廖业祺任旅长，留守豫东南根据地。5月23日，第二师一部与红三十三师合编为红一军第三师，周维炯任师长。至此，鄂豫皖边区的三支红军完成统一整编，全军辖3个师、1个独立旅，共2100余人，直属中央军委指挥。

6月下旬，鄂豫皖边区第一次工农兵代表大会在光山县王大湾召开，选举产生鄂豫皖边区苏维埃政府，甘元景为主席。中共鄂豫皖边特委、红一军、鄂豫皖边区苏维埃政府的相继成立，标志着以大别山为中心的鄂豫皖革命根据地正式形成，鄂豫皖边区的革命斗争进入了新的发展阶段。

鄂豫皖根据地形成以后，红一军实施进攻作战，使根据地得到巩固并向外扩展。红一军第一师出击平汉线，开展机动灵活的游击战争，经过三战三捷三扩编，发展到3000余人。红一军第二师、第三师出击皖西，第二师发展到1200余人，第三师发展到600余人。从6月至8月，红一军东西两线进攻作战，取得了一系列战斗胜利，由2100余人发展到5000余人，鄂豫皖根据地成为全国六大根据地之一。

1930年11月底，中共中央派曾中生到鄂豫皖根据地担任特委书记兼军委主席，纠正“左”倾冒险错误，使根据地和红军走向健康发展道路，先后取得第一、二次反“围剿”斗争的胜利。

1930年12月上旬，蒋介石集结10万兵力对鄂豫皖根据地实行第一次“围剿”。12月中旬，红一军收复了皖西苏区大部。12月下旬，在东西香火岭歼敌3个团3000余人，迫使皖西之敌采取守势。由于红军主力东进，鄂豫边区情况危急，曾中生决定采取避强击弱和群众战争的战略战术，打击进犯之敌；建立中共鄂豫皖临时特委、临时军委和临时苏维埃政府，统一领导与指挥反“围剿”。12月中旬，蔡申熙率红十五军到达黄麻地区，成为鄂豫边区反“围剿”的主力。1931年1月，红一军与红十五军在麻城福田河合编为红四军，军长旷继勋、政治委员余笃三，共1.25万人。红四军转入反攻作战，先后攻占麻城磨角楼和光山新集。1931年2月初，中共鄂豫皖特委和鄂豫皖革命军事委员会在黄安县杨李家成立，曾中生任特委书记兼军委主席。红四军采取“飘忽战术”，主动出击平汉线，3月9日在孝感双桥镇取得大捷，俘敌师长岳维峻以下5000余人，毙敌1000余人，“宣告了敌人的第一次‘围剿’的彻底破产”[①]。

1931年3月中旬，国民党军开始部署第二次“围剿”。鄂豫皖特委集中红四军主力，于4月25日攻克独山，歼敌2000余人，击退皖西东线堵击部队。接着，红四军主力西进，于5月9日在新集以北浒湾击退

① 徐向前：《历史的回顾》，人民出版社2016年版，第77页。

北线堵击部队。此后，红四军南进黄安，先后在桃花、十里铺歼敌一部，迫使南线之敌采取守势，粉碎敌第二次“围剿”。此时，红四军发展到4个师近2万人，根据地扩大到东起淠河，西达平汉铁路，南达黄陂、罗田北部，北抵潢川、固始南部，东西300多里、南北150余里，人口近250万。

1931年11月上旬，国民党军筹划对鄂豫皖根据地进行第三次“围剿”。鄂豫皖中央分局根据党中央指示，决定采取进攻策略，积极扩大主力红军和地方武装。10月25日，中国工农红军第二十五军在六安麻埠成立，军长旷继勋，政治委员王平章。11月7日，中国工农红军第四方面军在黄安七里坪成立，徐向前任总指挥，陈昌浩任政治委员，辖红四军和红二十五军，近3万人。1931年11月10日至1932年6月16日，红四方面军在地方武装参战和广大群众支持下，先后发起了黄安、商潢、苏家埠和潢光四大战役，共歼敌约6万人，彻底打破敌人对鄂豫皖根据地的第三次“围剿”。特别是苏家埠一役历时48天，歼敌3万余人，俘敌总指挥厉式鼎以下1.8万余人，取得了鄂豫皖苏区红军的空前大捷。经过四大战役，鄂豫皖根据地进入全盛时期，主力红军达到4.5万余人，地方武装发展到20万人以上。根据地发展到东起舒城、合肥，南到黄梅、广济，西跨平汉铁路，北濒淮河，面积达4万余平方公里，人口350万，拥有黄安、商城、霍邱、英山、罗田5座县城，建立起26个县的革命政权，成为仅次于中央苏区的全国第二大苏区。

3. 鄂豫皖根据地的坚持和保卫

1932年夏，蒋介石亲自指挥30余万兵力，分左、中、右三路向鄂豫皖根据地发起规模空前的第四次“围剿”。根据地军民英勇奋战3个多月，未能打破敌人“围剿”。10月12日，红四方面军主力越过平汉线仓促西去。此时，根据地大部丧失，鄂豫边、皖豫边两个地区隔绝，留下的鄂豫皖省委一时难以统一领导。10月1日，皖西北道委根据中央分局撤离前的指示，组建中共鄂皖工委，书记郭述申，领导鄂皖边区的斗争；同时组成红二十七军，军长刘士奇、政委郭述申，共4500多人。鄂皖工委和红二十七军带领2万多名地方干部、群众和伤病员，进行东线转战，减轻了根据地的压力，保存了革命力量。11月29日，鄂豫皖省委在黄安檀树岗召开最高军事会议，决定独立坚持斗争，重建红二十五军，军长吴焕先、政治委员王平章，全军约7000人，初步结束了根据地力量分散和局面混乱的状态。省委还组建红二十八军作为皖西北根据地的主力，军长廖荣坤、政治委员王平章，全军约3000人。1933年4月上旬，鄂豫皖省委又将红二十五军与红二十八军合编为新的二十五军，军长吴焕先、政治委员戴季英，共1.2万多人。皖西北道委组建了红八十二师，师长卢永彬，1000多人。两支主力红军接连取胜，使鄂豫皖根据地形势初步好转。但省委此时贸然决定夺取敌军重兵驻守的七里坪，红二十五军经过43天的围攻战，部队减员6000余人，不得不撤出阵地，第四次反“围剿”最终失败。

1933年夏，国民党军纠集10万余兵力，以鄂东北为重点发动第五次“围剿”。鄂豫皖省委以红二十五军和地方武装正面对抗，被迫东移皖西。9月上旬，敌向皖西北中心区合围，省委依然采取内线单纯防御的作战方针，命令红军主力实行分兵抵御，导致了中心区保卫战失败，红二十五军减员到3000人。10月初，红二十五军在越过潢麻公路返回鄂东北时遭敌夹击，沈泽民、吴焕先率领约2000人返回鄂东北地区，徐海东率部约1000人返回皖西北。皖西北道委于10月10日在南溪吕家大院召开会议，重建红二十八军，军长徐海东、政治委员郭述申，共2300余人。省委重新考虑斗争方针，决定采取游击方式和内外线结合的战法，恢复和巩固根据地，同时开展便衣队活动，根据地局面得到一定好转。1934年4月16日，红二十五军与红二十八军在立煌豹子岩会师，合编为红二十五军，军长徐海东、政治委员吴焕先，共3000余人。同时，省委以新建的红八十二师1000余人坚持皖西北斗争。到8月，在鄂东北巩固了4块根据地，在皖西北巩固了6块根据地。9月初，红二十五军奔袭太湖县城，开辟以英山陶家河为中心的纵横约30里的游击根据地。1934年11月上旬，省委率领红二十五军从皖西北西返。11月11日，省委在河南光山县花山寨召开会议，决定率红二十五军以"中国工农红军北上抗日第二先遣队"名义实行战略转移。11月16日，红二十五军2980人从河南省罗山县何家冲出发，向西挺进，开始长征。

4.艰苦卓绝的三年游击战争

红二十五军长征后，鄂东北、皖西北仅存多个小块根据地，鄂东北道委将地方武装整编为鄂东北独立团，300余人，皖西北道委组建了红二一八团，约700人。1935年2月1日，方永乐率鄂东北独立团与红二一八团在立煌抱儿山会合。2月3日，在太湖县凉亭坳第三次组建红二十八军，共1000余人，高敬亭任政治委员，统一领导鄂豫皖边区党政军工作。随后，成立中共皖西特委和红二四六团，开辟舒霍潜太游击根据地。7月2日，红二十八军在太湖店前河与皖西特委会合，确定了敌情不明不打、地形不利不打、伤亡过大不打、缴获不多不打的作战原则。此后，红二十八军在各地地方武装和便衣队的配合下，继续坚持斗争。

1936年2月，卫立煌任豫鄂皖边区"清剿"总指挥，采取步步为营、稳扎稳打的战术，并增筑碉堡封锁线，强行移民并村。3月上旬，红二十八军各部在太湖柴家山会合，提出"化整为零，集零为整"的方针，以营为单位开展敌后游击战争。11月，皖西特委改为中共鄂皖边区特委，何耀榜任书记，以鹞落坪、大岗岭为中心，开展游击斗争和便衣队活动。

在三年游击战争中，红二十八军转战于鄂豫皖边区45个县，地方武装和便衣队就地坚持斗争，人民群众始终全力支持。红二十八军以不足2000人的主力红军，牵制国民党大量正规军，最多时达68个团约17万人；歼敌18个营又15个连和大量小股敌军，粉碎了敌人的反复“清剿”，使革命红旗始终飘扬在大别山上。

（三）大别山区是中国共产党敌后抗日的重要战场

1.大别山区抗日民族统一战线的形成

七七事变后，鄂豫皖边区的党和红军面临着由反对国民党“清剿”的战争到全民族抗日战争的转变。1937年7月13日，高敬亭率红二十八军一部到达岳西县南田村，与中共皖鄂特委书记何耀榜会合，得悉党中央关于建立抗日民族统一战线的方针后，向国民党豫鄂皖边区督办公署提出停战谈判的倡议。7月22日，鄂豫皖边区中共代表与国民党豫鄂皖督办公署、安徽省政府代表在岳西县青田畈举行谈判，后达成停止内战、共同抗日的协议。红二十八军和地方武装及便衣队陆续开赴七里坪等地集中，后改编为新四军第四支队，司令员高敬亭，共3100余人。1938年5月12日，第四支队一部在巢县蒋家河口首战告捷，打响新四军华中敌后抗战第一枪，破除了日军不可战胜的神话，极大地鼓舞了抗日军民的斗志。

全民族抗战爆发后，中共中央、长江局先后派大批干部到大别山区，帮助成立党的组织、指导新四军整训与东进、建立抗日民族统一战线。1938年4月，中共安徽省工委在六安成立，彭康任书记，领导安徽省长江以北地区和大别山地区党的工作及抗日救亡活动。1939年2月，中共鄂豫皖区委员会在白水河成立，郑位三任书记，以隐蔽活动方式领导津浦铁路以西、平汉铁路以东、浦信公路南北广大地区党的工作。1939年11月，中共中央中原局撤销中共鄂豫皖区委员会，成立中共鄂豫边区委员会和皖西省委，分别领导大别山及周围地区的工作。处于地下工作状态的中共组织，积极促成与国民党地方当局和地方势力的合作，发动群众、发展组织和进行抗日救亡工作。1938年2月23日，安徽省民众总动员委员会在六安成立，会先后组成40多个直属工作团、10多个委托工作团前往各地开展抗日动员工作。从1938年2月到1940年3月，由中共推动成立并实际领导的安徽省民众总动员委员会，实行全民总动员，形成了大别山区全面抗战的大好局面。

2.边区抗日民主根据地的建立和发展

1938年11月中共中央中原局成立后，建立了豫南、豫西、鄂豫皖、鄂中等省委或区党委，建立、恢复与发展党组织，发动武装群众，开展抗日游击战争。1939年1月，中共豫南省委组成新四军豫鄂独立游击大队，李先念任司令员，以信阳四望山为立足点，开展斗争。6月上旬，新四军豫鄂独立游击支队成立，李先念任司令员、陈少敏任政治委员。1939年12月，中共豫鄂边区委员会在京山八字门成立，书记郑位三（未到任）、副书记陈少敏（代理书记），统一领导豫南、鄂中、鄂东3地党的组织和抗日武装。1940年1月，豫鄂边区委组建新四军豫鄂挺进纵队，李先念任司令员，共9500余人。9月，豫鄂边行政联合办事处建立，许子威任主任。到1940年底，豫鄂边抗日民主根据地初步形成，辖9个抗日民主县政权，部队发展到1.5万余人。

在豫皖苏地区，1938年9月30日，彭雪枫率游击支队从确山县竹沟镇出发东进豫东。10月6日抵达西华县杜岗后，与吴芝圃率领的豫东抗日游击第三支队一部及萧望东率领的先期到达的先遣大队会师，并整编为新四军游击支队，彭雪枫任司令员兼政治委员。1939年1月初，游击支队主力向豫皖苏边区挺进。5月，游击支队进军淮上地区，向淮河以北、浍河以南、津浦路以西之宿县、蒙城、凤台地区发展。11月2日，游击支队改番号为新四军暂编第六支队，1940年2月1日正式改番号为新四军第六支队，仍由彭雪枫任司令员兼政治委员，下辖3个团、4个总队、3个独立营。1939年11月，豫皖苏边区抗日民众政权——豫皖苏边区联防委员会成立，吴芝圃任主任。同时成立边区参议会，吴芝圃任参议长。接着各地抗日民主政权相继建立，豫皖苏抗日根据地开始形成。

在皖中沿江地区，新四军第七师沿长江向西发展，打通与新四军第五师的联系。1941年3月，新四军第三支队挺进团奉命改编为新四军第七师挺进团，团长林维先、政委彭胜标。挺进团深入桐城地区，并活动到潜山、怀宁、舒城、霍山、岳西等地，后又转移到宿松、望江湖区。4月24日，在宿松县陈汉沟与第五师张体学部会合。7月，挺进团一部在太湖、望江、宿松泊湖区与赣东北特委领导的游击队会合。同月，李丰平任鄂豫地委书记兼挺进团政委。9月，桐城、潜山、岳西、舒城地区的游击队编为新四军桐西独立团。挺进团与独立团开辟了泊湖和桐西两块游击根据地。

1941年初新四军军部重建后，豫鄂挺进纵队整编为新四军第五师，李先念任师长兼政治委员，全师兵力达1.53万余人。1941年12月，太平洋战争爆发，第五师抓住战机发起侏儒山战役，连续对日伪作战，解放了大片国土，形成四面对武汉的战略包围，同时配合了国民党正面战场的作战。

在敌后抗日战争最困难的时期，豫鄂边区委（1942年6月改称中共鄂豫边区委员会）领导军民团结一心，同仇敌忾，粉碎了日、伪、顽一次又一次的夹击阴谋。新四军第五师除以主力坚持和保卫鄂中、鄂东、襄西基本根据地外，还向长江、汉水以南扩大根据地，进行以战略包围武汉为目的对日攻势作战。1944年10月，中共鄂豫边区委改称中共鄂豫皖湘赣边区委，成立鄂豫皖湘赣军区。到1945年8月，根据地发展到东起安徽宿松，西至湖北宜昌，北接河南舞阳，南抵湖南洞庭湖畔的广大区域，面积9万多平方公里，辖8个专区、11个中心县委和66个县级抗日民主政权，人口1300余万。

（四）大别山是解放战争两大转折的重要发生地

1.中原突围和大别山游击根据地的坚持

抗战胜利后，武汉成为国民党军从大后方进军华东、华北和东北的战略枢纽，中原成了这一时期国共双方军事力量较量的战略要地。1945年9月，王震率八路军第三五九旅南下支队从岭南湘粤边出发，王树声率河南军区部队从豫西出发，向李先念的新四军第五师靠拢。10月24日，这三支主力在桐柏会师，组建中共中央中原局、中原军区和中原人民解放军。

1946年6月26日，蒋介石撕毁“停战协定”，发起对中原军区的大规模进攻，全面内战爆发。遵照党中央和中央军委批准的战略部署，中原解放军于6月26日晚，主力分为南北两路军，向西行动。北路军在李先念、郑位三、王震等率领下，突破平汉路封锁线，翻越桐柏山，穿过豫西南，于7月下旬进入陕南；南路军在王树声等率领下，突破平汉路之后，横越大洪山，强渡襄河，于7月中旬抵达鄂西北武当山区。同时，张体学率鄂东军区独立第二旅佯装主力，迷惑敌人，在大别山坚持斗争；皮定均率领中原军区第一纵队第一旅声东击西，在掩护主力向西突围后向东突进，穿过大别山和皖中平原，整建制抵达苏皖解放区，创造了中原突围的一个奇迹。整个中原军区部队在党中央、中原局和中原军区的直接领导下，团结战斗，英勇顽强，胜利地打破了敌人重兵包围，创建了鄂西北、豫鄂陕两块根据地，坚持了鄂东、鄂中、鄂南和陕南、豫西、豫南等地区的游击战争，为全国解放战争作出了重要贡献。中原突围以后，大别山地区的党组织和游击武装继续坚持战斗，在鄂豫边、鄂皖边区南部、皖西等地开辟了游击区。

2. 刘邓大军挺进大别山和大别山根据地的重建

1947年夏，遵照党中央和毛泽东实行战略反攻的战略决策，刘邓大军千里跃进大别山，揭开了全国解放战争战略进攻的序幕。8月7日，大军兵分三路向南疾进，经过20多天的艰苦跋涉和激烈战斗，于8月下旬进入大别山区。8月27日，刘邓电令各纵队“全心全意地义无反顾地创造巩固的大别山根据地”①。各个纵队迅速向预定区域实施展开，第一、二纵队挺进豫南，第三纵队在皖西作战，第六纵队直出鄂东。9月份，经过3次较大战斗，歼敌正规军6000余人，攻克县城23座，在皖西和鄂东初步完成了战略展开。10月上旬，第三纵队在六安东南张家店歼敌5600余人，取得了刘邓大军南下后第一次消灭敌一个正规旅兵力的胜利。10月下旬，又在蕲春高山铺战役中毙俘敌1.26万余人，从而开辟了大别山革命斗争的新局面。

在刘邓大军挺进大别山的同时，由华东野战军司令员陈毅、副司令员粟裕统一指挥华东野战军第一、三、四、六、八、十纵队，特种兵纵队和晋冀鲁豫第十一纵队，组成西兵团（后称陈粟大军），实行外线作战，与刘邓、陈（赓）谢（富治）共同经略中原。1947年9月26日，华野副司令员粟裕率西兵团5个纵队越过陇海路，挺进豫皖苏，配合刘邓大军和陈谢兵团，在中原形成了“品”字形的有利态势，犹

①《创建巩固的大别山根据地》（1947年8月27日），《邓小平文选》（第1卷），人民出版社1994年版。

如一把钢刀插入敌人腹部。这一战略格局，极大地支援了在大别山区作战的中原解放军，使国民党军队在战略上处于被动防御地位。

★刘邓大军行军途中注意保护群众庄稼

在军事行动的同时，大别山区各级党政军组织逐步建立。进入大别山之初，将鄂豫皖边区分为4个工作区，成立豫东南、鄂东、鄂皖、皖西4个工作委员会。10月12日，中原局和中原军区决定建立鄂豫和皖西两个区党委、行署、军区。11月15日，皖西区党委、行署、军区在岳西汤池成立，下设3个地委、专署和军分区，后增加四地委、四专署、四分区。12月15日，鄂豫区党委、行署、军区在黄冈以北地区成立，下设5个地委、专署和军分区。各级地方党组织、政权机构、地方武装和野战军主力相互配合，完成了根据地的建立、巩固和发展的战略任务。

1947年11月底，蒋介石纠集14个整编师33个旅的兵力，对大别山区采取所谓军事政治相结合、围攻和“清剿”相结合的总体战。根据中央指示，刘邓大军决定兵分三路：一路由邓小平指挥，留在内线坚持斗争；一路由军委新调入的两个纵队（第十、十二纵队）进入桐柏、江汉地区开辟根据地；一路由刘伯承率领北渡淮河，开辟新区。1948年2月，中央军委指示刘邓大军主力转出大别山。3月，陈粟、陈谢和刘邓三支大军在河南遂平、西平地区胜利会师，转入更大规模的大兵团作战。

1948年夏，中原解放军接连取得宛西、豫东、襄樊战役的胜利，大别山区国民党兵力陆续外调。大别山军民抓住时机，集中力量，主动出击，恢复和重建根据地。在辽沈、淮海、平津三大战役胜利进行之时，大别山区的党组织一面对敌开展政治攻势，分化瓦解敌人；一面对敌进行军事打击，歼灭敌人有生力量。到1949年初，国民党在大别山区的统治基本被摧毁。

鄂豫区和皖西区在部署本区解放战斗的同时，还积极部署支前工作，支援渡江战役。各地普遍建立支前机构，各行署、专署成立战勤指挥部，县、市人民政府设支前指挥部，区设支前委员会，乡设支前小组，由各级党政主要负责人担任领导，具体承办支前工作。据不完全统计，鄂东各县支援渡江船只2000多只；豫南各县筹粮3657万斤，柴草5927万斤；皖西六安各地参加常备担架队和运输队的就有1.27万人，支援渡江粮5559万斤，款1007.6万元，食油6.2万斤，盐20万斤；安庆各地支援船只5000多只，组织水手船工3000多人，有8.5万名民工参加了渡江支前工作。大别山区人民踊跃支前，为确保百万雄师横跨长江，取得渡江战役胜利作出了巨大的贡献。

在新民主主义革命时期，中国共产党在领导大别山人民在进行长期艰苦的斗争中，以伟大建党精神为源头，形成了伟大的大别山精神。大别山是中国革命的重要策源地，其革命的历史与中国新民主主义革命历程始终同频共振。从1921年中国共产党成立到1949年新中国诞生，大别山地区始终坚持革命斗争，创造了“28年红旗不倒”的奇迹，是全国范围内坚持革命斗争最久的地区之一。大别山是人民军队的重要发源地。从1927年黄麻起义开始，大别山区22年武装斗争不断，先后走出了红四方面军、红二十五军、红二十八军、新四军五师等多支主力队伍，成了人民军队的重要源头。

据不完全统计，大别山区在新民主主义革命时期牺牲的人数在100万以上，新中国成立后大别山根据地26县被追认为革命烈士的有132633人，牺牲之重、贡献之大全国罕见。艰难曲折的革命斗争历程锻炼出一大批久经考验的革命干部，大别山走出了1位开国元帅、2位国家主席，在1955年至1964年被授予少将以上军衔的1614位将帅中，来自大别山的就有349位（另有341位之说）。全国十大将军县大别山占有5席（分别为红安县、金寨县、新县、大悟县、六安县），仅黄冈、信阳、六安、安庆4市登记在册的革命旧址就有2935处。大别山精神形成于党与人民群众共同奋斗的探索实践之中。

大别山地区革命斗争能够坚持下来，与大别山区人民群众被普遍发动起来密切相关，被革命思想武装的大别山人民群众前赴后继、义无反顾地投入革命洪流之中。无论是在革命的初始阶段、高潮阶段，还是革命运动遭受挫折的危急关头，大别山军民始终坚持对马克思主义的信仰和共产主义的信念，面对敌人反复多次的“围剿”“清剿”，义无反顾地坚持革命斗争，确保革命红旗不倒，革命薪火相传。作为中国新民主主义革命的历史产物，大别山精神在中国革命历程中发挥了重要作用，为中华民族的解放作出了巨大的历史贡献，是值得我们永远传承的红色基因。

二、大别山精神的基本内涵

大别山精神孕育于新民主主义革命伟大斗争的历史进程之中。在长期革命斗争中，英雄的大别山军民在中国共产党的坚强领导下，开展了一系列艰苦卓绝的斗争实践，用鲜血和生命铸就出了坚守信念、对党忠诚，胸怀全局、甘于奉献，军民同心、团结奋斗，不畏艰苦、勇当先锋的大别山精神。

（一）坚守信念、对党忠诚

中国共产党是依靠伟大的理想信念建立起来的无产阶级政党。从中国共产党诞生之日起，中国共产党就高度强调坚持理想信念，毛泽东说过："人是要有一点精神的"，这个"精神"，就是共产主义的理想和信念。同时，中国共产党十分强调广大党员干部对党的理想和信念的绝对忠诚，习近平总书记指出："对党忠诚，不是抽象的而是具体的，不是有条件的而是无条件的，必须体现到对党的信仰的忠诚上，必须体现到对党组织的忠诚上，必须体现到对党的理论和路线方针政策的忠诚上。"[①] 轰轰烈烈的大革命运动失败后，在一片白色恐怖之下，大别山人民没有被国民党的血腥统治所吓倒，而是在党的领导下，奋身而起，发动武装起义，反抗国民党反动派，连续发动了黄麻起义、商南起义、六霍起义和其他众多暴动，大别山区到处响起武装反抗国民党反动派的枪声，使这一地区成为中国革命的重要策源地和红军的重要发源地，开启通往中国革命胜利的辉煌历程。

1932年10月，大别山区第四次反"围剿"斗争失败后，红四方面军主力撤离大别山区，留在根据地的红军进入极其困难的时期。蒋介石一方面派重兵"追剿"西撤中的红军主力，另一方面又以约20万人的兵力对鄂豫皖革命根据地实行"清剿"。"清剿"是极其残酷的，敌人对苏区"壮丁一律处决""匪区房屋一律烧毁""匪区粮食分给铲共义勇队，搬出匪区外难运者一律烧毁"，以求达到"民匪皆尽"，彻底消灭苏区红军。鄂豫皖革命根据地面积丧失了六分之五，人口剩下70

①《习近平著作选读》(第1卷)，人民出版社2023年版，第530页。

万人。尚存的苏区被敌人分割为鄂东北和皖西北两个互相隔绝的地区。鄂豫皖省委承担起继续领导鄂豫皖根据地革命斗争的重担。省委把分散的武装力量组织起来，开始新的战斗。到1933年春，保存的根据地得以巩固，失去的根据地逐步恢复，“重新建立了各级苏维埃政权”。

1934年11月红二十五军长征以后，大别山进入三年艰苦卓绝的游击战争时期。国民党在“清剿”中，本着“有民则有匪，民尽匪尽”“宁愿错杀一千，不能漏掉一个”的血腥政策，烧杀抢掠，所过之处，皆成废墟。高敬亭在与鄂豫皖省委和党中央失去了一切联系后，重新组建红二十八军，在最为困难的环境下，坚持理想信念，投入新的战斗。是什么因素使他们能够坚持下来？就是“坚定信念，对党忠诚”。

在大别山土地革命战争时期，曾多次发生严重的“肃反”扩大化的错误，使大批红军将领和干部受到残酷打击和严重伤害。在困难委屈的情况下，广大根据地的党政军高级干部和共产党员，不计个人恩怨得失，继续保持对党的事业的忠诚，不改初心，一如既往，坚持革命，不曾动摇对党的忠诚、对共产主义的信念，前仆后继、英勇不屈地与敌人进行战斗。在从麻埠到白雀园的“肃反”期间，红四军还不断向外出击，先后取得武庙集、乌龙集、和凤桥、仁和集、草庙集等战斗的胜利。在连续作战中，有些被污为“反革命”而遭逮捕的干部、战士，当被暂时释放出来编为“突击队”时，依然冲锋陷阵，奋不顾身地打击敌人，其中许多人献出生命。

这是一支多么令人崇敬的队伍！

在中国现代革命史上，对于从大别山走出来的广大红军将士，在长征后的一段时间内，由于张国焘分裂党的错误，和西路军西征的失败，在对党的忠诚的问题上，曾给红四方面军将士带来很大负面影响：红四方面军将士对党是忠诚的吗？当西路军失败的消息传到延安时，红军大学正在批判张国焘的分裂主义错误。红四方面军被有人看成是土匪、军阀，干部是张国焘收买的。当时，负责审理红四方面军干部的董必武在和红四方面军的许世友、洪学智交谈后，发现他们对党是忠诚的。毛泽东了解到这一情况后，亲自到抗大看望许世友、洪学智等人，对他们说：红四方面军的干部都是党的干部，不是他张国焘的干部。张国焘是中央派到四方面军去的，他的错误应该由他自己负责，与你们这些同志没关系。[①] 毛泽东这次谈话，等于为许世友他们平了反。1942年7月2日，中共中央发出《关于对待原四方面军干部态度问题之指示》，指出："原四方面军干部绝大多数都是工农出身，由下层工作渐次提拔上来的，他们在国内战争中表示了对革命对党的坚定与忠诚；在克服国焘路线之后，又一致拥护党中央，在民族战争中也表示了他们的英勇与忠诚。"[②] 一个"忠诚"，是对红四方面军干部的最大褒奖，也是对他们的郑重肯定。

对党忠诚，对于一个共产党员、一个革命者来说，要经受终生考验，是一个永生的修行。林维先，这位被毛泽东称为"游击专家""民兵专家"的一代战将，用他一生的实践，完成对党忠诚的庄严承诺。1932年10月红四方面军西征后，林维先在大别山区坚持战斗。作为师长的林维先率红八十二师打得敌军闻风丧胆。后来，他的上级、皖西北道委书记郭述申被撤职，皖西北道委开展严厉的"肃反"，林维先也被当成"改组党"，撤了师长，并遭逮捕。在公审时，部分干部冒着生命危险保护他。在枪决表决时，战士们都不举手。就这样，林维先才没有被杀掉。

① 张子影：《洪学智》（上册），人民出版社2019年版，第312页。

②《中国工农红军第四方面军战史资料选编（长征时期）》，解放军出版社1992年版，第1155页。

之后，林维先被送到红二十五军经理处，当一名挑担子的苦工。一次，“苦工队”在转移途中突然遇上敌保安团两个营。这时，“苦工队”每人只有一根扁担，没有刀枪。当保安团靠近时，林维先举着扁担，带头冲向敌人。虽然敌众我寡，但90个苦工个个以一当十，舍命拼搏，从敌兵手上夺得武器。后来，红二一八团闻讯赶过来，保安团仓皇而逃。这一仗“苦工队”歼敌300余人。经过这一遭遇战，“苦工队”以他们的耿耿忠诚，经受住了考验，也使高敬亭深受感动，改变了对“苦工队”的看法，把他们正式编为红二一八团第二营。

主力红军长征后，高敬亭重建红二十八军，林维先成为红二十八军主要领导之一。抗日战争和解放战争时期，林维先成为我军的重要将领。1985年，林维先在武汉逝世。他在临终前留下遗言：“在任何时候，对党对革命事业都要忠心耿耿，永远都要忠诚于党！”

（二）胸怀全局、甘于奉献

胸怀全局、甘于奉献，是中国共产党人的优秀政治品质，也是其崇高的精神品质。毛泽东说过：“要提倡顾全大局。每一个党员，每一种局部工作，每一项言论和行动，都必须以全党利益为出发点，绝对不许可违反这个原则。”[①] 习近平总书记也多次强调党员干部要胸怀全局、甘于奉献，把各项事业推向前进。在形势发展的紧要关头，为了革命需要和全局利益，大别山军民总是从党的事业出发，以全局利益为重，用鲜血和生命谱写了惊天地泣鬼神的壮歌。

红二十五军长征后，在中途建立了革命根据地。1935年，红二十五军得到中央红军和红四方面军会师的消息，也得到了中央红军继续北上的消息。鄂豫皖省委迅速召开会议，决定离开根据地，继续西征北上，提出“迎接党中央”“与中央红军会师”的口号。副军长徐海东

①《毛泽东选集》(第3卷)，人民出版社1991年版，第821页。

在动员大会上说："我们这次西征北上的任务，就是为了迎接党中央，与中央红军会师，我们这几千人就是牺牲了也要牵制住敌人，保证党中央和中央红军顺利北上，这对全国革命是有重大意义的。"① 之后，红二十五军西征甘肃，切断横贯陕甘两省交界的交通要道西兰公路，打乱了国民党军的部署，策应了中央红军在川西的行动。红二十五军的行动充分证明，这是一支英雄的军队，是一支胸怀全局、甘于奉献的部队。

中央红军到达陕北后，只剩下7000人的队伍，战斗力十分低下，红二十五军在先期与陕北红军合编为红十五军团后，又被编入中央红军，由中央直接领导，壮大了中央红军的力量，维护和提高了中央的权威。党中央在陕北站住了脚，使陕北成为中国革命走向胜利的大本营。习近平总书记在纪念长征胜利80周年大会上的讲话中指出："西北地区的红军创建陕甘革命根据地，同先期到达陕北的红二十五军一起打破了敌人重兵的'围剿'，为党中央把中国革命的大本营安置在西北创造了条件。"②

在中国革命史上，"皮旅突围"是我军将士"胸怀全局、甘于奉献"的又一个传奇故事。1946年6月下旬，国民党军22万人进攻我中原解放区，同时大举进攻其他解放军，全面内战由此爆发。中原野战军决定实施突围，第一纵队第一旅在旅长皮定均的带领下，承担掩护中原军区主力突围的任务，在军区主力完成突围任务后，为了继续拖住敌人，减轻主力部队的压力，皮定均毅然决定继续东出大别山，之后，部队艰苦作战连续突破敌人的包围，经历23次大小战斗，于7月下旬达到苏皖解放区，与华中部队胜利会师。

①《刘华清谈红二十五军长征》，信阳党史网2021年5月11日。

②习近平：《论中国共产党历史》，中央文献出版社2021年版，第141页。

解放战争进行一年后，战争形势发生了有利于革命力量的变化。但是，敌人在装备和数量上仍占劣势。针对蒋介石及国民党军队将战争引向解放区，进一步破坏和消耗解放区的战略企图，以及国民党军队在南线的战略布局，中共中央确定解放战争“第二年作战的基本任务是：举行全国性的反攻，即以主力打到外线去，将战争引向国民党区域，在外线大量歼敌，彻底破坏国民党将战争继续引向解放区、进一步破坏和消耗解放区人力物力、使我不能持久的反革命战略方针”。

根据这一作战任务，中共中央制定了两翼牵制、中央突破、三军配合的战略部署，就是以西北野战军出击榆林，调动进攻陕北的国民党军队北上；以华东野战军东线兵团在山东发动胶东攻势，继续把进攻山东的国民党军队引向海边；在国民党军两翼拉长、腹心空虚之际，由刘伯承、邓小平率领晋冀鲁豫野战军主力实施中原突破，千里跃进大别山；同时由陈赓、谢富治率部强渡黄河出豫西，在豫陕鄂边实施战略展开，协助刘邓大军经略中原；由陈毅、粟裕率华东野战军主力在豫皖苏地区实施战略展开，配合刘邓大军南进。根据中央指示，6月30日夜，刘邓大军4个纵队12万多人，一举突破黄河天险，挺进鲁西南，揭开人民解放军战略进攻的序幕。接着，发起鲁西南战役，在约一个月的时间内，歼敌4个整编师师部、9个半旅共6万余人。7月23日，中央军委指示刘邓大军于短期休整后，下决心不要后方，以半月行程直出大别山，占领以大别山为中心的数十县，建立根据地。8月7日晚，刘邓大军突然跳出敌人包围圈，兵分3路，迅速向大别山进军，于8月末进入大别山，完成了一次无后方依托，以长驱直入敌人战略纵深为特点的特殊形式的进攻行动。

刘邓大军义无反顾，千里挺进大别山，体现了胸怀全局、甘于奉献的大局意识。大别山区虽然有着光荣的革命历史，但这里现在已经是国民党统治的腹心区，紧靠国民政府首都南京和重镇武汉，敌军势力十分强大。挺进大别山，虽然从总体上说中国革命必然获得全国胜利，但对于一支突入敌人腹心地区的部队来说，也是要付出极大牺牲，甚至是前途未卜的事。但是，为了中国革命全局的胜利，为了服从总体的利益，刘邓大军挑起了这副重担。刘邓大军在大别山坚持了下来，吸引了大量国民党部队，减轻了陕北地区的压力。但也付出重大代价，等到全部离开大别山时，部队只剩下了6万人。刘邓大军完成了中央交给的任务，为解放战争和中国革命的胜利作出了重大贡献。1947年12月，毛泽东在《目前的形势和我们的任务》中指出："这是一个历史的转折点。这是蒋介石的二十年反革命统治由发展到消灭的转折点。这是一百多年以来帝国主义在中国的统治由发展到消灭的转折点。"[①]

（三）军民同心、团结奋斗

大别山区的革命斗争，历经新民主主义革命各个历史阶段，坚持"28年红旗不倒"，其中一个重要原因就是大别山地区人民在党的领导下军民同心、团结奋斗。大别山区党和红军深深植根于人民群众之中，与人民群众同舟共济、生死相依，共同创造了大别山区革命薪火不灭的奇迹。在漫长的革命斗争中，大别山地区出现很多红军县、将军县，成为军民同心、团结奋斗的生动诠释。

军民同心、团结奋斗，是大别山区28年红旗不倒的关键因素。1927年11月13日，黄麻起义爆发，当天傍晚，黄安、麻城农民自卫军和革命群众2万多人，向黄安城进发。当起义队伍到达城郊时，"市民群众鸣炮欢迎，起义军大呼口号，声势赫赫的前进，一般市民高呼'拥护农民革命军''拥护鄂东委员会''拥护中国共产党'以和之，革

①《毛泽东选集》（第4卷），人民出版社1991年版，第1243页。

命空气十分高涨”。商南起义爆发时，地方党组织负责人詹谷堂把准备起义的农民和学生组织起来，“打着红旗，扛着大刀、土枪、梭镖，放着鞭炮，浩浩荡荡地涌向南溪街。在街中心的火神庙，召开群众大会，宣布起义，建立了工农赤卫军”①。

1931年3月，第一次反“围剿”斗争中，红军发动双桥集战斗。当时还是红军排长的洪学智，对当时人民群众支持红军战斗记忆尤深，几十年后，他在回忆录中回忆道：“周围数十里的群众，在地方党的组织下，拿着土枪、大刀、长矛，前来参战”，漫山遍野红旗挥舞，呐喊声响彻大河两岸。在赤卫队和革命群众的支持、配合下，红军毙敌上千人，俘敌师长岳维峻以下官兵5000余名，取得了红四军成立后的首次空前大捷，宣告了国民党军对鄂豫皖边区第一次“围剿”的彻底失败。

1932年第三次反“围剿”斗争中的苏家埠战役，是红军在土地革命战争时期取得的又一次重大胜利。在战役发起前夕，皖西北道区发出《为红军东下告群众书》，号召工农群众配合红军行动。各地党组织和苏维埃政府均把迎接红军东下作为中心工作，组织和发动群众。中共六安县委于1932年3月中旬在独山召开党、团代表大会，决定“全力支援红军作战，积极扩大红军”，提出“东下红军要人有人，要粮有粮”。六安县各级苏维埃政府设立接待处、招待站，负责接待过往的红军和物资供应。

在战斗打响后，六安、霍山两县的地方武装和人民群众以更加高昂的热情，积极参加和主动支援红军作战。根据地的人民组织了庞大的支前队伍，仅服务于战场上红军的担架队、运输队、打柴队、洗衣队、慰问队就达1万人之多，另组织1万多群众在战地以外运输粮食、

①《立夏节烽火》，安徽人民出版社1980年版，第12-13页。

副食品和柴草等。3月23日，六安县独立团配合第十、十一师的2个团，在荒滩店、马家庵击败敌援军1个团，毙、俘敌300人。4月中旬，六安五区苏维埃委员林再山率2000多名赤卫队员、少先队员，在第十一师1个机枪连的支援下，于百市集毙敌200多名。在歼灭厉式鼎的战斗中，六安五区赤卫团在团长李兆林带领下，巧渡陡拔河断敌后路，拆毁敌军渡河浮桥，炸毁上游土坝，对全歼敌军起到了重要作用。皖西北道苏维埃政府主席吴宝才还带领地方武装，远出数十里筹集粮食，保证作战部队吃饱。广大少先队员、妇女会会员、儿童团，则担负起看护红军伤员、站岗放哨、戒严侦探等任务。

中共舒城特支得知敌阮肇昌第五十五师一部将由安庆经桐城、舒城增援时，立即报告苏区，并带领赤卫军和农民协会阻滞敌军。特支动员沿途群众坚壁清野，破坏交通，拆毁了沿途电杆和电话线；中青年男女一律离开大路二三里，不给敌军抬担架搞运输，不卖粮草给敌军；还将《告国民党官兵书》分给沿途农协会，在大路两旁张贴。敌军过境时路障重重，行动迟缓，在三十里铺附近即被歼灭大部。

抗日战争时期，高敬亭所率部队被改编为新四军第四支队，从大别山开赴皖中抗日战场，得到当地人民群众的热情支持。在舒城县，地方各级党组织和四支队向人民群众宣传新四军的抗日主张和抗日救亡的伟大意义，当地青年纷纷前往四支队司令部、政治部所在地，要求参加新四军，涌现出父送子、妻送丈的感人场面，很短时间内，部队发展近万人，“除了在舒城有建制的2个游击大队、1个游击纵队、4个游击中队1000余人外，陆续吸收舒城参加四支队的就有1000人”。

（四）不畏艰苦、勇当先锋

在中国革命最紧要的关头，大别山人民克服种种艰难险阻，敢打敢冲，勇挑重担，经常处在战斗的最前沿，发挥着重要而特殊的作用。大别山是红军的故乡，曾孕育了作战勇猛、能征善战的红四方面军、红二十五军、红二十八军，无论是在长征中还是在后来的抗日战争、解放战争中都有突出表现。

1935年1月22日，中共中央和中央军委向红四方面军总部发来电报，中央红军决定进入川西然后渡江北上，要求红四方面军予以配合向嘉陵江以西进攻。2月，红四方面军发动陕南战役，占领重镇，俘虏官兵4000多人，歼灭4个多团，达到了调动敌人目的。3月28日，为配合中央红军作战，冲破敌人的“川陕会剿”，红四方面军发起强渡嘉陵江战役。红四方面军强渡到达嘉陵江西岸，并向两翼展开和纵深发展，其中中路红三十军第八十八师第二六三团为渡江先锋团，快速渡江登岸并在击退两翼敌人反击的同时，完成保障主力红军侧翼安全的任务。到4月21日，“强渡嘉陵江战役历时24天，总计歼敌12个团，约1万余人，攻克了阆中、南部、剑阁、昭化、梓潼、平武、彰明、北川8座县城，控制了东起嘉陵江、西迄北川、南起梓潼、北抵川甘边界纵横150公里左右的广大地区，给敌人第二十八军、第二十九军以沉重打击，使其不少师、旅失去战斗能力”。[①] 红四方面军强渡嘉陵江，使中央红军北渡金沙江得到有力策应、配合，也为中央红军与红四方面军的会师创造有利条件。

红二十五军是在安徽六安组建的一支红军主力部队。从1931年10月到1934年11月，红二十五军纵横驰骋于鄂豫皖边区，经历了极其艰难、光辉而又曲折的战斗历程。1934年11月，红二十五军开始长征。长征路上，面对国民党30多个团的围追堵截，红二十五军历尽艰辛，多次濒临绝境，副军长徐海东、军长程子华先后负重伤，军政治委员吴焕先壮烈牺牲，但是指战员们不畏强敌，英勇作战，历时10个月，

①姚金果、苏杭：《张国焘传》，陕西人民出版社2007年版，第300页。

途经湖北、河南、陕西、甘肃4个省，转战近5000公里，在敌人的围追堵截中杀开一条血路。长征途中创建了鄂豫陕苏区，部队发展到3700余人。接着，继续长征，并于1935年9月率先到达陕北，成为“长征的先锋”。红二十五军长征到达陕北，与陕北红军合编为红十五军团，为党中央把中国革命的大本营安置在西北创造了条件。徐海东也被毛泽东称作为中国革命立了大功的人。

红二十八军是活动于鄂豫皖边区的一支红军主力部队。1934年11月，鄂豫皖省委率红二十五军实行战略转移时，决定由省委常委、皖西北道委书记高敬亭留在根据地，再次组建主力红军，坚持斗争。次年2月，高敬亭根据省委的指示，以红二一八团和鄂东北独立团为基础，第三次组建红二十八军。在三年游击战争中，红二十八军转战于鄂豫皖边区的45个县，与地方武装和便衣队同敌人进行斗争，在人民群众的全力支援下，最终以不足2000人的红军，牵制敌人约17万人的兵力，歼灭大量敌军，粉碎了敌人的“清剿”计划，配合了主力部队的战略转移。

在革命洪流中，大别山地区的党组织及其领导的军民始终不畏艰苦、英勇顽强、敢于斗争、敢于胜利、走在前列。中国共产党创建时期，大别山地区是全国最早有党员活动、建立党组织的地区之一。土地革命战争时期，组织了黄麻、商城、六霍起义，创建了全国最早的根据地之一。抗日战争时期，走出了新四军第四支队（后发展成为新四军第二师）和新四军第五师两支武装部队，开展敌后抗日游击战争，开辟敌后抗日根据地，成为华中抗日的中流砥柱之一。解放战争时期，中原军区部队坚守反内战前哨阵地，率先接受解放战争炮火的洗礼，刘邓大军义无反顾千里跃进大别山，又率先拉开全面反攻序幕。岁月峥嵘、险象环生，大别山军民总是坚持越是艰险越向前，总能在关键时刻表现出勇当前锋的优秀品质，勇于创新、敢于担当，以锐不可当的智慧和勇气创造出一个又一个革命战争史上的奇观。

三、大别山精神的当代价值

从中国共产党诞生到新中国成立，英雄的大别山儿女用忠诚和热血在以大别山为中心的鄂豫皖边地区写下了中国革命史上浓墨重彩的篇章。2019年9月，习近平总书记在河南考察调研时指出，“鄂豫皖苏区根据地是我们党的重要建党基地……焦裕禄精神、红旗渠精神、大别山精神等都是我们党的宝贵精神财富。”[①] 大别山精神承载了近代以来中国共产党领导大别山人民为实现民族独立和人民解放、国家富强和人民幸福，不惧艰难险阻，不畏流血牺牲而进行的不懈探索和奋斗。大别山精神的丰富内涵，是中国共产党人的历史使命、根本宗旨、政治本色和人格力量在大别山革命史上的集中反映，是马克思主义世界观、人生观和价值观的充分体现，是民族精神、革命精神和时代精神的有机统一，具有巨大的时代价值。继承和弘扬大别山精神，对于我们在新时代牢记初心使命、激励担当作为、发扬革命传统、推动老区振兴都有着重要的现实意义。

（一）大别山精神是新时代坚定理想信念、牢记初心使命的宝贵财富

崇高的理想信念是指对马克思主义的信仰、对社会主义和共产主义的信念。它是中国共产党的立党之魂和思想根基，是我们党保持先进性和纯洁性的精神动力，也是共产党人的政治灵魂和安身立命之根本，是全党之所以能在各种复杂环境下经受住任何考验的精神支柱。

①习近平:《论中国共产党历史》,中央文献出版社2021年版,第261页。

习近平总书记指出，理想信念就是共产党人精神上的“钙”。没有理想信念，理想信念不坚定，精神上就会“缺钙”，就会得“软骨病”。[①]而坚定的理想信念，则会起到提高政治站位，拓宽眼界，开阔胸襟，进而坚持正确的政治方向，无论顺境逆境都能够做到不骄不躁、不消沉不动摇，经得起各种风险和困难的考验，并自觉抵制各种腐朽思想的侵蚀，永葆共产党人的政治本色。

大别山能坚持“28年红旗不倒”，最重要的一个原因就是坚定理想信念，牢记初心使命，不屈不挠，坚持斗争，最后迎来革命的胜利。在长期的革命斗争中，大别山人民坚定马克思主义信仰，坚持共产主义理想信念，一心一意跟党走，全心全意干革命，始终坚持革命必胜信念和将革命进行到底的决心，无论是革命高潮还是遭遇挫折，探寻科学真理，追求美好社会，实现共产主义理想的信仰信念激励着大别山人民坚定不移，不畏艰险，不怕牺牲，前赴后继，甘于奉献，不屈不挠地高举红旗、开展斗争，创造了一个又一个奇迹。

1934年，当红二十五军撤出大别山开始长征后，留在鄂豫皖根据地的主力红军不足2000人，加上伤病员、地方党政干部、便衣队和后勤人员，总共不超过3500人。但是，面对数倍于己的敌人，和武器简陋、物资贫乏的艰苦条件，英雄的大别山人民并没有被吓倒，而是依然对党忠贞不二，对革命前途充满信心，在极其困难的条件下，以坚定的信念、顽强的毅力坚守在大别山上。他们创作了一首歌谣，形象生动地反映了坚定的革命信念：“红军都是英雄汉，白匪再多干瞪眼。总有一日天要红，人民定要坐江山。”许多革命群众，在寒冬天气下逃到山上，缺衣少食，宁愿饿死，也不下山去当国民党的“顺民”。

---

①习近平：《紧紧围绕坚持和发展中国特色社会主义 学习宣传贯彻党的十八大精神》，《习近平谈治国理政》，外文出版社2014年版，第15页。

在战火纷飞的年代，大别山地区还有千千万万像詹谷堂一样的革命烈士，面对死亡威胁，他们坚守共产主义理想信念毫不动摇，甚至甘愿付出生命的代价。掩护红军游击队的女共产党员晏春山，面对灌辣椒水、钉竹签等酷刑，坚定地保守党的秘密，高呼着“中国共产党万岁！红军万岁！”从大花台崖顶纵身跃下，壮烈牺牲。从事地下革命活动的赵翅生，两次被敌人抓捕入狱。在狱中，敌人对他严刑逼供，多次把他整得死去活来，逼他说出党的秘密，他不但严守党的秘密，还在服刑期间组织狱中党支部，领导狱中斗争，最终被国民党秘密杀害于丁集东渡口，表现出一个共产党人坚贞不屈的钢铁意志。

在残酷的革命战争年代，无数先烈在生死面前之所以能够赴汤蹈火、视死如归，就是因为他们对崇高的理想信念坚贞不渝。历史的巨轮滚滚前行。当前，在坚持和发展中国特色社会主义，实现中华民族伟大复兴的伟大征程中，我们也必将遇到许多难以想象的困难和问题，遭遇无数更加复杂的风险和挑战。传承大别山精神是新时代助力党员干部治愈“软骨病”、增信铸魂提升党员的凝聚力、向心力的必然要求。只有牢牢记住习近平总书记的谆谆教导，坚定地高举理想火炬，把党的初心和使命放在心上、扛在肩上，继承和弘扬大别山精神，认真学习和践行革命先辈们矢志不渝的追求，才能牢牢补足精神上的“钙”，把我们党的政治优势转化为发展优势，不断增强团结一心的精神纽带、自强不息的精神动力，时刻保持共产党员的先进性和纯洁性，永远朝气蓬勃地迈向未来。

（二）大别山精神是新时代激励担当作为、创造历史伟业的不竭动力

大别山军民在长期革命过程中，形成了勇于担当，敢于胜利的崇高品质，正是大别山精神中蕴含的这种面对危难义无反顾、挺身而出

的担当精神，筑起共产党人不断奋进的精神长河，改变了彼时灾难深重的近代中国落后挨打的局面，也为我们创造历史伟业提供了不竭动力。弘扬与传承勇于担当的大别山的担当精神，对于党和人民在中国特色社会主义事业新起点上实现新发展、新突破、新跨越，具有重要的现实意义。

苦难中孕育的大别山精神是弥足珍贵的精神财富。硝烟四起的年代，面对国民党军队的凶残屠杀和日本帝国主义的铁蹄践踏，大别山军民勇挑重担，坚守革命使命不动摇，为民族独立和全国解放抛头颅、洒热血，为革命需要和全局利益坚决执行中央的指示，迎难而上、奋不顾身，谱写了一曲曲英雄赞歌。建党之初，董必武、陈潭秋等一批共产党员服从革命需要，重回大别山区，发展党员、建立党组织，发动工农运动。大别山区成为全国最早有党员活动，建立地方党组织和农民运动最早、最好的地区之一。

1931年11月至1932年6月，国民党军先后三次对鄂豫皖根据地发动“围剿”。第一次“围剿”中，国民党军队以8个师又3个旅近10万兵力发动猛烈攻势，大别山区军民在党的领导下，经过一个月的英勇战斗，粉碎了敌人第一次“围剿”计划。在此后的第二次、第三次“围剿”中，随着国民党投入兵力的不断增加，大别山军民并没有被吓倒，反而英勇无畏，主动出击，取得一个又一个辉煌战绩，其中的苏家埠战役更是获得了红四方面军建立以来和中国工农红军战史上一次空前的大胜利。除此以外，英雄的大别山儿女在革命紧要关头，总是舍小局顾大局，甚至为了全局利益牺牲局部利益。曾中生、徐向前、王树声、徐海东等红四方面军主要领导人，根据党中央的指示，为支援中央苏区的反“围剿”斗争，在自身面临被“围剿”的情况下，还多次挥师南下，策应中央苏区行动。1932年10月，鄂豫皖苏区第四次反“围剿”失败后，红四方面军被迫转移。长征途中，红四方面军广大指战员拒绝执行张国焘南下的命令，坚决拥护中央北上抗日的决定。而留守在大别山的军民同样不畏艰险，不怕牺牲，坚持斗争，进行了坚韧不拔的艰苦斗争，一直坚持到全面抗战爆发。1935年，年仅27岁的高敬亭承担起组建红二十八军的任务，面对凶残的敌人，他义无反顾地说：“保卫苏区，保卫人民，高举红旗，继续战斗。”在艰苦的斗争环境里，大别山军民总是能如此勇敢地担负起“对民族的责任、对人民的责任、对党的责任”，始终保持高昂的革命斗志和战斗力。

作为我们党创建的全国最早的根据地之一，以大别山为中心的鄂豫皖革命根据地在中国革命最紧要的关头、最艰苦的时刻，发挥着重要而特殊的作用，而大别山军民也始终处在革命的最前沿位置。全民族抗日战争爆发后，李先念受中央指派，重返大别山，孤悬敌后坚持抗战，创建了新四军第五师，开辟了豫鄂边抗日根据地。解放战争打响后，皮定均等人执行中原军区党委决定，率领一纵一旅掩护中原分局和中原军区部队主力，冲破敌人的重重堵截，顺利实现中原突围。刘伯承、邓小平等部队领导按照中央部署，千里跃进大别山，以巨大的牺牲牵制了国民党大量军队，为党在东北、华北、华东地区的战略部署赢得了宝贵时间。同时，大别山军民肩负“战略跃进的光荣使命”，以大别山区为中心建立了革命根据地，给予国民党政权以沉重的打击，为粉碎国民党对陕北、山东的重点进攻，为解放战争的胜利创造了有利条件。

历史是最好的营养剂。大别山区可歌可泣的革命史深刻反映了根据地军民顾全大局、敢于担当的精神，也正是有了这种精神，才铸就了大别山红旗不倒的历史丰碑。回顾大别山区的斗争史，大别山军民的一切奋斗、一切牺牲、一切创造都是党领导人民群众重整山河、改天换地担当作为的伟大写照。今天，我们正在向着全面建成社会主义现代化强国的第二个百年奋斗目标迈进，前进道路上还有更多的“硬骨头”要啃。面对百年未有之大变局和中国特色社会主义进入新时代的重要关口，尤其需要广大党员干部大力弘扬大别山精神，强化责任担当意识，提振干事创业的精气神，看全局、重大局、求实效，不断推动经济社会发展再上新台阶。

（三）大别山精神是新时代发扬革命传统、传承红色基因的重要内容

红色江山来之不易，是千千万万革命前辈用鲜血和生命换来的。习近平总书记在考察金寨县革命博物馆时指出：“我们要沿着革命前辈的足迹继续前行，把红色江山世世代代传下去。”[①] 大别山军民长期革命斗争的伟大历程和辉煌实践，萃聚了我们党践行初心和使命的红色基因，为我们在新时代发扬革命传统，传承红色血脉，确保红色江山代代相传，提供了鲜活丰厚的精神资源。

大别山是马克思主义传播较早的地区之一，五四运动以后，大别山及其周边地区的一批初步接受共产主义思想的进步青年走出课堂，将革命理论和实践相结合，广泛宣传和组织群众，他们组织进步团体、创办进步书刊、探讨改造中国的革命道路，让马克思主义得以在大别山区广泛传播，促进了大别山区革命运动的进一步发展，也为大别山地区革命斗争的开展提供了精神养料和行动指南。大别山革命红旗不倒的历史事实告诉我们：只有以马克思主义为指导，我们的事业才会走向胜利；只有用共产主义理想信念武装头脑，我们才能无敌于天下。大别山精神作为中国革命精神的重要组成部分，是我们在新阶

①习近平：《论中国共产党历史》，中央文献出版社2021年版，第108页。

段实现第二个一百年奋斗目标的不竭动力。弘扬大别山精神，有利于我们在实践中不断增强马克思主义的指导地位，传承民族精神和时代精神，以中国特色社会主义共同理想凝聚力量、鼓舞斗志。

大别山区在28年艰苦卓绝的斗争中，始终把全面从严治党作为重大任务来抓。为了提高全党的思想政治理论水平，消除存在的小资产阶级思想，鄂东北特委提出建立“布尔什维克的党”的战斗任务，强调用布尔什维克的理论和精神战胜小资产阶级的和一切不正确的倾向。为了提高党员干部的思想觉悟，大别山区又开办了党务干部学校、创办理论刊物、加强支部生活等，在战火硝烟的年代不忘提升党员干部的马列主义水平，从思想上开展经常性教育。大别山人民革命斗争史充分证明：“没有共产党就没有新中国”“领导我们事业的核心力量是中国共产党”。在新的历史条件下，重温大别山人民革命斗争史和思想发展史，扛起弘扬大别山精神的大旗，有助于广大党员干部进一步用马克思列宁主义武装头脑，增强共产主义信念，牢记全心全意为人民服务的宗旨，永葆共产党员的先进性；有助于各级党组织进一步加强自身建设，增强凝聚力和战斗力。只有加强党的领导，增强执政能力，才能把社会主义宏伟大业不断推向前进。

大别山的革命旗帜是许许多多革命先烈和前辈用鲜血和生命高举起来的。大别山人民革命斗争史是一部浴血奋斗史，是一部生动的教科书。老一辈无产阶级革命家们那种崇高的精神境界、高尚的品格和优良的作风，永远是我们学习的榜样。鄂豫皖根据地创立者之一的周维炯，组建了安徽金寨境内第一支工农红军队伍——红三十二师，在商南打击地方民团、编练队、“清乡团”、“还乡团”等反动武装时，有人控诉其在河南省民政厅当司法处处长的小舅漆树德（又名漆藏洲）与当地土豪劣绅狼狈为奸，参与了对革命家属的迫害，并倒算回去大批已经分给群众的财物。周维炯经过一番调查，发现斑竹园一带很多红军家属受难确实和漆树德有关，便和漆德玮（与周乃姑表兄弟）商定要为民除害。当时商南流传民谣道：“外甥做官，舅舅问斩，大义灭亲，只有共产。”在大别山区，像周维炯这样的“大义灭亲”不是个案，而这种“要革命，先自我革命”的精神本质上体现了共产党人为理想信念摒弃私利，追求利民利国的高贵品格。利用大别山革命斗争史这部独特的教科书进行革命传统教育，有利于提高广大公民思想道德境界，有助于广大青少年树立正确的世界观、人生观、价值观。

中国共产党是为中国人民谋幸福、为中华民族谋复兴的党，自成立以来就非常重视涵养共产党人的精神品格。大别山精神中的红色基因是大别山军民在长期斗争中淬炼出来的精神品质和优良作风，是我们攻坚克难、取得一个又一个胜利的强大武器。弘扬和继承大别山精神，能使广大党员干部不断从精神中汲取前进动力。缅怀革命先烈，告慰革命英灵，重温红色政权从何而来、新中国从何而来、今天的幸福生活又是从何而来，更是宣示着中国共产党将始终高举红色旗帜，坚定走中国特色社会主义道路，把先辈们开创的事业不断推向前进，用中国特色社会主义现代化建设的光辉成就告慰英灵、回报人民。

（四）大别山精神是新时代开发红色资源、推动老区振兴的丰富滋养

“我们实现第一个百年奋斗目标、全面建成小康社会，没有老区的全面小康，特别是没有老区贫困人口脱贫致富，那是不完整的。”[①] 这是习近平总书记经常讲的一句话。大别山革命老区是中国红色文化的重要发源地之一，大别山的红色文化以马克思主义先进文化为主导，

①《历史性的跨越　新奋斗的起点——习近平总书记关于打赢脱贫攻坚战重要论述综述》,《人民日报》2021年2月24日第1版。

融合了中国优秀传统文化以及鄂豫皖地区独特的地域文化，共时存在、历时发展、有机融通。在长期的革命历程中，红色文化成为大别山精神的核心，具有厚重的物质载体，具体形态为众多红色遗址遗迹，是我们宣传弘扬大别山精神，推动大别山革命老区振兴发展的宝贵资源。目前“大别山红色旅游区”已成为全国重点红色旅游区。在新时代乡村振兴的时代背景下，加快大别山革命老区振兴发展，大力弘扬大别山精神，发展红色旅游，打造红色品牌，具有重要意义。

大别山革命老区有着丰富的红色文化资源。大别山是一座红色的山、革命的山、英雄的山。自从党的种子在大别山区萌芽以后，我们党领导大别山人民先后发动了黄麻起义、立夏节起义和六霍起义等，组建了红一军、红四军、红二十五军、红二十八军等4支红军主力。在中国革命史中，大别山总是处在中国革命的激流当中，而英勇的大别山儿女也总是能够站在革命激流的最前端。从新民主主义革命时期通俗易懂的宣传标语“老乡，加入红军可以分到土地”，到根据大别山民歌《小小鲤鱼压红腮》的曲调编唱出来的革命红歌《八月桂花遍地开》，再到融入《三大纪律八项注意》内容的鄂豫皖根据地民歌《土地革命成功了》……这些都是大别山军民在血与火的斗争中形成的特有的大别山红色文化的代表。

在波澜壮阔的革命进程中，无数优秀共产党人在大别山战斗、生活，留下了数不尽的红色故事，有伴着黄麻起义，百姓高举红缨枪、盼翻身得解放，如雷般的呐喊；有铁血战士浴血奋战的壮志豪情；也有男子打仗，女子送饭的夫唱妇随……可以说，大别山的每一寸土地都流淌着可歌可泣的红色故事。正是这些可歌可泣的红色故事铸就了凝结大别山地区革命政权、党的建设和群众路线的思想结晶的大别山精神。摸清红色家底，讲好红色故事，尤其是讲好党的故事、革命的故事、根据地的故事、英雄和烈士的故事，用党领导人民进行革命斗争的光荣历史和伟大功绩感召人，用革命先烈的英勇事迹和崇高精神鼓舞人，激励人们坚定不移跟党走。同时把红色资源与思想政治理论有机结合，让广大青少年接受红色熏陶，让对党忠诚、为人民奉献的红色基因代代相传，真正让革命精神内化于心、外化于行。

大别山革命老区还有一大批革命遗址。每一座革命遗址，都是一面奋斗的旗帜，一个讲述革命传统的生动课堂。这里有全国第一和第二将军县，有中国工农红军第一县，有鄂豫皖苏区首府旧址，有红二十五军、红二十八军、红四方面军军部旧址，刘邓大军总指挥部旧址，享有“一镇十六将，独秀大别山”之美誉的全国最大革命旧址群，还有李先念、董必武、许世友等革命先辈故居……通过挖掘和整合大别山的红色文化资源，重温中国共产党领导下的大别山人民革命斗争史，高扬大别山精神旗帜，打造具有大别山特色的富有创造力和影响力的红色品牌，发挥红色文化的教育示范作用，推进大别山革命老区红色文化资源优势转化为经济优势，进而推动大别山革命老区以红色旅游为重要内容的经济发展。

中国特色社会主义进入新时代，我们绝不能忘记革命先烈，绝不能忘记老区人民，要把革命老区建设得更好，让老区人民过上更好的生活。弘扬和传承大别山精神，要求我们必须担负起用好红色资源、传承好红色基因的责任，担负起发展老区、造福老区人民的责任，让红色基因融入血脉，使之与革命老区的乡村振兴、绿水青山保护、高质量发展紧密结合起来，让红色精神激发力量，让红色之火生生不息，让红色江山世代相传，让大别山精神在新时代绽放出更加耀眼的光芒，为实现中华民族伟大复兴中国梦提供不竭精神力量。

新四军精神的基本要旨和时代价值

胡 北 章 颖

"党的历史是最生动、最有说服力的教科书。"①2021年6月25日，习近平总书记在中共中央政治局第三十一次集体学习时指出，红色资源是我们党艰辛而辉煌奋斗历程的见证，是最宝贵的精神财富。红色血脉是中国共产党政治本色的集中体现，是新时代中国共产党人的精神力量源泉。回望过往历程，眺望前方征途，我们必须始终赓续红色血脉，用党的奋斗历程和伟大成就鼓舞斗志、指引方向，用党的光荣传统和优良作风坚定信念、凝聚力量，用党的历史经验和实践创造启迪智慧、砥砺品格，继往开来，开拓前进，把革命先烈流血牺牲打下的红色江山守护好、建设好，努力创造不负革命先辈期望、无愧于历史和人民的新业绩。②

20世纪30年代，在日军大举入侵的民族危亡关头，在中国共产党领导下，新四军开展了艰苦卓绝、不屈不挠的抗日斗争，孕育出伟大的新四军精神，成为中国人民弥足珍贵的精神财富。党的十九届六中全会通过的《中共中央关于党的百年奋斗重大成就和历史经验的决议》指出，"七七事变后，党实行正确的抗日民族统一战线政策，坚持

---

①习近平:《在党史学习教育动员大会上的讲话》,《求是》2021年第7期,第4页。

②习近平:《用好红色资源 赓续红色血脉 努力创造无愧于历史和人民的新业绩》,《求是》2021年第19期,第4、5、9页。

全面抗战路线，提出和实施持久战的战略总方针和一整套人民战争的战略战术，开辟广大敌后战场和抗日根据地，领导八路军、新四军、东北抗日联军和其他人民抗日武装英勇作战，成为全民族抗战的中流砥柱，直到取得中国人民抗日战争最后胜利。”[①] 抗日战争时期，新四军作为一支共产党领导的，诞生于抗日烽火中，成长于浴血奋战里，完全为着解放人民、彻底地为人民的利益工作的革命的队伍，创造了数个军史上的奇迹，谱写了荡气回肠的革命英雄主义史诗；新四军铸就的伟大的新四军精神，集中传承了人民军队的红色基因，蕴含着我们“从哪里来、到哪里去”的精神密码，是新时代激励中国人民克服一切艰难险阻、为实现中华民族伟大复兴而奋斗的力量源泉。

“人无精神则不立，国无精神则不强。唯有精神上站得住、站得稳，一个民族才能在历史洪流中屹立不倒、挺立潮头。”[②] 在推动党史学习教育常态化长效化的今天，深化新四军精神研究，系统总结其科学内涵，深入挖掘其时代价值，对于铭记新四军光辉历史，传承红色基因，做到知史爱党、知史爱国，具有重要的理论意义和实践意义。

一、新四军精神形成的历史背景

新四军，全称国民革命军陆军新编第四军，是在日本帝国主义发动全面侵华战争、国共两党实行第二次合作的形势下，中国共产党领导的、由南方红军游击队改编而成的一支抗日武装。1937年7月全民

①《人民日报》2021年11月17日第1版。

②《习近平总书记2020年9月8日在全国抗击新冠肺炎疫情表彰大会上的讲话》，习近平《论中国共产党历史》，中央文献出版社2021年版，第41页。

族抗战爆发后，根据中国共产党与国民党当局的协议，在江西、福建、浙江、安徽、河南、湖北、湖南、广东八省境内坚持游击战争的中国工农红军和游击队于10月12日正式改编为国民革命军陆军新编第四军，简称新四军。随后，八省红军将士脱下红军军装，高举国共合作大旗，换上了新四军军装，开赴大江南北的抗日战场。此后，新四军虽屡遭国民党各种排挤打压，历经皖南事变等重大挫折，但始终把中华民族的利益放在第一位，英勇战斗在抗日前线，屡立奇功，在我党我军的历史上创造了光辉的业绩，被称为“华中人民的长城”。在熊熊抗日烽火中，新四军将士用鲜血和生命铸就了伟大的新四军精神，成为抗战精神的有机组成部分。新四军精神的形成有着深厚的历史渊源，可以追溯到北伐战争时期的叶挺独立团和南方八省三年游击战争中的红军游击队。

（一）新四军精神形成的历史渊源

1.北伐战争时期，叶挺独立团的英勇善战是新四军精神形成的源头

20世纪20年代初期的中国，最突出的问题就是帝国主义势力操纵下愈演愈烈的军阀混战。在英、美等国的支持下，以曹锟、吴佩孚为首的直系军阀，与以段祺瑞为首的皖系和以张作霖为首的奉系军阀交战，相继爆发了直皖战争和直奉战争。陷于战乱之中的中国，满目疮痍，经济萧条，民不聊生。在社会政治经济日趋恶化的情况下，中国共产党深刻认识到，时局如此动荡，如果不先推倒祸国殃民的大小军阀及帝国主义，一切美好理想的实现都无从谈起。1922年7月在上海召开的党的二大，通过对中国经济政治状况的分析，揭示出中国社会的半殖民地半封建性质，指出党的最高纲领是实现社会主义、共产主义，但在现阶段的纲领，即最低纲领是打倒军阀，推翻国际帝国主义的压迫，统一中国为真正的民主共和国。大会提出，为实现反帝反军

阀的革命目标，必须联合全国一切革命党派，联合资产阶级民主派，组成“民主主义的联合阵线”。1923年2月，中国共产党精心组织策划领导的京汉铁路工人大罢工爆发，在帝国主义的支持下，军阀吴佩孚调动军警血腥镇压罢工工人，制造了震惊中外的二七惨案，京汉铁路总工会江汉分会委员长、共产党员林祥谦惨遭杀害，52个工人牺牲，300余人受伤，罢工遭遇失败。中国共产党从京汉铁路工人大罢工失败的事实中看到，此时的革命力量远不如帝国主义和封建势力强大。党认识到结成最广泛的统一战线的重要性，决定采取积极步骤，联合孙中山领导的中国国民党。1924年1月，在中国共产党的帮助下，有共产党人参加的国民党第一次全国代表大会在广州召开，确定了联俄、联共和扶助农工的三大革命政策，改组了国民党，标志第一次国共合作正式形成。中国遂进入了“打倒列强，除军阀”的反对帝国主义、封建主义军阀的大革命时期。

为造就革命武装的骨干力量，在中国共产党推进和帮助下，国共合作开始了创建革命军的阶段，继创办由共产党人参加领导的黄埔军校后，开始组建革命军队。1925年8月，叶挺从莫斯科东方大学学成归国，被中共中央安排到中共广东区委工作。当时中共广东区委正准备组建一支以共产党员、共青团员为骨干的革命武装。经过多方筹备协商，在孙中山的支持下，周恩来和中共广东区委把大元帅大本营的铁甲车队改组成一支实际受党指挥的革命武装。1926年初，在铁甲车队基础上建立了国民革命军第四军独立团，叶挺任团长。这是由我党直接领导的第一支正规化军队。

国共两党合作后，经过两年多的艰苦斗争和各方面的准备，广东国民政府决定北伐。1926年5月，叶挺独立团奉广州国民政府之命，作为北伐先锋启程入湘，从而揭开了北伐战争的序幕。此后，独立团在友军的配合下，长驱直入，所向披靡，一路进攸县，占醴陵，克平江，光复长沙。尤其是8月入鄂之后，在汀泗桥、贺胜桥和武昌三大战斗中，叶挺独立团更加威风显赫，名震天下。在围困武昌城敌军过程中，独立团的官兵轮番强攻，前仆后继，伤亡惨重。10月1日，被困武昌城内的敌军挑选精锐敢死队600余人，组织突围，向叶挺独立团防地发动突袭。独立团集中火力猛击来犯之敌，激战1小时，夺回阵地与铁甲车。10月10日，叶挺独立团爬墙入城，与顽固抵抗的敌军展开巷战，并首先攻占有炮台和环形工事的制高点蛇山。北伐军因此突破围攻40天之久的坚城武昌，歼灭吴佩孚1万余人有生力量，创造了北伐军战争史上最为辉煌的战绩。

攻打武昌战后，独立团党支部决定在武昌洪山修建攻城官兵烈士墓，安葬曹渊等191名在历次战役中牺牲的烈士。墓碑上镌刻着“诸烈士的血铸成了铁军的荣誉”的名句，首次出现了“铁军”的称谓。1927年1月，叶挺独立团所在的第四军也因其英勇善战、不怕牺牲、战功卓著，荣获人民群众赠送的“铁军盾”。叶挺也获“北伐名将”的殊荣。叶挺对独立团的将士们说：“我们为什么能够建立这样的伟大的战功呢？主要的一个原因，就是因为独立团是共产党的军队，因为有了共产党，我们才能成为铁军。”①

短短几个月内，叶挺独立团以北伐先锋的雄姿及军威，与参加北伐的国民革命军的各兄弟团并肩作战，付出巨大牺牲，伤亡士兵1200余人，排以上干部60余人，为北伐战争的胜利立下了赫赫战功。叶挺独立团作为我党领导的最早一支正规武装，在北伐战争中表现出的英勇善战、不怕牺牲、前仆后继的大无畏精神，成为新四军精神的主要来源，为后来新四军精神的形成打下了坚实基础。

①刘以顺：《铁军和铁军精神的历史渊源》，《党史纵览》2007年第11期。

2.三年游击战争期间,南方八省红军游击健儿表现出艰苦卓绝的斗争精神为后来新四军精神的形成提供了丰富滋养

在随后的土地革命战争中，叶挺独立团改编的部队参加了南昌起义，在朱德、陈毅率领下，和湘南起义农军一万余人陆续转移至井冈山地区，与毛泽东领导的起义军会师，成立工农革命军第四军（后改称“工农红军第四军”），朱德任军长，毛泽东任党代表和军委书记。从此，他们领导的军队被称为“朱毛红军”。朱德率领的南昌起义军余部有2000多人、近千支枪，大大增强了井冈山革命根据地的实力。

朱、毛两部合编为一军后为什么称“第四军”，而不是按序来命名，据埃德加·斯诺的《西行漫记》里对朱德的采访，朱德是这样说的：“所以用这个名字，为要保持国民革命第四军‘铁军’的大名，它在大革命中是我们革命的堡垒。”① 由此可见，第四军不仅是序列号，更是一个荣誉称号。

在毛泽东、朱德领导下，红四军发扬“铁军”光荣传统，参加了历次反“围剿”斗争和长征，连打胜仗。1934年10月，中央根据地第五次反“围剿”遭遇失败，红军主力被迫长征，中共中央、中革军委率中央红军主力8.6万多人，踏上战略转移的漫漫征程。而奉命留在江西、福建、广东（含今海南省）、湖南、湖北、安徽、浙江和河南8省各革命根据地的红军游击队，在同中共中央中断联系的情况下，紧紧依靠人民群众，采用灵活机动的游击战术，一次次挫败数十倍于己的国民党军的疯狂进攻，经受了敌人的血腥屠杀、层层封锁、移民并村、断粮绝盐等严峻考验，战胜了因挫折、失败、艰苦和敌人的分化瓦解而造成的严重困难，逐渐形成了赣粤边、闽赣边、闽西、闽粤边、皖浙赣边、浙南、闽北、闽东、闽中、湘鄂赣边、湘赣边、湘

①[美]埃德加·斯诺著,董乐山译:《西行漫记》,外语教学与研究出版社2005年版,第579页。

南、鄂豫皖边、鄂豫边、琼崖等15个游击区[1]，大小不一的数十支红军游击队，在三年英勇顽强的游击战争中，不仅策应了红军主力长征，也保住了党在南方的战略支点，为中国共产党实现由土地革命战争向抗日战争的战略转变奠定了基础。

三年游击战争期间，国民政府采取了一系列政治、军事和经济的手段，妄图把红军游击队歼灭，使游击区一度出现“无不焚之居，无不伐之树，无不杀之鸡犬，无遗留之壮丁。闾阎不见炊烟，田野但闻鬼哭”之惨状。敌人首先对各游击区施行严密的分割和封锁，进行频繁的军事“清剿”。1935年春，粤军余汉谋的第一军和江西保安团共三四万人，对粤赣边游击队发动了联合“清剿”，叫嚣“三个月内消灭游击队”，布设了三道封锁线，每天进山“清剿”，到处穿插，开枪恐吓，找不到目标，就放火烧山，欲使游击队无处藏身，一时狼烟烽起。国民党军在先后制定的3个月内和6个月内企图消灭红军游击队的阴谋都未能实现后，再次拟定“清剿”计划，重新调配兵力，实行大规模的移民并村，封锁山坑，制造无人区，企图把红军游击队困死、饿死在山上。国民党军发动万人大抄山，强迫信丰、大余、南康三县边境的群众编成抄山队，使红军游击队无处安身。然而红军游击队采取了积极的策略，在当地群众的支持和配合下，敌人的军事“清剿”只能落得失败而归。与此同时，国民党军对游击区进行了严厉的经济封锁，给红军游击队造成了很大的困难。1935年5月22日，余汉谋以第六绥靖公署名义颁发了经济封锁条例，宣布：“各乡米谷不得运入山中，以济匪粮，如查出或拿获，应即枪决。”妄图断绝红军游击队的物资来源。敌人的严密封锁给红军游击队造成了严重困难，红军游击队过着“天当被、地当床、草为粮”的生活，衣食住行得不到保障，特

①《新四军战史》编辑室:《新四军战史》,解放军出版社2000年版,第8页。

别是冬天严寒、风雪很大，只好吃竹笋和草根。项英曾经饿过三天，没有吃任何东西。陈毅在《赣南游击词》中记述："叹缺粮，三月肉不尝。夏吃杨梅冬剥笋，猎取野猪遍山忙。捉蛇二更长。"[①] 他们日行夜露，缺衣少粮，过着野人般的生活。1942年，陈毅在致友人的一封信中说："整年整月的时间，我和我的同伴，没有房子住，风餐露宿，昼伏夜行，是我们生活的常规。"但红军游击队依靠坚强的意志，在群众的帮助下，渡过了一道道难关。

国民党反动派为了消灭红军游击队，还利用叛徒进行破坏。这些叛徒由于戴着假面具，熟悉红军游击队的情况和地方党组织的规律，因而危害程度就更大。"北山事件"中，叛徒龚楚利用其原赣南省军区参谋长的身份，把一些游击队干部骗到北山天井洞开会。会上，龚楚撕下伪装，劝大家投降，供出项英、陈毅等人的驻地。红军游击队知道中了奸计，边打边撤，牺牲很大。这一事件，使北山的红军游击队和革命群众，受到了很大的摧残。"梅岭事件"又是敌人利用叛徒陈海破坏我游击队领导机关，捕捉项英、陈毅等领导人的另一个阴谋。叛徒利用中央分局急于和党中央取得联系的心理，放出党中央派人来联系的假消息。当陈毅等人冒着危险到大余时，却发现陈海已经叛变。在回斋坑的路上，陈毅被搜山的敌军包围，躲在一个茅草遮盖的小山洞里，随时会有生命的危险。当敌人搜山无果而放火烧山时，一场大雨浇灭了烈火，也把敌人淋跑了。这一段惊险曲折的战斗经历，就是陈毅气吞山河的不朽诗篇《梅岭三章》写作的历史背景。"投身革命即为家，血雨腥风应有涯。取义成仁今日事，人间遍种自由花。"这是陈毅一生忠于革命事业的真实写照，是三年游击战争艰苦岁月的历史再现，表达了共产党人面对异常艰难的斗争形势矢志不渝、永不言弃的

①钟燕林:《陈毅赣南三年游击战争诗词赏析》,《党史文苑·上半月(纪实版)》2020年第2期。

革命意志和革命精神。

三年游击战争中，留下来坚持斗争的何叔衡、贺昌、毛泽覃、万永诚、古柏、阮啸仙等许多干部和战士英勇牺牲。党的早期领导人瞿秋白被俘后，坚贞不屈，在被押往刑场前，慨然绝书“眼底云烟过尽时，正我逍遥处”，随后走到罗汉岭刑场后，选择一处坟墓堆上，盘足而坐，回头微笑着对刽子手说：“此地正好，开枪吧！”年仅36岁的瞿秋白从容就义，表现了中国共产党人视死如归的大无畏精神。[①]

三年游击战争期间，敌人采取大抄山、大烧山、大砍山的办法和“梳篦式”“围剿”，所到之处皆成废墟，其环境之险恶、斗争之激烈、生活之艰辛，绝非常人所能经受。在非常恶劣的生存条件下，红军游击队带着坚定的革命信仰，弘扬不怕牺牲的大无畏精神，采取高度灵活的游击战术，利用边界有利地形，以山地为依托，与敌人斗，与大自然斗，与叛徒斗，始终高举中国共产党这面旗帜，坚定远大革命理想和革命必胜信念，坚持艰苦奋斗的优良作风，密切了与人民群众的血肉联系，丰富和发展了一套灵活机动的游击战术，保存了一支革命武装和斗争阵地，经受了血与火、生与死的考验。他们在三年游击战争中表现出的艰苦卓绝的斗争精神，是新四军精神的又一来源，为新四军精神的形成提供了丰富滋养。

（二）全民族抗战时期，新四军精神正式形成

全民族抗战爆发，民族生死存亡之际，新四军组建，在抗日烽火中广大指战员用鲜血和生命铸就了伟大的新四军精神，新四军精神正式形成。

1937年7月，日本侵略军悍然发动卢沟桥事变，中国驻军奋起抵抗，全民族抗战爆发。在这生死存亡关头，中国共产党高举起抗日大

①《中国共产党简史》，人民出版社、中共党史出版社2021年版，第66页。

旗，通电全国，号召“全中国同胞，政府，与军队，团结起来，筑成民族统一战线的坚固长城，抵抗日寇的侵略！”“国共两党亲密合作抵抗日寇的新进攻！”[1] 8月中旬，周恩来、朱德、叶剑英在南京与国民政府军事委员会军政部部长何应钦就南方八省红军游击队改编为抗日武装达成共识。在这期间，周恩来在上海会见了怀着强烈抗日救国热情已从澳门到上海的叶挺，请叶挺出面将南方红军游击队改编为抗日武装，肩负起民族抗战的神圣使命。被誉为“北伐名将”的叶挺，在参与领导南昌起义和广州起义失败之后，在海外过了十年流亡生活，与共产党失去了联系，这时已不是共产党员。由他出面主持改编南方红军游击队，易为国民党所接受。叶挺欣然接受委托，并通过第三战区前敌总指挥陈诚，向蒋介石提出将南方红军游击队改编为一个军的建议，提议改编后的部队称为新四军，意在表示继承北伐战争时期第四军的优良传统和国共两党的再次合作。[2] 9月28日，蒋介石任命叶挺为国民革命军陆军新编第四军军长。此后，党在南方八省的红军游击队（琼崖红军游击队除外），改编为国民革命军陆军新编第四军（简称“新四军”），下辖4个支队，全军约1.03万人，项英任副军长。

南方红军游击队改编成新四军后，为了民族的存亡，立刻开赴抗日前线，在大江南北积小胜为大胜，充分发挥人民战争的威力，狠狠打击日本侵略军。1938年5月12日，新四军第四支队首战蒋家河口，第四支队九团四连仅用了20分钟，伏击歼灭日军第六师团巢县守备队20多人，缴获枪10余支，迫使日军不得不从进攻合肥的部队调回一部。蒋家河口战斗，是第四支队东进皖中敌后的第一仗，也是新四军

①中共中央党史研究室：《中国共产党的九十年·新民主主义革命时期》，中共党史出版社、党建读物出版社2016年版，第184页。

②《新四军战史》，解放军出版社2000年版，第15页。

★蒋家河口战斗结束后，新四军指战员凯旋情景

挺进敌后的第一仗，拉开了华中敌后游击战的序幕，使日军极为震动，日本战史记载这次战斗说："坂井支队因后方的巢县守备队受敌之攻击，派遣步十三联队第一大队前去救援。"5月16日，蒋介石致电叶挺、项英："贵军四支队蒋家河口出奇挫敌，殊堪嘉慰。"①

新四军在日、伪、顽夹击下，利用敌矛盾，各个击破敌人，保存和发展自己。密切与人民群众的联系，团结一切可以团结的人，共同抵御外侮。在平原河网地带进行敌后游击战争，反"扫荡"、反"清乡"，创造性地丰富游击战争理论。开辟敌后根据地，在开展军事斗争的同时推动地方建设，各根据地日益巩固。新四军在日伪的心脏地带，面对极其复杂的局面，不断发展壮大自己，为中国人民的抗日斗争作出了巨大的贡献。

在军事斗争中，新四军根据自身特点，把游击战争运用到河网平

①《新四军战史》，解放军出版社2000年版，第63页。

原中，积小胜为大胜，成为华中抗日的一面旗帜，并配合国民党军和盟军的对日作战。新四军组建初期，人员少，装备差，又没有在平原河网作战的经验，军事斗争的开展困难不小。按国共两党达成的共识，新四军的任务是在敌后进行游击作战，配合正面战场作战。部队在岩寺进行整训后，派出先遣支队到苏南进行战略侦察，并在韦岗对日作战，首战告捷。之后新四军各支队深入敌后开展游击战争，在江南敌后广泛出击，打击了日军的嚣张气焰，在江南敌后地区站稳了脚跟。

★1938年4月，新四军第二支队在歙县岩寺集中

1941年初，国民党顽军制造了震惊中外的皖南事变。1941年至1943年，是华中敌后抗日战争最困难时期。日寇发动一次又一次残酷的“扫荡”“清乡”“蚕食”。日、伪、顽勾结反共，不仅在战略上形成对新四军的夹击态势，而且在一些战役中也相互配合。整个华中形势十分严峻。苏南、淮南抗日根据地缩小，豫皖苏边区抗日根据地于1941年5月被迫放弃。面对严峻的形势，新四军根据精兵简政的精神，实行主力军、地方军和民兵三位一体的人民战争。即在日军“扫荡”“清乡”初期，主力部队“化整为零”，转移到外线，以地方武装

就地坚持，消耗敌人，挫其士气。在“扫荡”“清乡”末期，敌人士气衰退时，新四军则“集零为整”，不断突击，收复失地，恢复和扩大根据地。在战斗过程中，新四军善于利用日伪顽之间的矛盾，各个击破敌人，保存与发展自己。迫使日本侵略者在华中泥足深陷，欲拔不能。实践证明游击战争是敌强我弱条件下，保存和发展自己，以少胜多，以弱胜强，充分发挥人民战争威力的有效作战形式。

新四军始终以民族大义为重，坚定不移地执行抗日民族统一战线政策，在战略上配合国民党军和盟军。皖南事变之后，新四军遵照毛泽东、朱德、王稼祥2月2日致电精神：“中日矛盾仍属第一”，“共同打退日寇的进攻，良机难得，以德报怨。”日军发动豫南战役，企图围歼国民党军于平汉路以东地区之时，新四军仍顾全大局，策应国民党军作战，尾追日军西进，给日军出其不意的打击，支援了龟缩于黄河以西的国民党军。此外，新四军和盟国美军也有共同抗日的合作。新四军第五师协助美国第十四航空队设定了中文总台和各支台，负责收集鄂豫边区日军机场、仓库、兵营、指挥部等情报，为美国空军的轰炸提供目标和校正目标。国民党军和盟军还把新四军游击战争经验介绍推广到各自部队。

在抗日根据地建设中，新四军在人民群众的支援下，创造性地运用抗日民族统一战线政策，团结一切可以团结的力量，开创了新四军抗日斗争的新局面。京、沪、杭等地失守之后，人民群众陷入水深火热之中，白天逃避日军的烧杀奸淫，夜晚预防土匪、溃兵的抢劫勒索，群众中蕴藏着的抗日爱国热情由于缺乏领导而难成气候。共产党领导的新四军进入敌后的首要任务，便是宣传群众，组织群众，争取群众支持。新四军深入江南之后，每到一处张贴布告，通过联欢座谈、演讲演戏、传唱抗日歌曲等形式，宣传我党的抗日民族统一战线政策，揭露日寇的暴行，唤醒群众的抗日热情。新四军指战员处处维护群众的利益，帮助老百姓砍柴担水打扫卫生，遇到群众因怕日军的报复，不敢借房子给新四军住，即使下雨也在屋檐下过夜。对人民群众秋毫无犯，使新四军与人民群众的关系更加紧密。此外，坚决打击民怨难平的土匪武装和散兵游勇，为民除害，深得民心。建立在人民战争基础上的游击战争，是新四军能够克敌制胜的根本原因。新四军把宣传群众、组织群众、武装群众作为进行游击战争前提，从战场的准备、地形的改造、敌情的侦察、情报的封锁到物资的保障、担架的运送、伤员的护理等大量的工作都是发动群众去做的，人民群众成为新四军最好的靠山。

新四军从华中的实际出发，创造性地执行抗日民族统一战线政策，是新四军抗战胜利的主要原因之一。陈毅率部进入苏南高淳县城当日，走访国民党高淳县县长及地方绅士，宣传共产党的抗日民族统一战线政策和团结抗日的主张。此后又拜访镇江、句容地区的实力人物和爱国士绅。如茅山麓丽公司经理纪振纲、国民党原区长樊玉琳、泰兴县教育局长巫恒通等人。通过做工作，这些地方代表人物逐渐接受共产党的抗日民族统一战线政策，扩大了抗日阵容；初步打开了抗日斗争的新局面。新四军针对华中敌后地区的复杂情况，对不同阶级、阶层确定了不同政策，联络感情，结交朋友，宣传抗战政策。对伪军、伪组织采取打击与争取同时并进的方针，使许多伪组织由原先一心事敌变为“心红皮白”。就连被新四军打痛结仇的李长江后来也与新四军来往，而对日军消极应付。即使对于国民党顽固派，新四军也始终从维护民族大义出发，坚持团结、反对摩擦。由于调动了各阶层参与抗战的积极性，使得抗日阵营的力量不断壮大，抗日根据地得到不断的巩固发展，开创了新四军抗日斗争的新局面。

追根究底，新四军之所以能够从小到大，从弱到强，靠的就是在血与火的斗争中炼就的、内涵不断丰富的新四军精神。

任何精神都是历史和时代的产物。新四军精神的形成，正是一个长期积淀的过程，是随着时代变化不断丰富淬炼的结果。新四军精神肇始于第一次国内革命战争时期。那时，中国共产党虽然没有独立领导武装斗争，但早期的共产党人，用他们胸怀的远大理想和爱国为民的满腔热忱，以燃烧的激情、鲜血乃至生命，冶炼出了前所未有、奋发向上的铁军精神。此后，在几十年的传承发展过程中，从北伐时期“铁军”的英勇善战、不怕牺牲，到红军时期大无畏的牺牲精神和为人民翻身解放而打天下的英雄气概，再到全民族抗战时期彰显的矢志不渝的坚定信念、相忍为国的博大胸怀、秋毫无犯的严明纪律、舍生取义的勇于牺牲……最终淬炼出内容更加丰厚、蕴含更加深邃、更为璀璨夺目的新四军精神。

新四军精神内涵丰富，对新四军历史进行历时考察，可以发现，新四军精神主要体现为跟党举旗的坚定信念、英勇果敢的钢铁意志、坚韧不拔的顽强作风、众志成城的军民团结、相忍为国的博大胸怀、步调一致的严明纪律。

二、新四军精神的基本要旨

多年来，关于新四军铁军精神的研究，视角多元，方法多样，取得了丰硕成果，为深化新四军精神研究奠定了坚实基础。本文以周克玉将军关于新四军铁军精神的论述为基本依据，从六个方面系统阐释新四军精神的丰富内涵，为新时代弘扬新四军精神，切实发挥以史铸魂、以史资政、以史育人作用提供历史镜鉴。

（一）跟党举旗的坚定信念

习近平总书记指出，坚定理想信念，坚守共产党人精神追求，始终是共产党人安身立命的根本。对马克思主义的信仰，对社会主义和共产主义的信念，是共产党人的政治灵魂，是共产党人经受住任何考验的精神支柱。形象地说，理想信念就是共产党人精神上的“钙”，没有理想信念，理想信念不坚定，精神上就会“缺钙”，就会得“软骨病”。[①] 跟党举旗的坚定信念就是新四军的“钙”。陈毅指出：“党在本军的领导，就是本军特质的表现。”秉持共产党人的坚定信念，坚持党对军队的绝对领导，是其灵魂所在。

在党的领导下，八年全民族抗战中，新四军继承和发扬了铁军的光荣传统，始终坚持以党的旗帜为旗帜，党指向哪里，就奔向哪里，绝对听从党的指挥。组建之前，南方红军游击队一直与国民党反动派进行着艰苦卓绝的生死搏斗，与国民党反动派及其军队有着不共戴天的深仇大恨。但当我们党决定与国民党合作抗日后，他们坚决表示服从党中央的决定，高举团结抗日大旗，毫不迟疑地接受统一改编。此后，尽管部队番号变了，隶属关系变了，但始终保持着对党坚定的信念。为了加强党的领导，成立了中央军委新四军分会，各级均建立健全了党的组织领导机构，部队普遍恢复了政治委员和政治工作制度，加强政治思想教育，保证了新四军在复杂的环境下，始终坚持正确的政治路线和政治方向。正是基于坚定的政治信念，皖南事变后，以叶挺为首的被拘押、囚禁的官兵，在狱中始终坚贞不屈，誓死抗争。在国共合作的特定条件下，新四军虽然在建制上隶属于国民党第三战区指挥（第四支队属第五战区管辖），但决不因战区指挥关系而削弱或放

①《紧紧围绕坚持和发展中国特色社会主义 学习宣传贯彻党的十八大精神》(2012年11月17日)，《习近平谈治国理政》，外文出版社2014年10月第1版，第15页。

弃共产党的领导，不因统一战线的环境而把自身降低为统一战线的军队，克服一切模糊或淡化共产党领导的倾向，始终保持政治上、组织上服从共产党领导的独立性，坚持共产党对新四军的绝对领导，不折不扣地贯彻执行中共中央制定的路线、方针、政策，决不允许因为“长期分散的游击战争特点所养成的独立自主能力”“发展到不服从中央领导与中央军委指挥”[①]。分散在各根据地担任游击作战任务的新四军部队，在共产党战略方针指导下，实行战略配合、战役战斗的必要协同和支援，在各抗日根据地实行共产党的一元化领导，使党政军民形成整体力量，统一行动，保证了抗日斗争的胜利和根据地建设各项任务的完成。

一部新四军历史，就是一首跟党举旗、听党指挥的瑰丽史诗，一支坚定信念、忠贞不渝的昂扬壮歌。新四军历史表明，以“铁军”精神铸就的新四军之所以战无不胜，其根本原因在于接受党的绝对领导，坚决听从党的指挥。中国共产党代表着最广大人民的根本利益，新四军作为中国共产党领导下的一支部队，其建军宗旨与人民群众切身利益的根本一致，是每个军人能够矢志不移跟党走，坚决听从党指挥的内在原因。

（二）英勇果敢的钢铁意志

新四军部队是一座革命熔炉，锤炼了一代代钢铁战士，磨砺了广大指战员的钢铁意志。凭借着这种钢铁意志，他们在对敌战场上英勇果敢，勇往直前，困难面前不退缩，危急关头不屈服。

新四军长期战斗在敌情复杂、环境险恶的华中战略要地。日军为巩固占领区，对敌后抗日根据地频繁“扫荡”“清乡”；顽固派则时时制造反共军事摩擦。在这样恶劣的环境里，新四军领导和广大官兵因

①《新四军战史》，解放军出版社2000年版，第522页。

地因敌制宜，以己之长，击敌之短，不断创造新战法，愈出愈奇，愈打愈妙。1939年初，第二支队副司令员粟裕率部采取远距离夜间奔袭的战法，4昼夜连续行军逼近芜湖近郊日军飞机场，发起突然袭击，20分钟歼守敌300余人，俘57人，缴获长短枪70余支，挫败了日伪军对芜湖、当涂等地实施的分割、封锁计划。同年11至12月，谭震林指挥第三支队采取运动战、游击战、反击战等战法，击败了日军在飞机、毒气掩护下的5次进攻，毙伤日军450余人，取得了繁昌五次保卫战的胜利。1940年7、9、10月，李先念指挥豫鄂挺进纵队平汉支队官兵，采取反击战、伏击战等战法，打退日军步骑兵的3次进攻，毙伤日军300余人，取得了“平坝三捷”的战绩。1945年8月，在两淮战役中，第三师特务团尖刀班班长、战斗英雄徐佳标，在攻占淮阴城南门时，第一个攀上城墙。当他看到从敌人暗堡里射出的机枪火舌封锁住新四军前进的道路时，徐佳标奋不顾身地用身体挡住了敌人机枪的射孔，用自己年轻的生命为突击部队开辟了前进的道路。

在新四军中，不仅作战部队英勇顽强，不怕牺牲，就连军部机关文职人员，上了战场也一样奋力杀敌，置个人生死于度外。教导总队文化教员朱锦麟随军参加父子岭战斗，阵地遭日军飞机扫射，炮表被炸得七零八碎，一群日军围上来，他毫无惧色，沉着打完最后一颗子弹后，拉响手榴弹与日军同归于尽。在皖南事变的激战中，军部机关9名女战士，穿梭在东流山各个阵地运送弹药，当阵地失守，她们被大批敌人包围时，9名女战士身绑炸药包、同时拉着导火索，高唱着新四军军歌、义无反顾地扑向敌群，用年轻的生命践行了新四军精神。

新四军不仅善于指挥军队作战，而且善于组织发动人民作战；不仅善于动员我方军民，而且善于瓦解敌军；不仅善于进行武装斗争，而且善于巧妙使用各种方法和手段，综合打击敌人。军队和人民同心协力，四处游动专打敌人痛处，使敌人处处遭袭击，天天有伤亡，最终陷入灭顶之灾。日本派遣军总司令哀叹“共产党的军队乃是皇军大敌”。美联社记者爱泼斯坦称新四军是“一支日军最怕的军队”。

新四军英勇果敢的钢铁意志，喷薄出无坚不摧的强大力量，谱写出一曲曲感人的英雄壮歌，成就了能打仗、打胜仗的威武之师、胜利之师。

（三）相忍为国的博大胸怀

中国共产党自成立之日起就把实现中华民族伟大复兴作为自己的历史使命，捍卫民族独立最坚定，维护民族利益最坚决，反抗外来侵略最勇敢。[①] 全民族抗战爆发后，在中华民族面临亡国灭种的危急关头，历经十年内战、惨遭国民党杀戮的中国共产党人以民族大义为重，捐弃前嫌，忠实执行抗日民族统一战线政策。中国共产党领导下的新四军将士处处事事把民族利益放在第一位，表现出同仇敌忾、相忍为国的博大胸怀。

新四军组建之初，为减少摩擦，利于抗战，就按照周恩来提出的，哪个地方只有敌人伪军，友党友军较不注意没有去活动，就向哪里发展。可国民政府及军队对新四军却百般刁难，限令新四军到达他们指定的地区集中，在各省游击队昼夜兼程的沿途，又千方百计进行阻挠、扣留和暗杀。蒋介石还“画地为牢”，把新四军的活动范围划定在沿长江两岸的狭窄地带。以挽救民族危亡为己任的新四军，一次次地忍让求全，始终真诚地团结友军，一致抗日。

1938年秋，新四军第三支队以4个营的兵力，掩护和策应国民党第五十军与日伪军的作战，毙伤日伪军300余人。战后五十军军长郭勋祺下令补充第三支队步枪子弹3万发，军服和被衣500套。1939年4

①《中国共产党简史》，人民出版社、中共党史出版社2021年版，第109页。

月19日，日军一部向驻守在皖北涡阳、亳县的国民党军进犯。新四军游击支队一、二、三团主动出击，袭击、截击日伪军，积极配合友军打击日伪军，粉碎了日伪军的进犯。[①]在繁昌保卫战中，谭震林说：“我军将士赤胆忠心，向来以民族安危、抗战大局为重。今天，大敌当前，我们要以皖南战局为重，暂且不去计较那些反共顽固派的胡言乱语。友军一四四师受到严重威胁，我们应主动出击，坚决把敌人阻挡在我军阵地前，予以歼灭，不让敌人从我方地区迂回一四四师侧后。这是一次恶仗，也是一次政治仗，我们要坚决歼灭敌人，保住皖南前线。”[②]1940年，为掩护国民党第五十一军南渡浍河，新四军第六支队八团挺身而出阻击日军的跟踪追击，为此牺牲了副团长陈文甫及副营长、团参谋主任、排长等30多人。

即使发生皖南事变那样惨痛的事件，国民政府军事委员会宣布新四军为“叛军”，取消其番号，新四军仍然以民族大义为重，忍受奇耻大辱，坚持不改团结抗日的大方向。1941年1月24日，陈毅在就职通电中指出，“本军坚持抗日民族统一战线之政策方针，绝无因皖南事变及反共投降派之大举进攻，而放弃抗日救国神圣职责。”[③]

在敌后战场，尽管国民党顽军频繁勾结日伪夹击新四军，新四军始终都是以团结统一的大局为重，在国民党军遭到日伪军“扫荡”，遭敌围困的时候，新四军从不落井下石，而是全力配合支援国民党军，共同抗击日寇，为其解围或掩护其撤退。1943年2月在日军春季“扫荡”中，国民党苏北韩德勤部遭到日军重创，伤亡惨重，新四军不计

①杜虹：《新四军军史珍典》，党建读物出版社2005年版，第63页。

②鲁敏、胡北：《铁军精神筑就“华中人民的长城”》，《安徽日报》2020年9月3日第7版。

③中共安徽省委党史研究室：《陈毅就职通电》（1941年1月24日），《皖南事变资料选编（第1集）》2017年版，第272页。

前嫌，主动派部队掩护溃败的韩德勤部进行撤退，并且允许其部队撤退到新四军的根据地进行休整，还在粮草、经费等方面给予接济。新四军这一以民族大义为重的举动，不但得到抗日各阶层的赞扬和韩部广大士兵的感激，就连韩德勤本人也亲笔写信给陈毅军长，感谢新四军对他的支援和救济。然而，感谢信墨迹未干，韩德勤就自食其言。一个月后，趁着日伪军对新四军苏北盐阜地区“扫荡”之机，背信弃义的韩德勤率部企图侵占我淮北根据地，新四军在规劝无效的情况下无奈进行自卫反击，俘虏韩德勤及官兵1000余人。韩德勤被俘后，新四军根据中共中央的指示，本着团结抗战的宗旨，释放了韩德勤并且礼送他出境。新四军这些为国家忍辱、为民族负重的举动，赢得了人民的信任，赢得了社会各界进步人士的同情、理解和支持。

抗战期间，新四军忠实执行中共中央制定的又团结又斗争的方针，在不损害人民根本利益的前提下，在许多问题上常常作出妥协退让，有时甚至是委曲求全，为最终赢得抗日战争的胜利付出了巨大牺牲、作出了巨大贡献。

（四）坚韧不拔的顽强作风

新四军挺进华中敌后，处在前边打狼，后面拒虎的日、伪、顽夹击之中。面对极其恶劣的斗争环境，广大将士迎难而上，浴血奋战，以坚韧不拔、艰苦卓绝的顽强作风和大无畏的英雄气概，压倒敌人而绝不被敌人所压倒。坚韧不拔的顽强作风是新四军取得胜利的法宝。

在1938年6月的韦岗伏击战中，新四军先遣支队连长温国德在与日军展开白刃格斗时，勇猛抱住日军土井少佐，从路上滚到水田里，夺过敌人军刀，将敌酋刺死，自己却因流血过多，壮烈牺牲。日军在我军的奋勇冲杀下，伤亡殆尽。韦岗伏击战取得胜利后，粟裕兴奋之余，作诗庆贺：“新编第四军，先遣出江南。韦岗斩土井，处女奏凯

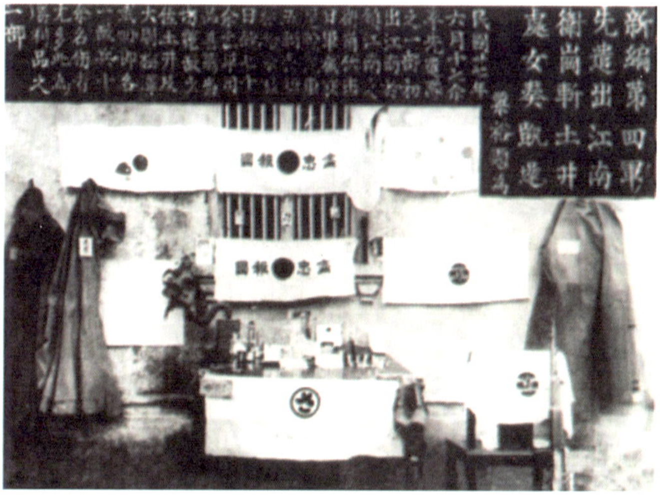

★新四军先遣支队在韦岗战斗中缴获的战利品

还。”陈毅也口占七绝诗一首：“故国旌旗到江南，终夜喧呼敌胆寒；镇江城下初遭遇，脱手斩得小楼兰。”①

1943年春，日军对江苏北部淮海抗日根据地进行大规模残酷的“扫荡”，3月17日，日伪军1000余人，分兵合围驻六塘河北岸的淮海区党政领导机关。被习近平总书记点名的新四军“刘老庄连”，即新四军第三师第七旅十九团二营四连，为了掩护主力部队和党政机关安全转移，在刘老庄地区陷入日伪军重围。经数次突围，都没有成功，所以决心固守。连部通信员在火线入党申请书中写道：“在党最需要的时候，我将把自己的生命献给党和人民，绝不给我们党丢脸，绝不给中华民族丢脸!”面对日伪军的炮火，四连官兵坚定沉着，不畏严重伤亡，浴血奋战，从拂晓到黄昏，战斗一直持续了12个小时，击溃敌人5次冲锋，在弹尽粮绝的情况下，与日军进行肉搏拼杀，毙伤敌军170余人，全连82人全部壮烈牺牲。朱德在《八路军新四军的英雄主义》一文中，高度评价刘老庄战斗，指出：“全连八十二人全部殉国的淮北刘老庄战斗……无一不是我军指战员的英雄主义的最高表现。”② 陈毅专门撰文表彰：“烈士

①郑复龙:《韦岗伏击战:新四军江南抗日首战大捷》,《炎黄春秋》2020年第4期,第87页。

②朱德:《八路军新四军的英雄主义》,《朱德选集》,人民出版社1983年版,第115-122页。

们殉国牺牲之忠勇精神，固可以垂式范而励来兹。”[①]

1944年8月25日，新四军浙东游击纵队海防大队第一中队做出了与“狼牙山五壮士”齐名的英雄壮举。我海防大队76名官兵，登上大鱼山岛才5天，就遭到驻舟山日伪军的围攻。敌纠集日海军230人、陆军100人，伪军100人，出动炮舰、登陆艇、机帆船等13艘，以及各种火炮数十门，在两架飞机的配合下，向大鱼山岛发动进攻。当时我方指战员每人才配100发子弹、4枚手榴弹。此后，在这个面积不过9平方公里的东海小岛上，进行了一场惊天地、泣鬼神的血战。面对8倍之多的日军陆海空重兵，新四军指战员以落后的武器装备，苦战孤岛，宁死不屈，最后坚守阵地的42名官兵壮烈殉国。此战在当时产生极大影响，被称为新四军“海上狼牙山之战”。

新四军将士发扬坚韧不拔的顽强作风，涌现出类似的英雄、类似的壮举数不胜数。据不完全统计，整个抗战期间，新四军伤亡将士8万余人，担任团以上领导职务的烈士共有350多位。新四军副军长项英、政治部主任袁国平、副参谋长周子昆、第四师师长彭雪枫、第三师参谋长彭雄、第八旅旅长田守尧、第十六旅旅长罗忠毅和政委廖海涛、中共苏皖区委书记邓仲铭等人，先后壮烈牺牲。坚韧不拔的顽强作风成为新四军战胜一切敌人、征服一切困难的重要保障。

（五）众志成城的军民团结

众志成城的赤诚团结是新四军的政治优势和“制胜密码”。

新四军是中国共产党领导下的军队，不仅为着同一目标而上下紧密团结，还非常重视民运工作和军民团结。军政治部设民运部，政治部副主任邓子恢兼任部长。以军部战地服务团为主体组织民运工作队，分赴驻地及周围地区开展民运工作。各支队设有民运科，团设民

①陈毅：《新四军在华中》，《陈毅军事文选》解放军出版社1996年版，第235–244页。

运股，连队党支部有民运委员，各班还有民运战士。各级民运机构把动员群众、组织群众、武装群众作为自己的重要任务。

军部首长还带领广大指战员分散到驻地农家帮助群众耕地、插秧、播种，对生活困难的群众更是尽力帮助他们排忧解难。军部到云岭后，战士更是与民众打成一片，办夜校，教农民识字、唱歌，为民众演戏，等等。军部还向乡村派出医疗队，免费为群众治病。各种群众性的抗日组织，如农抗会、妇抗会、工抗会、青抗会、学抗会、商抗会、自卫队、儿童团等团体纷纷建立。

1938年冬，新四军民运工作队与中共皖南特委首先以茂林工委为基础，组成了中共泾县县委，随后又相继建立了繁昌、南陵、铜陵、青阳等县委。1939年5月，铜陵绝大部分地区，几乎每乡每保都有党员。1939年底，全县已有4个区委、15个中心支部、275个支部、895名党员。皖南事变前夕，全县党员已发展到2000余人。1939年10月，皖南在共产党领导下的各群众团体会员达25万人之多。

地方党组织恢复和建立后，积极领导和组织人民支援和配合新四军开展抗日活动，形成水乳交融的军民情谊。人民群众从人力上、财力上、舆论上大力支持新四军抗战，谱写了一曲曲军爱民、民拥军、军民鱼水情的战歌。在新四军活动的地区，老百姓到处传唱着“吃菜要吃白菜心，当兵要当新四军”的歌曲。在皖南事变中，之所以涌现出了许多老百姓冒着生命危险掩护新四军失散人员的可歌可泣的动人故事，是与之前新四军扎扎实实开展民运工作，形成密切的军民关系分不开的。①

此外，新四军还注重同外部的团结，以此孤立敌人，壮大打击敌人的力量。新四军东进，茅山脚下纪振纲的茅鹿公司有200余人枪的

①刘以顺、沈培新:《新四军皖南军部的历史功绩》,《铁军》2011年第4期。

自卫队，有人主张解除茅鹿公司的武装为我军所用。陈毅认为不可，并多次写信约谈。纪振纲被陈毅的抗日大义所感动，明里应酬日伪，暗中支持新四军抗战。1939年冬，新四军没有棉衣，纪振纲捐出200套棉衣和5000元现款；还邀集开明绅士募集约5000套棉衣。1940年，纪振纲遭日伪软禁，又被国民党要挟反共，遂决计离开茅鹿公司，临走时将其自卫队200余人、30多挺轻机枪和五六挺重机枪以及弹药全部带给新四军。在苏北陈毅“击敌、联李、孤韩”，团结可以团结的力量一起抗日。黄桥一战挫败了顽军韩德勤的反共阴谋，震慑了日伪，奠定了新四军在大江南北的战略地位，为抗战胜利夯实了基础。

《中共中央关于党的百年奋斗重大成就和历史经验的决议》指出，团结就是力量。建立最广泛的统一战线，是党克敌制胜的重要法宝，也是党执政兴国的重要法宝。新四军从小到大，由弱到强，靠的就是志同道合、生死与共的铁的团结。军队内部团结，军政军民团结，我军友军团结，是新四军克敌制胜的力量源泉。著名爱国民主人士邹韬奋指出：“新四军与士绅朋友密切配合，能于生死之际互相信托，于敌伪高压之下毫无背离，此乃中共统一战线政策之伟大成功。”[①] 新四军高举抗日大旗，努力团结一切可以团结的力量，调动一切可以调动的积极因素，建立各党各派各界各军的抗日民族统一战线，形成了人心所向、众志成城的铜墙铁壁。

（六）步调一致的严明纪律

严格遵守纪律，坚决执行命令，一切行动听指挥，是新四军发展壮大、夺取胜利的重要保证。

新四军在严峻的斗争环境中不断完善机构设置、加强自身建设，

①《毛泽东选集》(第3卷)，人民出版社1991年版，第1004页。

并严格纪律要求，坚持三大纪律八项注意，后具体化为三大纪律、八项要求、十项注意。新四军各部队还派出纪律检查团、访问团，到当地党政机关和人民群众中，以新四军制定的“拥政爱民公约”和“三大纪律、十项注意”为依据，检查对待政府人员和群众的态度和作风，在宿营、行军、作战中和在生产运动中执行纪律的情况，并就检查出来的问题，通过座谈、联欢、拜年、慰问军烈属等形式，向地方党政机关和人民群众公开道歉，赔偿损失。此外，在各基层单位和干部战士中广泛进行自查，开展批评帮助，提高纪律观念和群众观念。[①] 这些对于新四军建设，对于正确处理其内部关系、团结人民群众和确立人民军队对待俘虏的正确政策，对于把新四军打造成一支新型的人民军队，起到了关键作用。

新四军广大干部战士自觉遵守纪律，只要是党的指示、命令，就毫不动摇地坚决执行。从新四军的组建到挺进大江南北，从坚持和巩固敌后抗战到实施战略全面反攻，全军上下始终步调一致。抗战胜利之初，中共中央为使国共谈判取得成功，主动作出让步，决定长江以南的苏浙军区和第七师撤往苏北、皖北地区。指战员们虽然舍不得用鲜血换来的根据地，但他们坚决执行命令，7天内，浙东1.5万人、第七师兼皖江军区3万余人胜利地完成北撤任务。

新四军特别尊重民众利益，严守群众纪律，即使在极端艰难困苦的情况下，他们宁可自己多吃苦，也决不侵占一点群众利益。1939年，彭雪枫率新四军游击支队到达涡阳县新兴集后，明确规定了在群众家“五不走”的纪律：“水缸不打满不走，地不打扫好不走，门板不上齐不走，借东西不归还不走，损坏东西不赔偿、不道歉不走。”游击支队走的时候，组织上还会挨家挨户地去询问有没有战士借东西不还

①《新四军战史》，解放军出版社2000年版，第438页。

的情况。1943年5月，新四军五师三十八团的一个连长因贪污6元钱被绳之以法。该团政委周庆鸣对全团官兵表示，6元钱，数字并不惊人，但大家要记住，我们共产党领导的八路军、新四军之所以战无不胜、攻无不克，有信心打败日本强盗，其中一个重要原因，就是我们有铁的纪律、血的纪律。由于新四军处处体贴民众，关心民众，帮助民众，时时处处严格执行群众纪律，被根据地人民誉为“天下文明第一军”，得到了民众的广泛拥护与支持。

纪律的要义在于形成钢铁般的凝聚力和战斗力。两军相遇勇者胜。如果没有铁一般的纪律，没有达到统一指挥、协同作战的地步，即使数量再庞大的军队也不会成为勇者。新四军将士步调一致的自觉纪律展现了人民军队特有的精神风貌，从而使新四军获得人民的真诚拥护得以迅速发展壮大。

三、新四军精神的时代价值

2020年9月3日，习近平总书记在纪念中国人民抗日战争暨世界反法西斯战争胜利75周年座谈会上的讲话中指出：“伟大抗战精神，是中国人民弥足珍贵的精神财富，将永远激励中国人民克服一切艰难险阻、为实现中华民族伟大复兴而奋斗。”[①] 新四军精神作为抗战精神的有机组成部分，正在为我们实现民族复兴伟业提供源源不断的精神动力。

（一）新四军精神是新时代人民军队传承红色基因、磨砺忠诚军魂、夯实强军之基的强大精神力量

新四军这支部队之所以命名为国民革命军新编第四军，意在延续

①《继承和弘扬伟大抗战精神》(2020年9月3日)，《习近平著作选读》(第2卷)，人民出版社2023年版，第339页。

叶挺独立团在北伐时期敢打敢拼的战斗作风和战斗意志，此后随着历史的演变、时代的发展，逐步孕育形成新四军的铁军基因，在继承传统的基础之上，铸就了独特的新四军精神。新四军精神里蕴含着信仰的种子、制胜的密码、作风的底色，是新时代人民军队保持本色、赢得战争、推动改革的“根”和“魂”。

进入新时代，我军面对的形势更加复杂，担负的使命和任务更加繁重，基于此我们党提出了改革强军战略，实施人才强军战略，确立新时代军事教育方针，明确军队好干部标准，推动构建三位一体新型军事人才培养体系，培养有灵魂、有本事、有血性、有品德的新时代革命军人，锻造具有铁一般信仰、铁一般信念、铁一般纪律、铁一般担当的过硬部队。习近平总书记指出，新时代要建设一支听党指挥、能打胜仗、作风优良的人民军队①，“要把红色资源利用好、把红色传统弘扬好、把红色基因传承好，教育官兵学传统、爱传统、讲传统，始终保持老红军本色。”②“我们这支军队，战争年代没有被残酷的环境、强大的敌人打垮，进城后没有被‘糖衣炮弹’打垮，靠的就是保持和弘扬我军光荣传统和优良作风。”③ 2014年4月29日，习近平总书记在参观新疆某红军师师史馆时强调，要把红色基因融入官兵血脉，让红色基因代代相传。④党的十九大报告提出，要加强军队党的建设，开展“传承红色基因、担当强军重任”主题教育，推进军人荣誉体系建设，培养有灵魂、有本事、有血性、有品德的新时代革命军

①《牢记强军之魂强军之要强军之基》（2012年12月10日），《习近平新时代中国特色社会主义思想专题摘编》，党建读物出版社、中央文献出版社2023年4月第1版，第435页。

②《学而时习：用好红色资源，总书记再次强调》，求是网2021年6月27日。

③《求是》杂志编辑部：《听党指挥 强军兴军》，《求是》2021年第15期，第22页。

④孙文超：《习近平总书记强调的“红色基因”》，《学习时报》2023年6月5日第2版。

人，永葆人民军队性质、宗旨、本色。[①]

新四军精神蕴含着丰富的红色基因，是新时代磨砺忠诚军魂、夯实强军之基的力量源泉。新四军军长叶挺，1941年皖南事变中被扣，在长达5年的囚禁生涯中多次拒绝蒋介石等人的劝降，狱中写下气壮山河的《囚歌》。新四军教导总队教育长、黄埔一期毕业生冯达飞在皖南事变中本已突出重围，因小腿中弹未能及时过江，被国民党中统特务逮捕，先后囚禁于江西上饶西山监狱、七峰岩监狱和茅家岭监狱，受尽折磨。蒋介石念其是黄埔军校的学生，令国民党第三战区司令长官顾祝同实施劝降，并表示将委以重任。冯达飞对前来劝降的人坚定地回答道："你知道我是黄埔生，可见得我反对蒋介石并不是盲目的。我到过苏联，可见得我晓得共产主义是怎么回事。"并多次痛斥敌人，义无反顾，于1942年6月遇害。曾被周恩来誉为"女中豪杰"的新四军女战士李秀英，在皖南事变中痛失时任新四军北移部队第三纵队政委的丈夫胡荣。脱险后，她凭着坚定的信念，忍受着常人难以想象的磨难，坚持斗争。后因无法找到部队和党组织，便隐居在泾县丁桥乡，默默坚守了几十年穷乡僻壤的艰苦生活。新中国成立后重新入党，先后担任村长和乡妇女主任。1987年去世前，拿出身边仅有的10元钱交了最后一次党费……叶挺、冯达飞、李秀英等一个个新四军指战员矢志不渝、跟党举旗的感人事迹，正是新时代教育人民军队的最好教材。强化新时代人民军队对新四军文化的认同，传承新四军精神红色基因，通过汲取其精髓，传承其忠诚血脉，深扎其文化之根，对于培育官兵品格，增长官兵智慧，推进新时代人民军队发展具有强大的支撑作用。

①《决胜全面建成小康社会，夺取新时代中国特色社会主义伟大胜利》（2017年10月18日），《习近平著作选读》（第二卷），人民出版社2023年版，第44页。

弘扬新四军精神，是新时代磨砺忠诚之魂，确保部队绝对忠诚、绝对纯洁、绝对可靠，一切行动听从党中央和中央军委指挥的现实需要；是新时代人民军队加强作风建设、纪律建设的现实需要；是助力强军兴军，保障人民军队本色和战斗力的现实需要。在新的征程上，只有矢志不渝传承好红色基因，赓续革命血脉，弘扬新四军精神，才能凝聚起强大的精神力量，闯关夺隘，实现党在新时代的强军目标，把人民军队全面建成世界一流军队。

（二）新四军精神为新时代砥砺党员领导干部不忘初心、牢记使命提供不竭精神动力

新四军历史是我们党的历史的重要组成部分；新四军精神蕴含着共产党人的精神血脉，镶嵌着共产党人为之奋斗的理想信仰，凝结着中国共产党的初心和使命，是我们党革命精神谱系的重要组成部分。2021年2月，习近平总书记在党史学习教育动员大会上讲话指出，要教育引导全党大力发扬红色传统、传承红色基因，赓续共产党人精神血脉，始终保持革命者的大无畏奋斗精神，鼓起迈进新征程、奋进新时代的精气神。[①] 2022年3月，中共中央办公厅印发《关于推动党史学习教育常态化长效化的意见》，提出要“着眼坚定历史自信，坚持不懈把党史作为必修课、常修课”。深入宣传新四军历史，大力弘扬新四军精神，传承红色基因，以其砥砺党员领导干部不忘初心、牢记使命，是推动党史学习教育常态化长效化的重要途径。

全民族抗战期间，新四军政治部主任袁国平，在皖南事变中率部突围时，不幸身中4弹，伤势严重。为了不拖累战友突围，袁国平用手枪对准自己头部扣响扳机，壮烈牺牲，时年35岁，践行了他“99颗子弹射向敌人，留下一颗用于自己”的诺言。新四军政治部宣传教育

①习近平：《在党史学习教育动员大会上的讲话》，《求是》2021年第7期，第14页。

部部长、模范政治工作者朱镜我，在皖南事变中身患重病，谢绝提前转移，突围中躺在担架上仍继续指挥宣传鼓动工作。为不被敌人俘获和连累部队行动，从担架上毅然滚下山崖，壮烈牺牲。1941年12月，新四军五师十五旅副旅长兼四十三团团长、政委朱立文率部突围被敌重兵追击，本可依托村庄进行阻击，但为了使群众免遭战火，毅然率部冒险渡河，不幸壮烈牺牲……回望新四军历史，无论是在正面战场，还是在敌后战场，无论是面对日本侵略者，还是面对国民党顽固派和伪军，新四军指战员始终都是以昂扬的斗志，冲锋在战斗的最前线，在极其艰苦、残酷、复杂的战争环境和作战条件下，英勇抗战，不怕牺牲，血战到底。在人员规模、武器装备和其他的物质条件都远远落后于敌军的情况下，新四军之所以能够始终屹立不倒，并且最终取得了抗日战争的伟大胜利，就是因为邓小平同志所指出的："就是因为我们有理想，有马克思主义信念，有共产主义信念。"

今天，我们虽然身处和平年代，远离了战火硝烟，但处在深刻的社会转型期，人们的生活方式和思想观念多元化，社会思潮多样化，面临着各种前所未有的国内外挑战和意识形态领域的斗争，对传统的理想信念堤坝造成了巨大的冲击，使得部分党员干部的马克思主义信仰出现了危机、共产主义的理想和中国特色社会主义的信念出现了动摇。事实一再证明，理想信念动摇是最危险的动摇，理想信念滑坡是最危险的滑坡，失去正确的理想和目标，就会失去精神的动力。所以，理想信念是共产党人的精神追求，也是共产党人安身立命的根本。习近平总书记反复讲，理想信念是共产党人精神上的"钙"，没有理想信念，理想信念不坚定，精神上就会"缺钙"，就会得"软骨病"。[①] 所以我们必须加强思想政治建设，解决好世界观、人生观、价

①习近平：《坚定理想信念 补足精神之钙》，《求是》2021年第21期，第4页。

值观开关的问题。新时代，深入践行新四军精神，是共产党人补足精神之钙、解决“软骨病”的必然要求，是共产党人始终坚守对马克思主义的信仰、对中国特色社会主义和共产主义的信念的必然要求。

党的建设需要忠诚，党的发展需要忠诚，人民的事业需要忠诚，国家的未来需要忠诚。当年，广大新四军将士以听党指挥、跟党举旗的铁的信念，深入华中敌占区，开辟敌后战场，有力打击和牵制了大量日伪军，很好地配合和支持了国民党的正面战场。当前，我们党正在全力推进中国特色社会主义伟大事业，正在带领全国人民努力实现中华民族伟大复兴的中国梦，这就要求全体党员干部与党同心、对党忠诚、听党指挥、共同奋进。党章明确规定，对党忠诚老实是党员必须履行的义务。对党忠诚就是要做到在党言党、在党忧党、在党为党，切实做到为党分忧、为国尽责、为民奉献。不管面临什么艰难险阻，不管遇到什么大风大浪，都要始终坚持中国共产党的领导，始终坚守共产党人的精神追求，始终坚定马克思主义信仰、共产主义理想和中国特色社会主义信念。世界正经历百年未有之大变局，新冠肺炎疫情全球大流行使这个大变局加速演变，两者深刻交织，不稳定不确定因素明显增多，今后一个时期将面对更为复杂多变的外部环境，我们要深刻领悟“两个确立”的决定性意义，自觉在思想上政治上行动上同以习近平同志为核心的党中央保持高度一致，坚决维护党中央权威，坚决维护党的集中统一领导。

为政清廉是党的性质的根本体现，是我们党赢得民心的重要法宝。全民族抗战期间，新四军三师副师长兼盐阜军分区司令员张爱萍，在饥饿难耐的情况下，与战士们一起在路边啃起榨过油后用作牲口饲料、庄稼肥料的花生饼。四师师长彭雪枫，坚持和大家一样的伙食标准，乐观地把细长并带有霉斑的红薯叫“香肠”，把高粱窝窝头叫

"猪肝"，把稀汤叫"抗战牌牛奶"。项英从司务长那里借3块钱招待美国记者史沫特莱，借款从第二个月的津贴费中扣除。陈毅率部坚持"不拉夫、不派款、不扰民"的"三不"政策，号称"天王老子也不准入民宅"。曾任淮北行署主任的刘瑞龙回忆说：在新四军各根据地，"取消了薪给制，建立了生活津贴制，上级不要巴结，同事不要应酬，职业有保障，生活不腐化，有饭吃，有事做，找钱的地方没有，贪污的门基本是封锁了，制度改变了，贪污分子也还有，只是个别的了。"[①] 当年新四军正是因其清正廉洁和"令行禁止、秋毫无犯"的铁的纪律赢得了根据地人民群众的广泛支持和拥护。今天，清正廉洁依然是人民群众对领导干部最起码的要求。我们要大力弘扬新四军廉政文化，时时处处绷紧纪律这根弦，在各种诱惑面前把握住自己，筑起防线、抗拒诱惑，坚守个人干净的基本底线，切实增强思想上的免疫力、党纪国法的执行力、为官用权的约束力，始终做到清白做人、规矩办事、严格要求。

敢于担当从来都是中国共产党人的政治本色。1939年春，周恩来到云岭新四军军部视察期间，先后听到新四军二支队三团副团长邱金声因积劳成疾，病死于医院，一支队二团政治处主任肖国生战死沙场，年仅23岁。他十分悲痛，专门撰文指出："他两人之死，代表了一年来新四军无数英勇烈士的牺牲、代表了新四军高级干部奋斗牺牲的领导精神，更代表了多年奋斗至死不息的革命者的意志，不畏强寇勇往直前的青年政工人员的模范。两同志虽死，他们的精神永耀于新四军，光辉于全民族。"1941年11月，在江苏溧阳塘马战斗中，新四军六师参谋长兼第十六旅旅长罗忠毅、旅政委廖海涛，为粉碎日伪军

①中共泾县纪律检查委员会、云岭新四军军部旧址纪念馆：《新四军廉政画册》，黄山书社2013年版，第115页。

重兵合围，身先士卒，率部与数倍于己的敌人展开血战，毙伤日伪军300余人，与270名官兵一起壮烈牺牲……在抗日战争年代，担当是为民族的独立和人民的解放抛头颅洒热血，前仆后继，在所不辞。在今天，担当就是要把人民对美好生活的向往作为奋斗目标，为了党和人民的事业，敢想、敢做、敢担。当前，我们已经全面建成小康社会、实现第一个百年奋斗目标，正在乘势而上开启全面建设社会主义现代化国家新征程，向第二个百年奋斗目标进军，如何才能实现这个宏伟目标，如何才能交出让广大群众满意的时代答卷，这就要求领导干部从新四军精神中汲取智慧和力量，继续弘扬新四军坚韧不拔的钢铁意志，面对风险敢做能为，面对困难敢闯会干，面对问题敢抓善管，以抓铁有痕、踏石留印的劲头，克服困难、化解矛盾、解决问题，对党和人民负责、为党和人民担责。

中国共产党从成立之日，就把全心全意为人民服务作为我党的根本宗旨，密切联系群众更是成为我党最大的政治优势。“吃菜要吃白菜心，当兵要当新四军”的民谣，就是当时新四军与人民群众鱼水情深的真实写照。正是因为我们党、我们的军队赢得了民心，赢得老百姓的信赖，才取得了抗战的最后胜利，正所谓“得众则得国，失众则失国”。所以习近平总书记特别指出：人民立场是中国共产党的根本政治立场，是马克思主义政党区别于其他政党的显著标志。党与人民风雨同舟，生死与共，始终保持血肉联系，是党战胜一切困难和风险的根本保证，人民群众是我们党的力量之源和胜利之本，能否始终保持党同人民群众的血肉联系，决定着党的事业的成败。[①] 在革命战争年代如此，在今天依然如此。这要求我们弘扬新四军精神，要坚持全心全

①《不忘初心，继续前进》(2016年7月1日)，《习近平谈治国理政》(第二卷)，外文出版社2017年版，第40页。

意为人民服务的根本宗旨，始终保持党同人民群众的血肉联系。

新时代建设忠诚干净担当的高素质干部队伍，培养对党忠诚、个人干净、敢于担当的新时代好干部，需要弘扬新四军精神，感受其信仰之力、理想之光和奋斗之艰，不断增强对党的政治认同、情感认同，坚决听党指挥，自觉听党话、跟党走；需要弘扬新四军精神，厚植报国情、立下强国志，争创一流的工作业绩彰显爱国热情；需要弘扬新四军精神，磨砺坚强意志，筑牢思想堤坝，塑造高尚人格。新四军精神正成为激励我们攻坚克难、不断前行的强大精神动力。

（三）新四军精神是弘扬社会主义核心价值观、对青少年进行爱国主义教育的营养剂

青少年是祖国的未来、民族的希望，对其进行革命传统教育必不可少。2016年4月，习近平总书记在安徽金寨调研时说："革命传统教育从娃娃抓起，既要注重知识灌输，又要加强情感培育，使红色基因渗进血液、浸入心扉，引导广大青少年树立正确的世界观、人生观、价值观。"[①] 2021年2月，习近平总书记在党史学习教育动员大会上讲话指出，要抓好青少年学习教育，着力讲好党的故事、革命的故事、英雄的故事，厚植爱党爱国爱社会主义的情感，让红色基因、革命薪火代代传承。[②] 新四军战斗史就是一部奋斗史，反映了党领导人民的光辉奋斗历程，是对青少年进行革命传统教育和爱国主义教育的好教材；新四军精神就是培养青少年社稷之责、家国之情、青云之志，对青少年铸魂补钙的营养剂。

青少年作为未来社会主义现代化事业的建设者和接班人，是社会主义核心价值体系的践行者，他们的思想道德素质关乎祖国的未来。

①张长江:《革命传统教育要从娃娃抓起》,《人民日报》2021年6月25日第9版。
②习近平:《在党史学习教育动员大会上的讲话》,《求是》2021年第7期,第1页。

不容忽视的是，长期以来，青少年的思想道德素质在得到很大提高的同时，也存在着消极的一面。重物质、盲目攀比，追求个人享乐，校园霸凌、青少年犯罪等诸多不好的现象依然存在；各种非主流的，甚至不良的思潮都对青少年的人生观、价值观产生了很大的冲击。对于这些，我们如果不能及时对青少年进行正确的引导和教育，他们的思想很可能会偏离正确的方向。新四军精神蕴含的丰富文化内涵体现了社会主义核心价值观的主流文化，对提升青少年思想道德素质具有积极作用。我们应充分发挥其与社会主义核心价值体系建设密切相关的特点，强化对青少年的主流价值观教育。

新四军精神有助于青少年树立坚定远大的理想信念。跟党举旗的坚定信念是新四军精神的本质内涵。有了正确信念就能使人坚如钢、硬如铁，并沿着这种信念指引的方向奋勇前进。新四军之所以能够战胜日本侵略者，打败国民党顽固派，正是靠这种坚定的理想信念。理想信念是革命精神的核心问题和革命动力的精神源泉。当前，随着国民受教育程度的提高，绝大多数的青少年有理想、有信念。但是，在多元文化背景之下，一些青少年受到一些错误思潮和价值观念的冲击，理想信念出现了一些偏颇。一是理想信念呈现空想化，不愿为了理想而付诸努力，幻想着以最少的付出得到最大的回报；二是在理想信念方面存在明显的个人主义功利化倾向，更注重自己的前途、名誉、家庭幸福等；三是理想信念的不确定性，当自己的理想信念遇到现实中的各种障碍时，就选择了中途放弃。这时，可以通过弘扬新四军的光辉历史，在青少年中传承新四军精神，帮助他们树立远大的理想，坚定理想信念，激发爱国主义情感，为国家的繁荣富强而努力奋斗。

新四军精神有助于培养青少年不畏困难百折不挠的钢铁意志。英勇果敢的钢铁意志是新四军精神的特质内涵。新四军的钢铁意志，是面对敌人的威逼利诱不为所动；是冲锋陷阵、不怕牺牲的英勇顽强；是能拼能打、永不言败的浴血奋战。坚强的意志和毅力是一个人宝贵的精神和素质。只有意志坚强，才能经受考验，才能战胜人生中的挫折坎坷。随着现在生活水平的迅速提高，部分青少年安于享受，在困难面前容易退缩，这些都是意志力不够坚强的表现。一些家长过分娇纵孩子，导致孩子只会享福，不愿吃苦，过分依赖家长。一些青少年没有明确的生活目标，每天生活得浑浑噩噩，没有前进的动力。还有些青少年因为缺乏抵制诱惑的意志力，误入歧途。不少青少年遇到一点困难，就意志消沉沮丧，不去积极寻求解决途径，自怨自艾，放弃或逃避困难，心理承受力极低。坚强的意志力并非与生俱来，它是在后天实践活动中慢慢培养起来的。因此，对青少年意志力的培养不是一朝一夕能够办到的事，要对青少年进行包括传承新四军精神在内的革命传统教育，让青少年到革命圣地参观学习、在实践中得到锻炼，培养青少年在艰苦的环境下克服困难的意志和品格，磨炼其心性，提高其意志力。

就大学生群体而言，大学期间个人精神的塑造尤为关键。新四军精神集中反映了我党我军的优良传统与作风，既是我党我军的宝贵精神财富，也是以爱国主义精神为核心的中华民族精神的重要组成部分，将新四军精神融入高校思想政治教育既有利于大学生坚定理想信念、保持积极向上的精神状态，提升综合素质，又能满足高校思想政治教育工作需要，对于激发新时代大学生成长成才的内生动力、引领大学生成长成才，具有重大的理论和实践意义。

（四）以新四军精神为内涵的新四军文化资源是发展红色旅游、助力老区脱贫的“助推器”

新四军转战大江南北，留下了许多珍贵的遗址遗迹，包括重要机构旧址，重要事件、重大活动发生地，革命烈士陵区陵园、墓群，名人故居、旧居等，这些红色资源是先辈留给我们的宝贵物质财富和精神财富，具有鲜明的政治价值和重要的经济价值，是爱国主义教育、革命理想信念教育中不可替代的教材，为我国红色旅游的全面发展提供了优越的资源条件。

特别是2021年党史学习教育启动以来，安徽充分发挥新四军革命遗址遗存、纪念场馆等的宣传教育功能，以红色节日为载体，讲好新四军的故事、新四军在安徽的故事、新四军英雄的故事，以此砥砺初心使命，赓续红色基因。依托新四军军部旧址和皖南事变烈士陵园教育基地等新四军文化资源，进一步丰富新四军精神，弘扬新四军精神，形成独特的红色教育品牌，成为发展红色旅游、助力老区脱贫的“助推器”。新四军军部旧址入选全国12个重点红色旅游经典景区、全国30条红色旅游精品线路、建党百年红色旅游百条精品线路。宣城市充分利用皖南事变烈士陵园和新四军军部旧址等红色资源，以新四军精神为核心，加快推进红色旅游教育品牌，大力弘扬新四军精神，积极宣传叶挺等红色人物，开设《云岭三年》等红色课程，创作皖南花鼓戏《洞房枪声》等红色作品，打造30多条精品红色线路。将新四军精神作为全市开展红色教育和廉政教育的核心内容。以“研学旅游”为突破口，加快拓展客源市场。积极开展研学旅游基地的培育和建设，云岭新四军军部旧址纪念馆以爱国主义教育、党风廉政教育、历史教育为特色成为首批宣城市研学旅游基地，也是全省10个研学基地之一。以新四军精神为内涵的新四军文化资源已成为助力老区脱贫的“助推器”，新四军曾经转战过的大江南北革命老区正依托其独特的新四军文化资源大力发展红色旅游，传承红色基因，红色旅游已经成为引领当地经济社会发展的新增长点。

淮海战役精神的基本要旨和时代价值

顾永俊　袁　谅

2017年12月，习近平总书记在瞻仰淮海战役烈士纪念塔、参观淮海战役纪念馆时强调：要缅怀革命先烈，传承好红色基因，把淮海战役精神发扬光大。[①] 淮海战役是解放战争战略决战三大战役中历时最长、规模最大、歼敌数量最多的一个战役。这一胜利，使长江以北的华东、中原地区基本获得解放，使国民党反动统治的中心地带——南京、上海直接暴露在人民解放军的铁拳面前，为解放军渡江作战创造了极为有利的条件。苏联领导人斯大林得知淮海战役所取得的巨大胜利后，在记事本上写道："60万战胜80万，奇迹，真是奇迹！"

在淮海战役进程中孕育的"听党指挥，步调一致；团结协作，决战决胜；勇挑重担，不怕牺牲；军民同心，众志成城"的淮海战役精神，是中国共产党人精神谱系的重要组成部分，具有丰富的内涵和重要的时代价值。

一、淮海战役精神形成的历史背景

（一）淮海战役前的全国战局

1945年中国人民抗日战争胜利后，中国共产党、各民主党派和全

①黄伟：《传承淮海战役精神，凝聚奋进力量》，新华报业网、《新华日报》2019年7月13日。

国人民积极争取和平民主建国，使多灾多难的中华民族尽快走向富强。但是，以蒋介石为首的国民党不愿放弃独裁统治，于1946年6月26日悍然撕毁停战协定和政协协议，大举围攻中原解放区。其后，又向其他解放区展开大规模进攻。全面内战由此爆发。

从1946年6月至1947年6月，在中国共产党领导下，人民军队用一年的时间粉碎了国民党军队的全面进攻和重点进攻。

遵照中共中央和毛泽东关于把战争引向国民党统治区的指示，1947年6月30日夜，由刘伯承、邓小平率领的晋冀鲁豫野战军主力12万人，一举突破黄河天险，揭开人民解放军战略进攻的序幕。刘邓大军千里跃进，于8月末进入大别山区。

与此同时，由陈赓、谢富治率领的晋冀鲁豫野战军一部共8万人于8月下旬渡过黄河，挺进豫西；由陈毅、粟裕率领的华东野战军主力，于9月越过陇海铁路南下，进入豫皖苏地区，执行外线作战任务，11月完成在豫皖苏地区的战略展开。这样，三路大军在中原形成“品”字形阵势，使中原地区由国民党军队进攻解放区的重要后方，变成人民解放军夺取全国胜利的前进基地。

1948年秋，人民解放战争进入夺取全国胜利的决定性阶段。这时，人民解放军总兵力由解放战争开始时的127万发展到280万人，其中野战军149万人。与此相反，国民党军队已由战争开始时的430万人下降到365万人。由于大批部队担任守备任务，可用于第一线的兵力仅为174万人，而且士气低落，战斗力不强；国民政府虽然还统治着全国3/4的地区和2/3的人口，但由于遭到广大人民的强烈反对，处境十分孤立。在这种情况下，国民党军队在军事上不得不由“全面防御”转为“重点防御”。国民党反动统治面临全面崩溃的局势。

解放战争进入第三年时的军事、政治、经济形势表明，国民党的反动统治已经摇摇欲坠，人民解放军同国民党军队进行战略决战的时机即将到来。

为了加快人民解放战争的进程，1948年9月，中共中央在河北省平山县西柏坡召开政治局扩大会议（亦称九月会议）。会议提出全党的战略任务是：建设500万人民解放军，在大约5年的时间内（从1946年7月算起），歼灭敌正规军500个旅（师）左右，歼敌正规军、非正规军和特种部队共570万人左右，从根本上打倒国民党的反动统治。①

根据九月会议精神和中央军委的指示，人民解放军经过雨季休整，从1948年9月开始，先后在东北、华东、华北、中原、西北战场发起强大的秋季攻势。

在辽沈战役发起不久，9月16日，华东野战军发起济南战役并很快取得胜利。菏泽、临沂、烟台的国民党军也先后弃城逃窜，山东全境除青岛及南部边沿少数据点外，全部获得解放。

截至11月2日辽沈战役结束，人民解放军已增加到300余万人，国民党军队已下降为290万人左右。敌我双方军事力量对比发生了根本变化，我军不但在质量上早已占有优势，而且在数量上也占有优势了。毛泽东说："这样，就使我们原来预计的战争进程，大为缩短。原来预计，从一九四六年七月起，大约需要五年左右时间，便可能从根本上打倒国民党反动政府。现在看来，只需从现时起，再有一年左右的时间，就可能将国民党反动政府从根本上打倒了。"②

（二）淮海战役作战方针的制定

进行淮海战役的建议，是华野前委在济南战役即将结束时提出的。1948年9月24日晨，华野副司令员、代司令员、代政委粟裕致电

①《毛泽东选集》（第4卷），人民出版社1991年版，第1287页。
②《毛泽东选集》（第4卷），人民出版社1991年版，第1301页。

中央军委提出在敌人停止北援的情况下进一步行动的具体建议。9月25日晚，中央军委批准了华野关于淮海战役的建议，认为“举行淮海战役甚为必要”。28日，中央军委再次指示华野：淮海战役第一个作战，并且最主要的作战，是钳制邱清泉、李弥兵团，歼灭黄维兵团。这一战役必比济南战役规模要大。因此，必须有相当时间使攻济兵团获得休整补充，并对全军作战所需包括全部后勤工作在内，有充分之准备，方开始行动。

10月11日，中央军委发出《关于淮海战役的作战方针》的指示，其中指出：战役第一阶段的重心是集中兵力歼灭黄百韬兵团，完成中间突破，占领新安镇、运河车站、曹八集、枣庄等地；第二阶段以大约5个纵队攻歼海州、新浦、连云港、灌云地区之敌，并占领各城；第三阶段可设想在两淮（即淮阴、淮安）方面作战。全战役大概需要一个半至两个月时间。[①]

在11月6日淮海战役发起后，中央军委又根据形势的发展变化，决心加速战略决战的进程，在筹划发起平津战役、解放全华北的同时，决定进一步扩大淮海战役规模。11月7日，中央军委致电华野、中野领导，要求两大野战军坚决完成当前歼敌任务，并进一步指示：第一仗力争歼灭敌人21至22个师，如能达成此任务，整个形势即将改变，华野及中野即有可能向徐蚌线迫近。那时，如果徐州敌人仍未撤退，即可打第二仗，歼灭黄维、孙元良兵团，使徐州之敌完全孤立起来。11月8日，粟裕、张震致电中央军委和陈毅、邓小平，分析了徐州之敌在我军打击下，有采取固守徐州或向长江以南撤退的两种方针的可能。为创造今后渡江的有利条件，建议华野在歼灭黄百韬兵团以后，主力不再向两淮进攻，而向徐（州）固（镇）线进击，抑留敌人

①《毛泽东选集》（第4卷），人民出版社1991年版，第1351–1352页。

于徐州及其周围，尔后分别削弱或歼灭之；同时以主力一部进入淮南截断津浦铁路，扰乱敌人部署与孤立徐州、蚌埠各点敌人。同日，陈、邓复电粟、谭并报军委，认为敌人是否放弃徐州，不日即可判明。如判明敌确系整个南撤，除中野主力从陇海线向徐州急进外，建议华野也应派部实行超越追击，进至淮河以南、津浦路以东截歼南撤之敌。11月9日，中央军委复电中野、华野："你们按照敌要总退却的估计，迅速部署截断敌退路，以利围歼是正确的。"

这样淮海战役的规模已由原来以歼灭徐州集团右翼一部为目标，发展为以歼灭敌徐州集团主力为目标。毛泽东曾把"隔断徐蚌，歼灭刘峙主力"称为淮海战役的总方针。从毛泽东的总方针看，攻占宿县是推动战局发展的重要之战。淮海战役前国民党军的兵力部署，蒋介石称之为"常山之蛇"，可首尾相顾。刘伯承在战役后期形象地说，打淮海战役，要"夹其额、揪其尾、断其腰"。在徐州以东围歼黄百韬兵团，夹住了蛇头，牵制蚌埠李延年、刘汝明兵团和从华中来支援的黄维兵团就揪住了蛇尾。拦腰一刀攻占宿县，卡住这个南北要冲之地，切断津浦线徐蚌段，就是"断其腰"。

淮海战役的作战计划是在中央军委的正确指导和前方指挥员的积极努力下，在全面把握战局、群策群力的基础上逐步确立起来的。从这一过程，我们可以看到，中央军委在重大方略的决策上不武断从事，高度发扬民主的精神；他们非常尊重前方指挥员的建议、意见，及时采纳积极可行的作战方略，多方位、多渠道、多角度地了解前沿战况，使战役逐渐朝着最有利于我、不利于敌的方向发展。前方指挥员在正确理解中央军委的战略意图后，也能结合战场的实际情况加以分析、总结，积极提出合理性建议，为中央军委的正确决策提供必要依据，最终使战役沿着正确的方向发展，确保了人民解放军赢得这场战役的胜利。

（三）淮海战役的简要过程

济南战役后，国民党军在徐州周围地区大量集结兵力，企图利用在徐州交会的津浦、陇海两条铁路线便于机动增援的条件，用主力和精锐部队堵防的办法阻止解放军南下，以巩固江淮，屏障南京。

1948年11月6日至1949年1月10日，华东野战军和中原野战军以及部分地方武装共约60万人，在以徐州为中心，东起海州、西至商丘、北起临城（今薛城）、南达淮河的广大地区，发起规模空前的淮海战役。

淮海战役分为三个阶段。第一阶段，自11月6日至22日，全歼黄百韬兵团，孤立徐州。战役发起后，根据中央军委首歼黄百韬兵团的指示，华野迅速南下，矛头直指黄百韬兵团。此时，黄百韬兵团正奉命从新安镇向徐州收缩。华野集中14个纵队的兵力，勇猛追击、截击，迂回包围该敌。11月8日，国民党第三“绥靖”区副司令官、中共地下党员何基沣、张克侠率部2.3万人突然在贾汪、台儿庄地区起义。华野迅速通过他们的防区，直插陇海线，迎头截住黄百韬兵团的退路。11月11日，黄百韬兵团被包围在碾庄圩地区。与此同时，中野在徐州以西全面展开进攻，首歼敌一八一师，继而攻克宿县，隔断徐州、蚌埠。两大野战军密切协同，完成了对徐州的战略合围。为确保全歼黄百韬兵团，华东野战军坚决阻击了徐州邱清泉、李弥兵团的增援。碾庄战场激战至22日，黄百韬兵团被全歼，司令官黄百韬毙命。此阶段，共歼灭国民党军1个兵团部、8个军部（含起义、投诚部队）、18个整师，计17.8万余人，使徐州之敌完全陷入孤立，为战役顺利发展创造了极为有利的条件。

第二阶段，自11月23日至12月15日，围歼黄维兵团，合围杜聿

★歼灭国民党军黄维兵团的双堆集战场

明集团。黄百韬兵团被歼后，国民党军统帅部为挽救败局，以徐州邱清泉、孙元良兵团，蚌埠李延年、刘汝明兵团会同由豫南来援的黄维兵团南北对进，企图三路会师，打通徐蚌交通线。中央军委审时度势，决定再歼孤军冒进的黄维兵团①。中原野战军主力和华东野战军一部采取“围三缺一，网开一面，虚留生路，暗设口袋”的打法，于11月25日将黄维兵团包围在淮北双堆集地区。前来增援的敌军或被歼或受阻。12月6日，解放军对黄维兵团发起总攻，至15日全歼该敌，生俘司令官黄维。在此期间，国民党徐州“剿总”副总司令杜聿明率领邱清泉、李弥、孙元良3个兵团撤离徐州，被华东野战军主力合围在陈官庄一带，孙元良兵团两个军约4万人被歼灭。

第三阶段，自1948年12月16日至1949年1月10日，战场休整

①黄维兵团约12万人，是蒋介石的嫡系部队，战斗力较强。

后，全歼杜聿明集团。黄维兵团被歼后，陈官庄地区的杜聿明集团在解放军重重包围下，完全陷入绝境。为配合平津战役，麻痹并稳住傅作义集团，淮海前线解放军曾奉命在两星期内暂停对杜聿明部的军事进攻，主要展开敦促杜聿明等率部投降的政治攻势。待华北战场上完成对傅作义集团的分割包围后，1949年1月6日，华野对拒不投降的杜聿明集团发起最后总攻，经4昼夜激战，全歼邱清泉、李弥两个兵团，生俘杜聿明，邱清泉毙命，李弥、孙元良化装潜逃。至此，淮海战役胜利结束。

淮海战役历时66天，60万解放军击败80万国民党军，歼灭其中的55.5万人，包括国民党军队“五大主力”的第五军和第十八军。

（四）淮海战役的历史地位

第一，淮海战役的胜利为解放全中国奠定了胜利基础。淮海战役之初，国共两党两军最高统帅都认识到了此战的输赢关系重大。1948年11月16日，毛泽东致电总前委说：“此战胜利，不但长江以北局面大定，即全国局面亦可基本上解决。”[①]此前，蒋介石也致函对黄百韬说：“此次徐淮会战，实为我革命成败国家存亡最大之关键，务希严督所部，切实训导，同心一德，团结苦斗，期在必胜，完成重大之使命，是为至要。”淮海战役的胜利，形成了“饮马长江、解放全国”的有利态势，蒋介石被迫宣告“引退”，国民党政权随之处于风雨飘摇之中。同时，淮海战役的胜利，有力地配合了平津战役，加速了平津战役的胜利进程。

第二，淮海战役的胜利从根本上动摇了国民党的反动统治。随着

①《中央军委关于成立总前委致刘伯承、陈毅、邓小平等电（1948年11月16日）》，中国人民解放军历史资料丛书编审委员会：《淮海战役·综述文献大事记图表》，解放军出版社1989年版，第149页。

国民党军队的节节败退，在淮海战役前，蒋介石就已经受到美国和国民党统治集团内部的压力。淮海战役开始不久，蒋介石就致函美国总统杜鲁门，要求美国增加援助和公开发表支持国民政府的声明。杜鲁门婉拒后，蒋介石又派其夫人宋美龄赴美乞援，也处处碰壁。美国驻华大使司徒雷登给马歇尔的报告说："除去蒋委员长的直属亲信人员和某些高级军官而外，没有多少中国人继续心悦诚服地支持他了……并且愈来愈众叛亲离了。"①在国民党统治集团内部，部分地方军阀纷纷要求蒋介石下野。一些民主党派、人民团体和无党派人士纷纷站到革命队伍里来，抵达解放区的民主人士指出，"淮海大捷，使京沪彻底动摇"。②

第三，淮海战役的胜利推动了解放军战役理论的新发展。淮海战役发起时，我军并不占优势。在华东和中原战场，国民党军有刘峙、白崇禧两个重兵集团，总兵力超过解放军。在武器装备和兵力处于劣势的情况下，中央军委在坚持对战役集中统一领导的前提下，注重发挥各级指挥员的聪明才智，尊重一线指挥员的创造。在淮海战役中，我军创造了集中优势兵力各个歼灭敌人的新战法：一是对敌人重兵集团在合围的同时实行分割，为分阶段集中优势兵力各个歼灭敌人创造条件；二是在一个时期内，确立主要作战方向只有一个的指导思想和作战部署，并集中尽可能多的兵力于一个战场，防止兵力分散；三是采取有效手段阻止和破坏敌人集中兵力，不让国民党军从别的战场调兵增援决战的战场。遵循战争规律、从实战需要出发创

①《中美关系资料汇编》第1辑，世界知识出版社1957年版，第325页。

②《各民主党派、各人民团体的代表人物及其他民主人士李济深、沈钧儒、马叙伦、郭沫若等五十六人，致电毛泽东主席、朱德总司令，庆祝人民解放战争的伟大胜利》，政协全国委员会办公厅编：《开国盛典——中华人民共和国诞生重要文献资料汇编》（上编），中国文史出版社2009年版，第89页。

造和运用的新战法，取得了奇效。经过3个阶段的作战，我军消灭了国民党军共55.5万余人。毛泽东称赞说："淮海战役好比一锅夹生饭，还没有完全煮熟，硬被你们一口一口地吃下去了。"[①]

二、淮海战役精神的基本要旨

列宁曾经说："在任何战争中，胜利归根到底是由那些在战场上流血的群众的精神状态决定的。"安徽是淮海战役总前委所在地，是淮海战役的重要战场，是淮海战役精神的主要孕育地。习近平总书记指出："淮海战役深刻启示我们，决定战争胜负的不一定是武器和兵力，军队的战略战术运用，将士们的信心和勇气，人民的支持和帮助，往往是更重要的因素。"[②] 因此，我们认为淮海战役精神的基本要旨主要包括以下几个方面。

（一）听党指挥、步调一致

坚持党对军队的绝对领导是人民军队永远不变的军魂。在淮海战役中，听党指挥、步调一致是人民解放军取得胜利的前提。在决策淮海战役过程中，中共中央和中央军委的英明决策和高超智慧得到充分展现。在淮海战役的战略部署下达后，人民解放军各参战部队坚决听从中共中央和总前委的统一指挥调度，闻令而动，遵令而行，体现了高度的政治自觉和责任担当。

随着解放战争的发展，许多解放区已经连成一片，许多城市已经解放或者即将解放，人民解放军和人民解放战争的正规性程度大为提

①《张震回忆录》上册，解放军出版社2003年版，第349页。

②《习近平在江苏徐州市考察时强调深入学习贯彻党的十九大精神紧扣新时代要求推动改革发展》，《人民日报》2017年12月14日第1版。

高，进行大兵团作战的条件逐步成熟。在这一关键时刻，必须加强中共中央、中央军委对全局的把握和对各地区、野战军的指导，必须迅速克服存在于党内和军队内的任何无纪律无政府状态，把一切必须和可能集中的权力集中于中央。为此，中共中央在1948年1月7日发布《关于建立报告制度》的指示，要求“各野战军首长和军区首长，除作战方针必须随时报告和请示，并且照过去规定，每月作一次战绩报告、损耗报告和实力报告外，从今年起，每两个月要作一次政策性的综合报告和请示”。为完善党的领导制度，9月20日，中共中央又作出了《关于健全党委制》的决定。

1948年10月5日，华野前委在曲阜召开由师以上干部参加的前委扩大会议。会议传达了中共中央九月会议的决议，以毛泽东在1948年5月间提出的关于“军队向前进，生产长一寸，加强纪律性，革命无不胜”的指示为主要议题，展开了讨论。与会人员经过认真讨论，充分认识到毛泽东的这一指示是引导中国革命迅速夺取全国胜利的唯一正确方针。只有军队向前进，才能更迅速地摧毁国民党的反动统治，更有力地鼓舞和援助国民党统治区人民的反对美蒋的斗争，并使解放区获得休养生息、发展生产的可能。只有使生产不断增长，才能改善解放区的人民生活，才能支援军队向前进，加速战争进程。只有开展反对无政府无纪律倾向的斗争，加强纪律性，才能达到全党全军在政治上、思想上、组织上、行动上的一致，加强团结，以保证革命的胜利。在提高认识、统一思想的基础上，华野前委和各兵团、纵队党委的主要负责干部，自上而下地自觉地进行了自我检查，充分发扬民主，开展了批评和自我批评，总结了解放战争以来华野全军在贯彻执行中共中央和中央军委的各项政策、指示方面取得的成绩及存在的问题，分析研究了原因，明确了方向。

这次会议历时20天。会议通过了《华野前委扩大会议关于加强纪律性克服党内无纪律无组织无政府状态的决议》。决议表示衷心拥护中央决议和毛泽东的指示，决心为贯彻执行中共中央的方针政策、完成中央交给的作战任务努力奋斗。决议还决定在全军范围内进行加强纪律性的教育，要求广大指战员加强对毛泽东思想和党的政策的学习，各级党委加强集体领导制度，提高各级领导机关的工作效率，改进工作作风。决议还确定要按照规定，严格执行请示报告制度。

曲阜会议后，华野各纵队党委也相应地做出了加强纪律性的决议。纵队以下各级党委都召开了党委会或干部会，结合本单位的实际传达中央九月会议精神和华野曲阜会议决议，进行初步学习和检查，有的单位还作出了决议。各连队支部也普遍召开会议，组织学习中央指示和华野曲阜会议精神，进行总结检查。这样，中央指示和华野曲阜会议精神很快地转化为争取新的胜利的力量，为增强内部团结、牢固树立整体观念、胜利完成作战任务奠定了坚定的思想基础。①

淮海战役期间，华野、中野和地方参战部队，坚决服从中央军委的指挥，坚决落实中央军委和淮海战役总前委的决策部署，使党的指挥意志在战役中得到完全彻底的贯彻落实。当时部队思想明确，行动自觉，尤其是对军委、总前委的命令，更是坚决执行，无论是担任主攻，还是执行牵制任务，从不讲价钱，不提条件，都是不折不扣地去完成。特别是，那些担任阻击任务的部队，明知打这种仗伤亡大、缴获少，但没有任何抱怨，而是坚决完成任务，打得相当英勇顽强。各参战部队不管是建制内的还是临时配属的，都能自觉服从指挥。例如，当时华野七纵在围歼黄维兵团作战中归属中野第六纵队首长指挥，部队对中野首长的命令和指示，坚决执行，毫不含糊。同样，中

①徐州市《淮海战役史》编写组:《淮海战役史》,上海人民出版社1983年版,第33–35页。

野部队在配属给华野指挥时，不管作战条件如何艰苦，都能自觉地服从命令，坚决地完成任务，表现出很强的组织纪律观念。

（二）团结协作、决战决胜

淮海战役是由中原、华东两支野战军和中原、华东军区以及晋冀鲁豫军区的部分部队共同参与的一次大规模协同作战。虽然参战部队多，隶属不同指挥机构，但是在中央军委和总前委的统一指挥调度下，他们团结协作，决战决胜，心往一处想，劲往一处使，迅速形成集团作战、联合作战的强大威力，是淮海战役取得全面胜利的重要因素之一。邓小平在一次谈话中说："淮海战役是二野、三野[①]联合作战，用毛主席的话说，二野、三野联合作战不只是增加一倍两倍的力量，数量变，质量变，这是一个质的变化。"[②]

1948年9月25日，也就是粟裕建议举行"淮海战役"的电报发出的第二天，刘伯承、陈毅、邓小平、李达就复电粟裕并报中央军委，同意举行淮海战役，并主动提出中野将以分散歼敌的办法，在徐州以西配合华野在徐州以东的作战。接着，中野首长做了分工：刘伯承亲率第二、第六两个纵队在豫西一带牵制敌人，邓小平和陈毅则指挥第一、第三、第四、第九纵队东进陇海，向郑州进击。这一决定为后来两大野战军会师淮海并肩作战奠定了基础。之后，在豫西钳制黄维、张淦兵团的刘伯承还给陈毅、邓小平去电，建议中原主力截断徐蚌铁路，造成会攻徐州的态势，减轻东线压力，并请陈、邓切实考虑，机断行事。谁都知道，配合作战，牵制敌人，不是作战的主角。部队长途运动受跋涉之苦，还难以打倒敌人，更少收获。邓小平、刘伯承、

①1949年1月15日，中共中央决定，西北野战军改称第一野战军，中原野战军改称第二野战军，华东野战军改称第三野战军，东北野战军改称第四野战军。

②《邓小平文选》（第3卷），人民出版社1993年版，第341-342页。

陈毅以无产阶级革命家的广阔胸怀，统揽全局，主动担当配角，为确保华野主战场的胜利创造了条件。

在筹划淮海战役时，中央军委指示陈毅、邓小平东进，密切配合华野作战。之后，中野迅速发动郑州战役。10月22日，郑州解放，为华野进行淮海战役创造了非常有利的条件。中央军委和毛泽东对解放郑州十分高兴，发电嘉勉：“济南、锦州、长春解放之后，郑州又告解放，陇海、平汉两大铁路枢纽为我掌握，对于整个战役极为有利。特此祝贺。”

郑州解放后，中央军委提出中野东进配合华野作战，并指示华野、中野同时发动攻击，使国民党互相不能照顾，不能查明主攻方向。

华东、中原两大野战军要相互配合、协同作战，统一指挥问题就成为当务之急。10月31日，粟裕在发给中央军委并报陈毅、邓小平和华东局、中原局的电报中建议：“此次战役规模很大，请陈军长（指陈毅）、邓政委（指邓小平）统一指挥。”[①] 刘伯承、邓小平率领的中原野战军在前期千里跃进大别山开展无后方依托的外线作战，导致作战兵力和武器装备都比较薄弱，参加淮海战役的总兵力只有7个纵队，而武器装备比较好的华东野战军却拥有16个纵队，并具有较强攻坚能力。因此，中央军委指示中原野战军配合华东野战军作战。按照人民军队以往的惯例，在一次战役中，几支部队联合作战，一般是主要方向上的指挥员指挥次要方向上的指挥员，先打响战斗的部队指挥员指挥后打响战斗的部队指挥员，兵员多的指挥员指挥兵员少的指挥员。在中央军委尚未作出由谁统一指挥的决定前，粟裕淡泊名利、不计个人得失，主动提出由陈毅、邓小平统一指挥的建议，对于顺利解决淮

①中共中央党史资料征集委员会:《淮海战役》,中共党史资料出版社1986年版,第107页。

海战役的统一指挥问题作出了重要贡献。[①]

粟裕的电报可谓来得恰逢其时，其建议立刻得到中央军委的同意。1948年11月1日，中央军委复电指示："整个战役统一受陈邓指挥。"[②] 次日，陈毅、邓小平复电："本作战我们当负责指挥，唯因通讯工具太弱，故请军委对粟、谭方面多直接指挥。"[③]

淮海战役发起后，其战役规模、战区范围越打越大，后勤支前任务浩大繁重，因此，中央军委于1948年11月16日决定：由刘伯承、陈毅、邓小平、粟裕、谭震林组成淮海战役总前委，由刘、陈、邓三人为常委，临机处置一切，邓小平为总前委书记。[④] 总前委成立后，中原野战军指挥部驻地——安徽省濉溪县临涣镇文昌宫同时成为总前委机关驻地。11月23日，为了便于围歼黄维兵团的作战，总前委移驻临涣镇以东7.5公里的小李家村。12月15日，黄维兵团被全歼。16日晚，刘、陈、邓驱车前往华野指挥部驻地安徽萧县蔡洼村同粟裕见面。12月17日早上，谭震林也从山东兵团驻地赶来。总前委5位领导，第一次聚在一起商讨战事，也是淮海战役中唯一的一次聚会。17日整整开了一天会，鉴于杜聿明集团插翅难逃，未成为会议的议题，会议主要研究渡江作战计划与部队整编方案。会间，5位领导在华野指挥部的小土屋前合影留念。淮海战役总前委在安徽境内共驻45天，直

①《粟裕传》，当代中国出版社2000年版，第723–725页。

②中共中央党史资料征集委员会：《淮海战役》，中共党史资料出版社1986年版，第107页。

③中共中央党史资料征集委员会：《淮海战役》，中共党史资料出版社1986年版，第111页。

④邓小平时任中共中央中原局第一书记、中原野战军暨中原军区政治委员；刘伯承时任中共中央中原局委员、中原野战军暨中原军区司令员；陈毅时任中共中央中原局第二书记、中原野战军暨中原军区第一副司令员，同时仍兼任中共中央华东局副书记、华东军区司令员、华东野战军司令员兼政治委员；粟裕时任华东野战军第一副司令员兼第二副政治委员，代理华东野战军司令员兼政治委员，同时还兼任第一兵团司令员兼政治委员；谭震林时任华东野战军第一副政治委员兼山东兵团政治委员。

★ 淮海战役总前委旧址——濉溪县临涣镇文昌宫

接指挥了震惊中外的淮海战役。

淮海战役总前委紧紧围绕中央军委的战役意图，使各种力量向心凝聚，形成一个坚强的战斗整体，协调一致地打击敌人。华东、中原两大野战军之间，野战军与地方部队之间密切协同，主动配合。

在战役第一阶段，华野为集中主力围歼黄百韬兵团，以山东兵团率第七、第十、第十三纵队，克服艰难险阻，迅速穿过国民党第三绥靖区防线，渡过不老河，切断陇海铁路，插入敌人的心脏地区，堵住了黄百韬兵团的退路，并占领阻击徐州东援之敌的阵地；以苏北兵团率华野第二、第十二纵队和中野第十一纵队从宿迁以北渡过运河，直插徐州东南，从南面威胁徐州。中野攻击的主要目标是宿县，切断津浦线，目的是配合华野作战。邓小平指出，为了取得淮海战役的胜利，“只要歼灭了敌人南线主力，中野就是打光了，全国各路解放军还可以取得全国胜利，这个代价是值得的”。中野攻占宿县，切断津浦路，阻击黄维兵团东进和李延年、刘汝明兵团北援，有力地保证了华野放手全歼黄百韬兵团。

在战役第二阶段，由于中原野战军从大别山走出时丢掉了重型武器，围歼黄维兵团出现困难，于是中央军委就指示华野派兵协助。粟裕、陈士榘、张震迅即复电："完全同意刘邓陈指示，抽出4~5个纵队，必要时还可增加3个纵队，协助中野歼击黄维、李延年。"其时，华野则以7个纵队的兵力北阻徐州南援之敌，南挡蚌埠北援之敌。当杜聿明集团西撤时，华野即展开追击，并以第三、第七、第十三纵队直接配合中野完成全歼黄维兵团的任务。

在战役第三阶段，华野主力围歼杜聿明集团，中野为总预备队，成为华野的坚强后盾。

在淮海战役中，为了实现将敌人主力歼灭于长江以北的战略目的，中共中央、中央军委既坚持总揽全局以实现对战役部署的集中统一领导，又对两大野战军指挥员的各项建议从谏如流、充分信任，体现了中央领导与野战军指挥员上下同心的良好关系。邓小平在回顾二野部队（原中原野战军）参加淮海战役的历史时，曾感慨地说："野战军的领导人相信自己的部下，下面也相信领导，这种互相团结、互相信任的关系从作战一开始就是这样的。这是个了不起的力量。"①

反观国民党派系斗争严重，将帅之间离心离德。一方面，长期的派系斗争，造成了高级将领们的互相猜疑，钩心斗角，不能做到"胜则举杯相庆，败则死力相救"。比如，在淮海战役前夕，国民党军队最高统帅部决定让华中"剿总"司令白崇禧就任国防部指挥所主任，统一指挥徐州和华中两个"剿总"，但白崇禧害怕这是蒋介石的圈套，拒不赴任，悄悄由南京飞往武汉，致使国民党军先前制订的战略计划成了泡影。另一方面，这种派系斗争使得高级将领们互相牵制，行动迟

①《邓小平文选》(第3卷),人民出版社1993年版,第342页。

缓，很难利用战略时机实施军事战略。战役开始前，黄百韬就对“总统府”战地视察官、陆军大学时的同窗李以劻说：“如果我被围，希望其他主力兵团来救，恐怕是办不到的。”陷入解放军的包围圈后，他对部下说：“就算相隔五里，邱清泉也不会来救我！”事实正是如此，奉命东援黄百韬的邱清泉兵团和李弥兵团，在毫无险要地势的平原地区，竟然12天才前进了30公里，平均每天3公里都不到。除了客观原因，邱清泉、李弥两人在主观上也根本不愿意全力以赴。

（三）勇挑重担、不怕牺牲

淮海战役中，面对装备精良的国民党军重兵的疯狂进攻，人民解放军在兵力、武器装备均处于劣势的情况下充分发扬勇挑重担、不怕牺牲的革命英雄主义精神，前仆后继，与敌人血战到底。在淮海战役第二阶段双堆集歼灭战中，邓小平代表总前委向各纵队首长庄严宣布：“人人都要有烧铺草（即牺牲）的决心！”

在淮海战场上，广大人民解放军指战员所表现的英勇顽强、视死如归的拼搏精神和革命英雄主义气概，随处可见。

“十人桥”。1948年11月6日，淮海战役打响，驻防在陇海铁路东段、江苏新安镇地区的国民党军黄百韬兵团，急忙由运河东岸往西向徐州方向逃窜。

为了让我军主力部队尽快过河，七十九团一营尖刀连（二连）连长命令该连一排三班火速架设浮桥。一排副排长范学福和三班班长马选云接受命令后，立即率领战士就近找来了一些木板和两架梯子，迅速用绳子扎好，横在河面上，架起了一座没有桥墩、很不稳固的浮桥。

这时，河对岸的国民党军发现了浮桥，开始猛烈射击。本来就不稳固的浮桥在水面上漂荡着，聚集在河边等待过桥的部队越来越多，而摇摇晃晃的浮桥无法保证部队快速安全通过。为了不延误战机，顺利完成追歼任务，一排副排长范学福不顾对岸敌人的扫射，一个箭步跳进河里，大喊一声："同志们下来扛着！""没有桥腿，我们当桥腿！"三班班长马选云、副班长彭启榜和战士宋协国、杨玉艾、潘福全、杨学志、孙克潘、孙学赞、孙书贤等9位勇士在范学福的带领下，纷纷跳进冰冷的河水，用自己的血肉之躯架起一座"人桥"。由于河床深浅不一，战士潘福全用肩膀抬桥太高了，便一条腿跪在水里，一条腿支撑着桥身。战士孙学赞发现梯子不平，就用双手抬着梯子，保持平衡。范学福和战士宋协国站在河水的最深处扛桥。就这样，以10位勇士为桥墩的"十人桥"架成了。他们朝东岸我军突击队员高喊："大胆地过吧，同志们过吧！我们保险！"这喊声像一道命令，指战员迅速依次踏上"十人桥"冲向对岸。

此次战斗结束之后，二连一排三班被誉为"河上勇士"，被授予"十人桥班"荣誉称号，荣立集体一等功。"十人桥"的事迹传遍了整个华东。华野九纵司令员聂凤智评价道："其政治意义大大超过了这一行动的军事价值。"

孔金胜血战大王庄。在淮海战役的双堆集战斗中，华野七纵五十九团二连二排担任守备大王庄和尖谷堆之间突出部的任务。大王庄位于双堆集西南1里处，是黄维兵团司令部所在地的重要外围据点。12月10日拂晓，国民党军为夺回大王庄，集结了一个营的兵力，在坦克和大炮掩护下，扑向二排阵地，阵地上顿时一片火海。二排排长孔金胜（安

★孔金胜画像

徽庐江人）沉着冷静地指挥战斗，利用断墙、壕沟进行顽强阻击。战斗中，孔金胜的左肩锁子骨被手榴弹炸断，左胸负伤。他顾不上包扎伤口，强忍着伤痛继续战斗。

9时许，大王庄大部阵地失守。孔金胜的喉咙被子弹打穿。战友们劝他撤退，他却说："我是共产党员，党需要我的时候，流点血算什么。"由于无法发声，他用手势继续指挥战友们坚守阵地，又一次顽强地击退了敌人。11时左右，国民党军发起最后一次反扑。他们依靠坦克的优势冲上了二排阵地。孔金胜率领战友们与敌人进行逐堡争夺。此时，二排已经弹尽援绝，孔金胜身边的战友已所剩不多，而且不是头缠绷带，就是身上挂花。孔金胜鼓励大家："只能前进，不能后退，只要有一个人也要坚守阵地。"弹药打完了，就与敌人展开白刃战。战斗中，他再次负伤，肠子都流了出来。孔金胜忍住剧痛，把肠子往肚子里一塞，迅速捡起一把挖战壕的铁锨，与蜂拥而至的敌人展开肉搏战，一连砍倒5个敌人，终因流血过多而英勇牺牲。当日黄昏，大王庄再次被解放军夺回。二排和全连会师时，只剩下了一个人。战后，上级党委命名二排为"孔精神排"，并授予孔金胜特等功臣光荣称号。①

这场血战的旁观者就是大王庄附近驻守小王庄阵地的国民党第八十五军的一个主力团。他们目睹了这场惨烈的血战。大王庄战斗结束后，驻守小王庄的敌团长把望远镜一丢，沮丧地对身边的人说："弟兄们，别打了，咱们投降吧！"当晚，全团官兵就向华野七纵缴了械。

阎世华火烧敌坦克。中野三纵七旅十九团十连二排排长阎世华（安徽凤台人），15岁时被国民党抓去当兵，1945年加入人民军队。人

①中共徐州市委组织部、淮海战役烈士纪念塔管理局:《永远的丰碑(淮海战役烈士专辑)》,中共党史出版社2016年版,第18-20页。

民解放军攻打宿县时，他率领全排像钢刀一样直插电灯公司敌防御阵地，完成了攻击任务。在阻击黄维兵团突围的小周庄战斗中，他指挥战士用高粱秸秆火烧敌坦克，并亲手炸毁敌坦克1辆。1948年12月11日，在围歼黄维兵团的西马圩子战斗中，中野三纵十九团十连从侧翼插入纵深，占领了西马圩子通往小马庄的一段交通沟，切断了敌援兵必经之路。盘踞在西马圩子的敌十八师五十二团拼命反扑，小马庄的敌人一拥而上，妄图拔掉插在他们心脏上的这把钢刀。十连腹背受敌，子弹、燃烧弹、火焰喷射器打得阵地上到处都是烈火浓烟。在这几十米的交通沟内，十连勇士们抗击数倍于己的敌人，连长、指导员在激战中牺牲，全连伤亡过半。阎世华挺身而出，代理指挥，组织剩余人员继续战斗。伤员上了，卫生员上了，炊事员抄起扁担上了！他大声激励战士们："宁肯前进一尺，不能后退一寸！"子弹、手榴弹打光了，他率领战士跃出战壕，与敌展开白刃格斗，刺刀捅弯了，就用枪托砸，抓起铁锹砍，消灭了突入阵地的敌人，守住了阵地。后来，敌人竟灭绝人性地使用了毒气弹。我一营、二营和友邻部队很快从正面攻入西马圩子，将敌"主力中的主力"十八师五十二团全部歼灭，活捉敌正副团长等800余人。当十连的勇士们与一营会师的时候，全连只剩下两人。阎世华在浴血战斗中英勇牺牲，年仅18岁。淮海战役胜利结束后，十九团党委把一面绣着"猛攻固守"4个大字的锦旗奖给十连二排，并将该排命名为"阎世华排"。

战士张树才飞身炸碉堡，战斗英雄储友富奋勇堵枪眼，猛虎团团长晋士林只身入虎穴，团参谋长陈洪汉奋战在前沿，通讯员宋纪志孤身救营长，侦察员李方兴涉水摸敌情，智勇政委郑克浴血守阵地……这样的事例不胜枚举。

反观淮海战场上的国民党官兵却是士气低落、悲观厌战。杜聿明指挥部队撤离徐州时，从一开始就变成了无序的逃跑，丢盔弃甲，各自逃命，溃不成军。危急时刻，各级指挥官更是放弃指挥，或是化装潜逃，或是乘战车逃命，都是常见之事。据不完全统计，战役期间，国民党军投降32万余人，投诚3.5万余人，起义2.85万余人，占被歼总数的69%。仅解放军某部五连副连长茅克明和战士黄树章两人一次就俘虏溃逃之敌200多人。

（四）军民同心、众志成城

2020年8月19日，习近平总书记在安徽考察时强调，淮海战役的胜利是靠老百姓用小车推出来的。淮海战役是一次大兵团持续的大规模决战，其所需人力、物力的数量是极其巨大的。在中共中央、中央军委的统一部署下，中原局、华东局、华北局除原有军队系统后勤外，先后成立了中原运输司令部、豫皖苏后勤司令部、豫西军区支前司令部、华东支前委员会、华中支前司令部及冀鲁豫战勤总指挥部，组织动员了山东、安徽、江苏、河南、河北5省的人力、物力给予全力支援。据不完全统计，各解放区共出动了民工543万人，为参战部队的9倍，其中江淮和豫皖苏人民共出动民工160万人；动用担架20.6万副、大小车88万余辆、船只8500余艘、汽车257辆；向前线共运送了1460多万斤弹药和9.6亿斤粮食及其他大量军需物资，向后方转送了 11万名伤病员，出色地完成了运输任务。

在淮海战役中，人民提出“前方要什么，我们就支援什么”“解放军打到哪里，我们就支援到哪里”“倾家荡产，支援前方”的豪迈口号。各地涌现出许多父子争上前线、妻子送丈夫、男青年推迟婚期当民工的动人事迹，在中外战争史上谱写了旷古未见的人民战争的壮丽诗篇。宿怀县农民董万仲参加了担架队，临行前一天，母亲病逝，领导决定让他留下办理丧事。他却表示：“母亲丧事是小事，支前才是革

★淮海战役中的支前大军

命大事，没有共产党就没有咱穷人的今天，我不能不去！”当晚，他草草掩埋了亡母，毅然奔赴前线，并在执行任务时表现勇敢，火线加入了中国共产党。在濉溪县临涣镇，有一名支前民工在给前线运送物资的路上鞋子被磨破了，为了不影响任务，他赤脚推着独轮车将物资送到了前线阵地，被冻掉了4个脚指头。解放军战士们心疼地把他的双脚放到怀中焐热。战士们并不知道，这位民工用小推车送来的就是给他们过冬的军服和棉鞋。

“最后一把米，用来做军粮，最后一尺布，用来做军装，最后的老棉被，盖在担架上，最后的亲骨肉，含泪送战场。”1948年的寒冬里，支前民工们正是唱着这样的歌谣，推着独轮车，冒着枪林弹雨，忍着风雪饥寒，破冰渡河，长途跋涉，舍生忘死地冲向前线。在途中遇上雨雪，民工们就主动脱下自己的衣服盖在运粮车上。运送伤员时，遇上敌机扫射轰炸，如果来不及隐蔽，民工们就用自己的身体掩护伤员。据不完全统计，豫皖苏三分区有100余人、江淮三分区有46名民工牺牲在战场上。在后方的妇女们不分昼夜地缝制棉衣、棉被和军鞋，甚至不顾寒冬腊月把自己的棉衣、棉被拆了做军鞋，仅淮北市就做了33.6万双军鞋。

在淮海战役展厅里陈列了支前民工的“三红”和“三宝”：“三红”指的是民工们肩上担的、小车上推的是大米、白面，自己吃的却是红高粱、红辣椒和红萝卜咸菜；“三宝”指的是狗皮、蓑衣和葫芦瓢。狗皮可以御寒，蓑衣可挡风雨，葫芦瓢可用来喝水吃饭。民工们常把狗皮垫在伤员身下，蓑衣盖在担架和粮车上，葫芦瓢在接重伤员大小便时便派上了用场。

在人民群众的支援下，解放军前线部队吃得饱，穿得暖，战士们感动地说：“我们的父母忍饥挨饿，把好东西都拿出来支援我们，我们一定要打好胜仗，彻底消灭敌人，来报答父老乡亲。”与我军相比，国民党军的处境却极其悲惨。在双堆集空投场上，国民党官兵如饿犬争食，自相残杀，为了争一包食物，饿急眼的国民党士兵持枪争夺。国民党军士气低落，整排整连地投降我军。有的解放军战士开玩笑地说：“只要有个馒头，就能抓到俘虏。”国民党二十三师师长黄子华投降时，整个师都跟着走了，没有留下一个人。迟浩田[①]回忆说：“我们有人民的支援。不能讲哪个省支援，而是山东、江苏、河南、安徽广大地区都来支援。这些地区饱受国民党军的残酷折磨。汤恩伯被河南百姓叫作‘四大恶魔’之一，水、旱、‘汤’、蝗，蝗虫把青苗吃光了，汤恩伯抓壮丁，老百姓宁死不当兵，国民党就开枪把人家爹妈打

①迟浩田，1929年生，山东招远人。1944年参加革命，淮海战役时任华野九纵二十五师七十三团三营七连政治指导员，新中国成立后曾任中央军委副主席等职。

死。有了人民的支援，仗越打越大，越打越好。国民党军正好相反，用马鞍当柴火，烧马肉吃，当官的吃肉，当兵的啃骨头。我们的支援很丰富，高粱、小米、馒头、烧饼，我们就喊话‘蒋军弟兄们，你们过来吧’，好多人都过来投降了。”

在千百万同仇敌忾的军民面前，任何敌对力量都无法阻挡前进的车轮。国民党五大王牌之一的十八军军长杨伯涛回忆，他在被俘押往后方的路上，惊讶地发现好像到了另一个世界。以前经过这些地方时，门户紧闭，村镇静寂，现在却是车水马龙、熙熙攘攘。更让他不可思议的是，一辆辆大车满载猪肉，而他前不久通过这里的时候却连一头猪都没看到。他感慨地说：“十八军的失败，非战之罪，应归咎于脱离人民群众，进而敌视人民群众，在人民群众的大海里淹没了。”

陈毅在总结淮海战役胜利的经验时，形象地说：“淮海战役的胜利，是人民群众用小车推出来的。”他在《记淮海前线见闻》中动情地赞颂道：“几十万，民工走不通。骏马高车送粮食，随军旋转逐西东。前线争立功。担架队，几夜不曾睡，稳步轻行问伤病：同志带花最高贵，疼痛可减退？”①

“人民的胜利！”淮海战役纪念馆里毛泽东的题词道出了淮海战役胜利的最根本因素。

三、淮海战役精神的时代价值

人无精神则不立，国无精神则不强。继承和弘扬淮海战役精神，传承红色基因，赓续红色血脉，让淮海战役精神绽放出新的时代光芒，

①左海燕、汪仲启：《解放战争中沂蒙山区党的组织力建设》，中国共产党新闻网2018年4月2日。

对于激励我们走好新时代的长征路、全面建设社会主义现代化强国、奋力实现中华民族伟大复兴的中国梦具有重要的时代价值。

（一）继承和发扬对党绝对忠诚的光荣传统，以实际行动践行“两个维护”

淮海战役是一场规模空前的大会战，在中央军委、总前委的统一指挥调度下，中原、华东两大野战军及部分地方武装听党指挥、闻令而动、遵令而行、步调一致，充分展现了对党忠诚和高度的组织纪律性，形成了整体作战的强大威力。中央军委原委员、总后勤部原部长王克，淮海战役时在华野二纵五师十三团任连文化教员，他说：“执行命令就是胜利！”原华野特纵坦克大队炮长邹远根说：“不管做什么，我都坚持这个信仰——永远跟着共产党，为人民服务。”原华野四纵十师政治部组织科彭启说：“我们是为祖国而战，为和平而战，为解放劳苦大众而战，没有这个信仰就不会有战斗力。”①

2021年3月1日，习近平总书记在中央党校（国家行政学院）中青年干部培训班开班式上发表重要讲话，他强调：“我们党一路走来，经历了无数艰险和磨难，但任何困难都没有压垮我们，任何敌人都没能打倒我们，靠的就是千千万万党员的忠诚。”② 自近代以来，中华民族遭受种种屈辱，无数志士仁人艰难求索，以图拯民救国于水火。在马克思列宁主义同中国工人运动紧密结合中应运而生的中国共产党，深刻改变了近代以来中华民族发展的方向和进程，深刻改变了中国人民和中华民族的前途和命运，深刻改变了世界发展的趋势和格局。中华民族近代以来180多年的历史、中国共产党成立以来100多年的历史、

① 孙敏、袁媛：《传承淮海战役精神 凝聚新时代奋进力量》，《新华日报》2019年3月12日。

②《习近平在中央党校（国家行政学院）中青年干部培训班开班式上发表重要讲话》，新华网2021年3月1日。

中华人民共和国成立以来70多年的历史都充分证明，无论是拯救中华民族危亡，还是推进国家经济社会建设；无论是摆脱贫困、实现中国人几千年来的小康梦，还是昂首挺胸向着全面建成社会主义现代化强国迈进，所有这一切伟大成就都是坚持中国共产党的领导才能够实现和取得的。实践证明，中国特色社会主义制度最大的优势就是党的领导，办好中国的事情关键在党。党政军民学，东南西北中，党是领导一切的。因此，对党绝对忠诚是全体党员的政治责任。

新时代，继承和弘扬淮海战役精神，就是要继承和发扬对党绝对忠诚的光荣传统，坚持以习近平新时代中国特色社会主义思想为指导，牢固树立政治意识、大局意识、核心意识、看齐意识，坚决维护习近平总书记党中央的核心、全党的核心地位，坚决维护党中央权威和集中统一领导，自觉在思想上、政治上、行动上同党中央保持高度一致，在贯彻和落实中央各项决策部署上不打折扣、不搞变通；要坚定共产主义远大理想和中国特色社会主义共同理想，忠诚党的事业，不断提高政治判断力、政治领悟力、政治执行力。

（二）继承和发扬党密切联系群众的优良作风，以发展成果满足人民对美好生活的向往

淮海战役发起后，在中共中央的领导下，中共中央华东局、中原局广泛深入地发动群众，把支援战争的伟力扎根于人民群众中。人民群众长途跋涉，冒着枪林弹雨，忍着风雪饥寒，夜以继日，不辞千辛万苦，解放军打到哪里，人民群众就支援到哪里，哪怕冻掉脚趾、冻残双腿。当年，解放区连年遭遇天灾、土地歉收，人民缺衣少食，却为何仍勒紧裤带，把粮食供给子弟兵？答案在“民心”。1948年11月27日，毛泽东以刘伯承、陈毅的名义，在为新华广播电台写的致黄维兵团的广播讲话中说：“打仗的胜败，不决定于武器，而决定于人

心。”[①] 时任华东野战军后勤部部长的刘瑞龙在日记中写道：“人民认识到共产党是和他们呼吸相通的，只有打败蒋介石，才能翻身得解放，过上好日子；支援前线是自己的根本利益所在，当战争和自己生死存亡有关的时候，就能全力以赴地投入战争中去。”淮海战役的胜利是人民的胜利，是党的群众路线的胜利，进一步印证了人民群众是历史的创造者，是物质财富和精神财富的创造者，是推动社会历史前进的决定力量。

2021年2月20日，习近平总书记在党史学习教育动员大会上的讲话指出：“我们党的百年历史，就是一部践行党的初心使命的历史，就是一部党与人民心连心、同呼吸、共命运的历史。……历史充分证明，江山就是人民，人民就是江山，人心向背关系党的生死存亡。赢得人民信任，得到人民支持，党就能够克服任何困难，就能够无往而不胜。”[②]

因此，在实现中华民族伟大复兴中国梦的进程中，必须继承和弘扬淮海战役精神，坚持以人民为中心的发展思想和总体国家安全观，顺应人民群众对美好生活的向往，不断实现好、维护好、发展好最广大人民根本利益，做到发展为了人民、发展依靠人民、发展成果由人民共享；要通过深化改革、创新驱动，提高经济发展质量和效益，生产出更多更好的物质精神产品，不断满足人民日益增长的物质文化需要；要全面调动人民的积极性、主动性、创造性，为各行业的劳动者、企业家、创新人才、各级干部创造发挥作用的舞台和环境，把党的路线方针政策变成人民群众的自觉行动；要坚持社会主义基本经济制度和分配制度，调整收入分配格局，完善以税收、社会保障、转移

①《毛泽东文集》(第5卷)，人民出版社1996年版，第213页。

②《习近平著作选读》(第2卷)，人民出版社2023年版，第421页。

支付等为主要手段的再分配调节机制，维护社会公平正义，解决好收入差距问题，使发展成果更多更公平地惠及全体人民，不断提升人民群众的幸福感、获得感。

（三）继承和发扬勇挑重担、不怕牺牲的拼搏精神，以担当作为践行初心使命

淮海战役是世界战争史上以少胜多的经典战例，创造了60万战胜80万、歼敌55.5万的奇迹，充分展示了解放军指战员勇挑重担、不怕牺牲的拼搏精神。解放战争时期，粟裕曾三次“斗胆直陈”，向中央提出具有战略意义的建议，对华东、中原战局乃至中国革命的进程产生了重要影响。济南战役尚未结束时，粟裕便提出淮海战役的建议，淮海战役发起后不久又提出“抑留敌人于徐州及其周围，尔后分别削弱与逐渐消灭之”的南线决战，直接推动了淮海战役的发展与胜利。淮海战役中，中原野战军人数少、装备差，为完成中央军委赋予的任务，全军上下以破釜沉舟的勇气，决战决胜。战役第一阶段，中野为配合华野围歼黄百韬兵团，担负牵制阻击黄维兵团、李延年兵团、刘汝明兵团等的重任；战役第二阶段，华野为配合中野围歼黄维兵团，兵分三路，兵力使用几近极限。每个阶段的胜利都是指战员勇挑重担的结果。[①]

担当作为是革命传统，更是时代呼唤，作为共产党人鲜明的政治品质，将以永恒的生命力，激励每位党员干部永葆共产党人的先进性，践行初心使命。2016年4月26日，习近平总书记在安徽考察时指出：“有多大担当才能干多大事业，尽多大责任才会有多大成就。”[②] 我

①蒋越锋、贾萍：《淮海战役的精神内涵》，《党史资料与研究》2019年第1期。
②习近平：《力戒形式主义官僚主义，为决胜全面建成小康社会提供坚强作风保证》，《人民日报》2020年6月3日第1版。

们党百年丰功伟绩，源于一代代共产党人不忘初心、牢记使命，踔厉奋发、担当作为。每一代人有每一代人的长征路。立足新时代、启航新征程，继承和发扬淮海战役精神，要求每一位党员尤其是领导干部必须勇立潮头、勇挑重担、勇当先锋，在爬坡过坎中闯关夺隘，在激流险滩中奋楫前行。

担当作为也是党员干部必须具备的基本素质。党员干部是否具有担当精神，关系到共产党执政能力的提升和国家治理水平的现代化，关系到党和国家事业的兴衰成败。习近平总书记鼓励青年人要“敢于做先锋，而不做过客、当看客”。[①] 担当作为既是一种精神，更是一种责任，必须立足本职岗位本职工作。面对原则问题，必须旗帜鲜明；面对急难险重，必须冲锋陷阵；面对日常工作，必须永不懈怠，练就担当作为的硬脊梁、铁肩膀、真本事。

以史为鉴知兴替，以史正人明得失，以史化风浊清扬。全党全国各族人民必须以习近平新时代中国特色社会主义思想为指导，学史明理、学史增信、学史崇德、学史力行，深刻领悟淮海战役精神所蕴含的基本要旨和时代价值，勇立时代之潮头、开放之潮头、发展之潮头，敢于向高的攀、与强的比、和快的赛，有先必争、逢旗必扛、勇争一流，在新的起点、新的征程上跑出“加速度”，迈向“新高度”，高举中国特色社会主义伟大旗帜，传承淮海战役精神，解放思想、奋勇争先，知重负重、攻坚克难，奋力谱写现代化美好安徽建设新篇章，为全面建设社会主义现代化国家、全面推进中华民族伟大复兴贡献智慧和力量。

---

①习近平：《在知识分子、劳动模范、青年代表座谈会上的讲话（2016年4月26日）》，新华网2016年4月30日。

渡江精神的基本要旨和时代价值

孙　戎　张雪飞　苏秀珍

渡江战役（又称京沪杭战役），是中国人民解放战争史上规模空前的强渡江河进攻战役。渡江战役于1949年4月20日打响，至1949年6月2日结束。2020年8月，习近平总书记考察安徽期间在合肥参观渡江战役纪念馆时强调："淮海战役的胜利是靠老百姓用小车推出来的，渡江战役的胜利是靠老百姓用小船划出来的。任何时候我们都要不忘初心、牢记使命，都不能忘了人民这个根，永远做忠诚的人民服务员。"[①] 我们要时刻牢记习近平总书记的谆谆教导和殷殷期望，从渡江战役胜利的历史及其铸就的渡江精神中汲取智慧和力量，在全面建设社会主义现代化国家新征程上奋力创造新的时代辉煌。

一、渡江精神形成的历史背景

伟大的渡江战役，孕育铸就了伟大的渡江精神。精神的力量是无穷的。渡江战役期间，人民解放军和广大支前民工团结一心，发挥渡江精神的威力，战胜一切困难与敌人，硬是用小船"划"出了"天堑变通途"的磅礴伟力，"划"出了"敢教日月换新天"的辉煌战果。

①《习近平在安徽考察时强调：坚持改革开放　坚持高质量发展　在加快建设美好安徽上取得新的更大进展》，《人民日报》2020年8月22日第1版。

（一）渡江战役的战前形势及计划

经过辽沈、淮海、平津三大战役以及在战略决战阶段的其他战役，中国人民解放军的总兵力已发展到400万人，士气高昂，装备得到进一步改善，大兵团作战的经验更加丰富，已完全有把握在全国范围内战胜国民党军。

其实，三大战役期间，随着人民解放军在各个战场取得节节胜利，中共中央和毛泽东就开始筹谋渡江计划。1948年10月，中共中央和毛泽东曾设想在1949年秋季进行渡江作战。12月12日，毛泽东致电淮海战役总前委，希望华东野战军和中原野战军在淮海战役结束后，经过两个月休整，基本完成渡江作战所需的各项物资准备和政治动员。1948年12月30日，为了打破一些人企图划江而治的幻想，他在《将革命进行到底》的新年献词中，明确提出："一九四九年中国人民解放军将向长江以南进军，将要获得比一九四八年更加伟大的胜利。"[1]

三大战役后，国民党正规军还有71个军227个师的番号约115万人，加上特种兵、机关、学校和地方部队，总兵力为204万人，其中能用于作战的部队为146万人。这些部队，多是新建或被歼后重建的，且分布在从新疆到台湾的广大地区，在战略上已无法组织有效防御。蒋介石为了赢得时间，依托长江以南半壁山河重整军力，等待时机东山再起，一方面于1949年1月21日宣布隐退，由副总统李宗仁任"代总统"，并出面提出与中国共产党进行和平谈判；另一方面仍以国民党总裁身份总揽军政大权，积极扩军备战，将京沪警备总司令部扩大为京沪杭警备总司令部，任命汤恩伯为总司令，统一指挥南京、上海两市及江苏、浙江、安徽3省和江西省东部的军事，会同华

①《毛泽东选集》（第4卷），人民出版社1991年第2版，第1379页。

中“剿匪”总司令部（4月改称华中军政长官公署）白崇禧集团组织长江防御。

1949年4月，国民党军在宜昌至上海间1800余公里的长江沿线上，共部署了115个师约70万人的兵力。其中，汤恩伯集团75个师约45万人，布防于江西省湖口至上海间800余公里地段上；白崇禧集团40个师约25万人，布防于湖口至宜昌间近千公里地段上。同时，以海军海防第二舰队和江防舰队一部计有军舰26艘、炮艇56艘分驻安庆、芜湖、镇江、上海等地的长江江面，江防舰队主力计舰艇40余艘，分驻宜昌、汉口、九江等地江面，沿江巡弋；空军4个大队计飞机300余架，分置于武汉、南京、上海等地，支援陆军作战。此外，美、英等国也各有军舰停泊于上海吴淞口外海面，威胁或伺机阻碍中国人民解放军渡江。

汤恩伯军团除以一部兵力控制若干江心洲及江北据点作为警戒阵地外，还以主力18个军54个师沿南岸布防，重点置于南京以东地区，并在纵深控制一定的机动兵力，企图在中国人民解放军渡江时，凭借长江天险，依托既设工事，在海空军支援下，大肆杀伤其于半渡之时或滩头阵地；如江防被突破，则分别撤往上海及浙赣铁路（杭州—株洲）沿线，组织新的防御。

中央军委决定以百万大军发起渡江战役，夺取国民政府的政治经济中心南京和上海。1949年2月至3月，中央军委依据向长江以南进军的既定方针，命令中国人民解放军第二、第三野战军和中原、华东军区部队共约100万人，统归第二野战军司令员刘伯承、政治委员邓小平和第三野战军司令员兼政治委员陈毅、副司令员粟裕、副政治委员谭震林组成的总前委（邓小平为书记）指挥，准备在5月汛期到来之前，由安庆、芜湖、南京、江阴之线发起渡江作战，歼灭汤恩伯集团，夺取国民政府的政治经济中心南京、上海以及江苏、安徽、浙江省广大地区，并随时准备对付帝国主义可能的武装干涉。同时决定，第四野战军以第十二兵团部率第四十、第四十三军约12万人组成先遣兵团，由平（北平）津（天津）地区南下，归第二野战军指挥，攻取信阳，威胁武汉，会同中原军区部队牵制白崇禧集团，策应第二、第三野战军渡江作战。

总前委依据中央军委的意图和国民党军的部署以及长江中下游地理特点，于1949年3月31日制定了《京沪杭战役实施纲要》（以下简称《纲要》），决定组成东、中、西3个突击集团，采取宽正面、有重点的多路突击的战法，于4月15日在江苏省靖江至安徽省望江段实施渡江作战，首先歼灭沿江防御之敌，尔后向南发展，夺取南京、上海、杭州等城，占领江苏、安徽省南部及浙江全省。《纲要》还规定了渡江作战的目标和时间，并对渡江成功后，敌军可能产生的变化进行了分析，指出："只要我军渡江成功，无论敌人采取何种处置，战局的发展均将发生于我有利之变化，并有可能演成敌人全部混乱的局面。"

其兵力部署是：以第三野战军第八兵团指挥第二十、第二十六、第三十四、第三十五军，第十兵团指挥第二十三、第二十八、第二十九、第三十一军和苏北军区3个独立旅，共35万人组成东突击集团，由粟裕、第三野战军参谋长张震指挥。其中第三十四、第三十五军位于江北全椒、仪征、扬州等地并攻占瓜洲、浦口、浦镇，吸引和牵制南京、镇江地区国民党军；主力6个军由三江营（扬中以北）至张黄港（靖江以东）段实施渡江，成功后向京沪铁路（南京—上海）挺进，控制该路一段，阻击南京、镇江的国民党军东逃和上海方向的国民党军西援，并向长兴、吴兴方向发展，会同中突击集团切断京杭公路，封闭南京、镇江地区守军南逃的通路，完成战役合围，尔后协力歼灭被围之敌。

以第三野战军第七兵团指挥第二十一、第二十二、第二十四军，第九兵团指挥第二十五、第二十七、第三十、第三十三军，共30万人组成中突击集团，由谭震林指挥，在裕溪口（芜湖以北）至枞阳段渡江，成功后以一部兵力歼灭沿江守军，并监视芜湖守军；主力迅速东进，会同东突击集团完成对南京、上海、杭州地区国民党军的包围，尔后各个歼灭被围之敌。第七兵团并准备夺取杭州。为求得中、东两集团行动上的协调，迅速合围南京、镇江地区守军，中突击集团过江后统归粟裕、张震指挥。

以第二野战军第三兵团指挥第十、第十一、第十二军，第四兵团指挥第十三、第十四、第十五军，第五兵团指挥第十六、第十七、第十八军及中原军区部队一部，共35万人组成西突击集团，由刘伯承和第二野战军副政治委员张际春、参谋长李达指挥，由枞阳至望江段实施渡江，成功后以1个兵团挺进浙赣铁路衢州及其以西、以北地区，控制该路一段，切断汤恩伯集团与白崇禧集团的联系；主力沿江东进，接替第九兵团歼灭芜湖守军的任务，并准备参加夺取南京的作战。第四野战军先遣兵团在掩护第二野战军渡江后，依据情况和中央军委指示实施渡江。

4月3日，中央军委批准了上述计划。为了便于部队就粮和避免过分拥挤，4月17日总前委又决定西突击集团过江后，第三、第五兵团直出浙赣铁路沿线，第四兵团执行东进任务。邓小平、陈毅在位于合肥以南的瑶岗，代表总前委统一指挥渡江作战。

（二）渡江战役的简要经过

参加渡江作战的人民解放军各部队，于3月初至4月初先后进抵长江北岸，开展战役的各项准备工作。

★人民解放军强渡长江

为了早日结束战争，实现真正的和平，1949年4月1日，国共双方代表团在北平开始谈判，为争取达成有利于人民的协定，人民解放军数度推迟渡江时间。4月15日，国共双方代表团拟定了《国内和平协定（最后修正案）》，并商定4月20日签字。但南京国民政府却拒绝签字，人民解放军即遵照中央军委命令，于20日午夜发起渡江作战。中突击集团第一梯队第二十四、第二十五、第二十七、第二十一军在强大炮火掩护下，冒着国民党军军舰和江防炮火的拦截，在100余公里的江面上，首先登船起渡，迅速攻占了鲫鱼洲等江心洲。接着突破鲁港（芜湖西南）至铜陵段国民党军江防阵地，连续打退守军的多次反击，巩固了滩头阵地，尔后向纵深发展攻势，至21日，占领铜陵、繁昌、顺安等地。

国民党军芜湖以西地段的长江防御被人民解放军突破后，汤恩伯于21日到芜湖亲自布置堵击，但已无济于事。当晚，人民解放军东、西两突击集团发起强大的渡江作战。东突击集团第一梯队第二十三、第二十八、第二十九军展开于龙稍港（泰兴西南）至张黄港段，在天生港（泰兴以南）等地突破守军防御后，击退其第四十五、第二十一、第一二三军的多次反击，于22日进抵南闸（江阴以南）、百丈镇（申港以西）之线，建立了东西50余公里、南北10余公里的滩头阵地。同时，争取了国民党军江阴要塞守军7000余人起义，控制了江阴炮台，封锁了江面。第二十军由泰兴西北龙窝口至永安洲段起渡，22日攻占扬中。西突击集团也于21日晚在预定地段突破守军江防阵地，控制了宽100余公里、纵深5公里至10公里的滩头阵地，于22日占领彭泽、东流等地，并解放安庆。中突击集团则继续发展攻势，占领南陵，歼国民党军第八十八军大部。

在人民解放军渡江时，停泊在镇江附近江面的英国4艘军舰公然炮击长江北岸的人民解放军渡江部队。人民解放军当即以炮火猛烈还击，击伤其旗舰“紫石英”号，后4艘军舰相继逃往上海。为此，人民解放军总部发表声明，严正申斥了帝国主义的这一侵略行径，并要求英、美、法等国在中国的一切武装力量迅速撤离中国的领海、领土、领空，表达了中国人民保卫主权的决心。

国民党集团鉴于江防已全线被突破，部队在沿江一线有被人民解放军分割、围歼的危险，于22日下午仓促部署总退却，芜湖以西的部队向浙赣铁路沿线撤退，芜湖以东、常州以西的部队向杭州方向撤退，常州以东的部队向上海方向撤退，企图在浙赣铁路沿线和上海地区组织新的防御。人民解放军除组织第二梯队军继续渡江外，主力向国民党军防御纵深发展攻势。23日，东突击集团主力相继解放丹阳、常州、无锡等城，切断了京沪铁路，争取了国民党海军海防第二舰队司令林遵率舰艇25艘在南京以东江面起义，迫使另一部舰艇23艘在镇江江面投降。第三十四军进占镇江，第三十五军于23日晚进占国民政府所在地南京。南京的解放，标志着国民党蒋介石集团22年的反动统治被推翻。中突击集团一部占领芜湖，主力渡过青弋江，并在湾沚地区歼灭国民党军第二十军大部和第九十九军一部。西突击集团占领贵池、青阳等地，歼国民党军第八兵团一部。

在第二、第三野战军渡江作战的同时，第四野战军先遣兵团和中原军区部队占领武汉对面长江北岸的黄梅、浠水、汉川等地，有力地牵制了白崇禧集团，保障了第二野战军渡江作战的翼侧安全。

人民解放军渡江成功后，4月22、23日，总前委依据沿江国民党军全线南撤的情况，迅速调整进攻部署，令第三野战军除以第八兵团部率第三十四、第三十五军担任镇江、南京地区的警备任务，以第十兵团第二十九军东进占领苏州并向上海方向警戒外，主力在粟裕统一指挥下分别沿丹阳、金坛、溧阳及太湖西侧和南陵、宣城、广德之线向长兴、吴兴地区疾进，完成战役合围，歼灭由南京、镇江、芜湖地区南逃的国民党军，第七兵团并准备夺取杭州。同时解除第二野战军第四兵团沿江东进的任务，改为与第三、第五兵团并肩向浙赣铁路沿线挺进，追歼逃敌，控制浙赣铁路，切断汤恩伯集团与白崇禧集团的联系，保障第三野战军作战的翼侧安全，另以第十军担任安庆、芜湖地区的警备任务。

各部队接到命令后，不顾疲劳，不待重火器和辎重到达，克服阴雨连绵、道路泥泞等困难，向指定地区疾进。4月26日，第九兵团主力通过广德；第十兵团进抵天王寺、宜兴一线，并在溧阳以西、以南地区歼国民党军第四、第二十八、第五十一军各一部。国民党军在人民解放军的多路追击下，不敢再沿京杭公路南逃，改由宜兴以西山区直下郎溪、广德，企图由此突出重围，直趋杭州。27日，第十兵团第二十九军进占苏州。第三野战军主力会师吴兴，将国民党军第四、第二十八、第四十五、第五十一、第六十六军等5个军包围于郎溪、广德之间地区，经两天激战，将其8万余人全部歼灭。5月3日，第七兵团占领杭州。第二野战军在皖南游击队的策应下，经屯溪、婺源、乐平等地，于5月4日至7日相继占领浙赣铁路沿线的贵溪、上饶、衢县、金华等地，并在追击作战中歼国民党军第六十八、第八十八、第一〇六、第七十三军各一部。在此期间，第四野战军先遣兵团和中原军区部队，占领孝感、黄陂，逼近武汉。

郎广围歼战后，汤恩伯集团一部逃往福建，主力8个军25个师共20余万人退守上海，在蒋介石亲自部署下继续顽抗。位于武汉地区的白崇禧集团，除以一部兵力迟滞第四野战军先遣兵团渡江外，主力准备南撤湘鄂边、湘中、湘鄂西地区组织新的防线，企图阻止人民解放军南下湖南、江西、广东、广西和西进四川。中央军委和总前委依据战局的发展，决定以第三野战军第七兵团主力向浙江东部和南部进军，解放浙江省；第八兵团一部兵力继续担任南京、镇江地区警备，并肃清溃散于苏浙皖边界地区国民党军的任务；第九、第十兵团攻取上海。第二野战军位于浙赣铁路金华至东乡段休整，策应第三野战军夺取上海，准备对付美、英等国可能的武装干涉，并以一部兵力向福建北部、江西中部进击，伺机进占南昌。以第四野战军先遣兵团在武汉、九江间待机渡江，占领武汉三镇。

为求完整地接收中国最大城市上海，避免市区遭受战火破坏，第三野战军决定以第九兵团指挥第二十、第二十七、第三十、第三十一军，第十兵团指挥第二十六、第二十八、第二十九、第三十三军，分别经由浦东、浦西实施钳形突击，直插吴淞，截断敌军海上退路，迫敌投降。如敌继续顽抗，则对市区发起攻击，分割、歼灭全部守敌。5月12日，上海战役开始。至22日，将汤恩伯集团主力压缩到苏州河以北地区。经第三野战军增调第七兵团第二十三军和第八兵团第二十五军分别加强第九、第十兵团，该两兵团于23日夜向上海守军发起总攻。各攻击部队采取快速勇猛的动作，多路直插市区和宝山、吴淞。至27日，完全攻占上海。汤恩伯集团除约5万人经吴淞口登舰逃跑外，15万余人被歼灭。

在此期间，第三野战军第七兵团在浙东、浙南游击队的配合下，解放了宁波、奉化、镇海（今宁波市北部）、温州、临海、黄岩等城市和广大地区。第二野战军一部解放江西省南城和福建省建阳、建瓯、南平等地；另一部为策应第四野战军先遣兵团的渡江作战，进至江西省丰城、樟树（今清江）一线，并于22日占领南昌。第四野战军先遣兵团于5月14日开始举行汉浔间渡江作战，从武汉至九江间横渡长江。15日，争取了国民党华中军政副长官兼第十九兵团司令官张轸率2万余人在贺胜桥起义，17日解放华中经济中心武汉及沿江重镇九江。6月2日，第三野战军一部解放崇明岛。至此，渡江战役结束。

（三）渡江战役铸就渡江精神

渡江战役是一场划时代的伟大战役，其胜利蕴含着伟大的革命精神。

在渡江战役中，人民解放军以木帆船为主要航渡工具，一举突破国民党军的长江防线，并以运动战和城市攻坚战相结合，合围并歼灭其重兵集团。此役，人民解放军伤亡6万余人，歼灭国民党军11个军部、46个师共43万余人，解放了南京、上海、武汉等大城市，以及江苏、安徽两省全境和浙江省大部及江西、湖北、福建等省各一部。渡江战役，是中共军事和政治的双重胜利，彻底粉碎了国民党反动派妄图凭借长江天险阻止人民解放军渡江、伺机东山再起的迷梦，使帝国主义武装威胁和干涉中国人民革命的企图彻底破产，为人民解放军胜利进军华南、西南奠定了坚实的基础，大大加快了全国解放的进程，预示着新中国的诞生。正如邓小平所指出“在政治上表示了反动的南京政府的灭亡，人民解放军在军事上将再不会遭遇到更严重的抵抗了，肃清残余敌人的时间不远了，最后解放全国的时间也不远了”。[①]

粟裕在渡江后也曾指出，渡江战役的胜利“对中国革命的发展具有极大的意义”“单从军事上去看国民党的崩溃是不够的，更重要的是从政治上去看。我们不仅在军事上过了江，而且在政治上过了江”。[②]渡江战役的胜利，宣告了蒋介石集团22年反动统治的灭亡，在中国革命战争史上写下了光辉的一页。

毛泽东在香山双清别墅得知南京解放的喜讯，心潮起伏，兴奋异常，追昔抚今，思接楚汉之争，欣然命笔，写下了《七律·人民解放军占领南京》的著名诗篇：

钟山风雨起苍黄，百万雄师过大江。
虎踞龙盘今胜昔，天翻地覆慨而慷。
宜将剩勇追穷寇，不可沽名学霸王。
天若有情天亦老，人间正道是沧桑。

毛泽东诗赞这一伟大战争的胜利以及这一战争背后的伟大革命精神。“宜将剩勇追穷寇，不可沽名学霸王”的诗句，叙述的是2000多年前楚汉之争的历史故事，蕴含的是“将革命进行到底”的深刻道理，褒扬的是“将革命进行到底”的渡江精神，进一步表明了将革命

①《邓小平文选》(第1卷)，人民出版社1994年版，第136-137页。
②《粟裕传》，当代中国出版社2000年版，第806页。

进行到底的坚定决心。

渡江战役之所以能够在最短时间内坚决、彻底、干净、全部地歼灭江防敌军，取得空前的伟大胜利，除了中共中央和毛主席的英明领导，与广大指战员和支前民众展现出的伟大革命精神是分不开的。在准备渡江阶段，军民团结的士气就非常高涨，到处都是磨刀擦枪、整舟待发的场景，“打过长江去，解放全中国”的口号激荡人心。渡江作战，对人民解放军来说是一个崭新课题。因部队中北方人较多，普遍不习水性，更缺乏水上作战经验。为此，突出抓了三方面工作：一是广泛征集渡船，训练水手，开辟渡船进入长江的水道；二是组织部队进行渡江作战的战术技术训练，利用湖泊及内河进行航渡和突破滩头阵地以及水上射击、打击敌舰等战术技术训练；三是各军派出侦察部队先期渡过长江，初步掌握江岸地形、水情、敌情和敌舰活动规律等情况，并建立了隐蔽点线联系。此外，还协同地方党政军机关通过积极动员广大人民群众，筹集粮草，修复公路铁路，疏通水路交通。战役进行之时，在“百万雄师过大江”的磅礴气势下，广大战士和参战船工们顶着风浪、冒着枪林弹雨奋勇渡江，面对长江天险及凶恶的敌人，排除万难、争当第一，敢于牺牲、敢于胜利，英勇夺取了这场伟大战争的最终胜利。

伟大的精神来源于伟大的实践。人民解放军在推进伟大的渡江战役的实际过程中，随之产生了伟大的渡江精神，并始终贯穿整个渡江战役的全过程，成为我们战胜敌人的强大精神力量。军队打胜仗，人民是靠山。时代在变，依靠人民群众创造历史从未改变。不论过去还是现在，人民军队都是广大人民群众忠实的守护者，人民群众则永远是人民军队最坚实的后盾。正如习近平总书记在参观渡江战役纪念馆时指出：“淮海战役的胜利是靠老百姓用小车推出来的，渡江战役的胜利是靠老百姓用小船划出来的。”[1]

二、渡江精神的基本要旨

渡江战役树立了一座精神丰碑，铸就的伟大的渡江精神，映照着党的初心使命，是中国共产党人精神谱系的重要组成部分，是中华民族宝贵的精神财富，挖掘其丰富内涵具有重要意义。习近平总书记参观渡江战役纪念馆时作出的有关渡江战役的重要指示，是党、国家和军队最高领导人首次就这一战役胜利作出的生动形象概括和高度凝练总结，为我们深入研究渡江精神提供了根本遵循。近年来，党史学界从不同角度和层面对渡江精神的丰富内涵进行了归纳总结提炼，阐释版本较多。为便于全面理解和准确把握渡江精神的精髓与实质，进一步挖掘、探析和总结其基本内涵，具有重要价值意义。我们认为，渡江精神主要体现在：

（一）坚定信念、革命到底

渡江战役的胜利，是中共中央和毛主席“将革命进行到底”战略决策的胜利，也是中国共产党人矢志理想信念的胜利。

辽沈、淮海、平津三大战役后，人民解放军控制了长江以北的大部分地区，国民党在江南已难以组织起有效的防御。蒋介石见大势已去，开始制造和平幻想，鼓吹所谓“光荣的和平”论调，试图与中共进行和谈，阻止人民解放军的进攻，使其保持江南半壁，继续维持其反动统治。国际上一些大国也出面干预，进行国共调解，提出以长江为界实行“南北朝”的划江而治，对中国革命设置障碍。一些中间派

①《习近平在安徽考察时强调：坚持改革开放 坚持高质量发展 在加快建设美好安徽上取得新的更大进展》，《人民日报》2020年8月22日第1版。

人士为假象所迷惑，劝说中国共产党“立即停下来”。何去何从？是举步不前、畏难退缩，还是坚定信念、革命到底？在这个问题上，毛泽东同志异常坚决。为了向全国全世界庄严表明中国共产党夺取中国革命胜利的决心，1948年12月30日，毛泽东在关键时刻发表了《将革命进行到底》的宣言，文章一开头即清楚地点明“中国人民将要在伟大的解放战争中获得最后胜利，这一点，现在甚至我们的敌人也不怀疑了”。进而鲜明地指出，现在摆在中国人民、各民主党派、各人民团体面前的问题“是将革命进行到底呢，还是使革命半途而废呢？”旗帜鲜明地指明了正确方向，“如果要使革命进行到底，那就是用革命的方法，坚决彻底干净全部地消灭一切反动势力，毫不动摇地坚持打倒帝国主义，打倒封建主义，打倒官僚资本主义，并在全国范围内推翻国民党的反动统治，在全国范围内建立无产阶级领导的以工农联盟为主体的人民民主专政的共和国。这样，就可以使中华民族来一个大翻身，由半殖民地变为真正的独立国，使中国人民来一个大解放，将自己头上的封建的压迫和官僚资本（即中国的垄断资本）的压迫一起掀掉……”否则，“如果要使革命半途而废，那就是违背人民意志，接受外国侵略者和中国反动派的意志，使国民党赢得养好创伤的机会，然后在一个早上猛扑过来，将革命扼死，使全国回到黑暗世界”。中国人民、中国共产党没有其他道路可选，唯一的选择就是“一定会像粉碎敌人的军事进攻一样，粉碎敌人的政治阴谋，把伟大的人民解放战争进行到底”，实现中国革命的彻底胜利。我们的态度和信念始终坚若磐石，“将不怕任何困难团结一致地去实现这些任务”。

根据中央军委关于渡江作战的意图和要求，在渡江战役前，首先统一了高级干部对形势和任务的认识，接着将有关会议的精神逐级进行了传达，并深入开展了以“将革命进行到底”为中心内容的形势任务教育。在部队整训期间，华野政治部发出关于整训期间部队政治工作的指示，提出要“贯彻进军思想，造成向江南进军的热烈情绪，做好进入江南新区的思想准备和政策准备”，要求“根据中央将革命进行到底的号召和指示，树立向前进军向南进军的思想，作战到底的思想，争取胜利和巩固胜利的思想”。中共七届二中全会后，各部队普遍召开干部会议进行传达学习，使广大指战员进一步认清形势，坚定了将革命进行到底的信心和决心。各级党委还针对部队进抵长江以北后反映出来的各种现实思想问题，如部分人因不熟悉水性，对渡江存在恐惧心理；还有些人因为胜利，产生了轻敌麻痹思想和急躁情绪等，进行了反复的思想动员；并邀请当地群众为部队介绍长江水情，组织南北方战士座谈讨论，开展水上练兵竞赛等活动，使干部战士消除了疑虑，增强了敢打必胜的信心。这些思想教育，大大激发了广大指战员坚决彻底干净全部地消灭一切反动势力、推翻国民党的反动统治、绝不能使革命半途而废的战斗意志。“将革命进行到底”成为继续斗争的共同信念和自觉行动，大家坚信：“困难吓不倒我们，长江天险挡不住我们，一定要把红旗插上长江南岸!”

中共中央是信念的灯塔。南京国民政府拒绝在《国内和平协定（最后修正案）》上签字，用战斗方式渡江已成定局。毛泽东、朱德在和谈失败后立即发布《向全国进军的命令》，指出“由中国共产党的代表团与南京国民政府的代表团经过长时间的谈判所拟定的国内和平协定，已被南京国民政府所拒绝。南京国民政府的负责人员之所以拒绝这个国内和平协定，是因为他们仍然服从美国帝国主义和国民党匪首蒋介石的命令，企图阻止中国人民解放事业的推进，阻止用和平方法解决国内问题”。命令人民解放军“奋勇前进，坚决、彻底、干净、全部地歼灭中国境内一切敢于抵抗的国民党反动派，解放全国人民，保卫中国领土主权的独立和完整”。人民解放军渡江各集团，在总前委的统一指挥下，按照既定部署，以排山倒海之势向南岸发起强大攻击，一举突破长江天险，把鲜艳的红旗插到了南京总统府门楼上，国民党22年反动统治随之崩溃。1949年5月1日，中共中央在贺南京解放电文中，着意指出并要求“我人民解放军第二、第三两大野战军执行人民解放军总部命令，奋勇前进，横渡长江，敌军望风披靡，南京迅获解放，国民党反动派统治从此宣告灭亡，江南千百万人民迅即重见天日，全国欢腾，环球鼓舞。……现在整个形势对于人民和人民解放军极为有利，尚望前线将士继续攻进，后方人民努力生产，各界同胞齐起协力，共同为消灭反革命残余力量，解放全国人民，建立统一的民主的新中国而奋斗”。足见，坚持“革命到底”的意志和决心，一刻未放松，不达目标不罢休。

同时，在如何应对帝国主义的武装威胁和干涉上，也充分展示了“坚定信念、革命到底”的精神与气概。在国共和谈期间，国民政府曾妄图依靠帝国主义的支持来挽救自己的失败。为威胁和阻挡人民解放军过江，美英帝国主义海军舰艇群集长江口，“紫石英”号等英国舰艇明目张胆驶入内河长江，气焰嚣张。中共中央和中央军委妥善筹划了对策，渡江部队在军事上做好了应付外国武装干涉的充分准备，如果帝国主义国家军队胆敢先打第一炮、第一枪，将会坚决予以回击。在渡江战役发起的当天，英国的“紫石英”号军舰闯入第三野战军第八兵团控制的江面，企图阻挠人民解放军渡江。该军舰不但对人民解放军的鸣炮警告毫不理睬，还公然炮击人民解放军阵地。对此，人民解放军给予坚决回击，迫使“紫石英”号升起白旗。炮战中，中国人民解放军伤亡252人，“紫石英”号军舰也被人民解放军击伤，搁浅镇江江面，其余3艘英国军舰仓皇逃离。事发后，英国政府强词夺理为英舰暴行进行辩护，甚至扬言要进行军事报复。对此，中国人民解放军总部发表声明，严词批驳，指出：“长江是中国的内河，你们英国人有什么权利将军舰开进来？没有这种权利。中国的领土主权，中国人民必须保卫，绝对不允许外国政府来侵犯。”这一严正立场，表明中国共产党保卫国家主权和独立的决心，打击了英国等国家的嚣张气焰，赢得了舆论支持，极大地鼓舞了人民解放军指战员的士气，增强了海内外中国人的自信心和爱国心。著名化学家傅鹰教授当时正在美国，他曾回忆说：“等到大军南下，过江时打了英国炮舰一炮，我看到了这消息大吃一惊，怕这回又要来个道歉，革命也要到此为止了。等到第二天打开报纸，周恩来发表声明，不但没有道歉，反而提出抗议，骂了英国一通。我这才相信是真革命，决定回国。”同时，这一正义之举，打出了军威，维护了民族尊严和国家主权，宣布了鸦片战争以来帝国主义列强炮舰政策的破产。因此，渡江战役不仅是中国人民反对国民党反动派的胜利，也是反对帝国主义武装干涉的胜利，鼓舞了坚持反帝斗争的中国人民。

（二）团结一心、攻坚克难

水上作战，舟楫是基本的条件。特别是在长江这样宽阔的水面上进行大兵团作战，没有足够的船只和相应的器材简直是不可想象的。党同人民一条心，军民团结如一人。只要有广大人民群众的全力支持，一切困难便会迎刃而解。

国民党军逃至江南前，有意将船只劫掠一空，企图造成人民解放军渡江的难度加大。1949年2月，总前委就作出决定，由各野战军派出以军政治部主任负责和团级干部为主的先遣工作人员进抵江北，着手筹集船只和进行其他准备工作。先遣人员进入预定区域后，与中共地方秘密组织、政权机构密切配合深入江湖港汊，访贫问苦，救灾济困，宣传人民解放军的政策和渡江对夺取全国胜利的巨大作用，很快赢得了人民群众的信任，逐步摸清了船只和船工的情况。积极响应的沿江居民不仅贡献出一批预先隐匿的船只，还提供了许多找船的线索。得知人民解放军渡江作战缺少船只，人民群众纷纷砍伐树木，或者拿出家中建房的木材、床板、木板，有的老人还主动献出自己的“寿材”木料，作为船用材料，整个江北地区掀起了支援人民解放军渡江的造船高潮。

主力部队到达江边后，借鉴先遣人员的经验，团以上单位普遍与中共地方秘密组织、政权机构组成船舶管理委员会，具体负责船只的筹集、管理、维修和调度工作。与此同时，为了加紧船只的筹集，2月15日，华东支前委员会决定，在苏中、蚌埠、正阳关和盛家桥组织4个船舶管理处，负责船只的登记与管理，教育船工，担任军运。到渡江战役发起前，全军共筹集各种船只2万余条，分别为皖北10039条、淮河3131条、苏北8000条（渡江船2600条、运粮船1200条、随军运送弹药船1100条、内河运输船2300条、机动船800条），用于渡江作战的船只9400多条，使第一梯队的每个军平均拥有大小船只500条至600条，一次可运送1万余人。此外，船工还创造性地用木材扎成4米多宽、10米多长的木排，装上汽车引擎垒起棉花胎，架上轻重武器，制成30多艘“水上土炮艇”；部队还设法制造了一些运送火炮、车辆、骡马的竹筏、木排等渡江工具。结合水上训练，战士们在沿江人民的帮助下，摸索自制了部分救生器材，如用7.5公斤的稻草或用4根0.5米长的毛竹围成圈状，即可保证一人在水中全负荷漂浮。

筹集的近万条船只大多位于沿江地带，如何将其隐蔽好，既避免遭到国民党军的飞机、军舰的轰炸，又能使船只由内河掘渠翻坝尽快出航进入长江，以达到战役发起的突然性，成为前线指战员面临的新的难题。4月13日，总前委向二野、三野发出完成开渠、翻坝工程的指示。前方部队在沿江中共地方组织、政权机构的鼎力支持下，动员上百万民工和部队协同奋战，挖掘、构筑了众多船坞来隐蔽船只，并创造性地采取开渠灌水、掘堤引渡、拉船翻坝以及陆地行舟等措施，保证了船只能隐蔽入江。其中，无为县军民经过27天的艰苦奋战，共挖河疏渠100多公里，架桥20余座，凿通了小江坝、姚王庙、神塘河、泥汊河等渡船出江口。怀宁县鸭儿沟军民5000多人，奋战13个昼夜，开凿出一条长50米、深7米到8米、上宽14米、下宽3.7米的通江引河。仅第九兵团统计，参与疏通河道、开渠翻坝的民工就达429000余人。

在筹集渡江船只期间，部队还动员了上万名船工参战。为把这些船工训练成勇敢、熟练的水手，先通过形势教育，使他们认清了个人翻身与革命前途的关系；通过诉苦运动，启发了船工的阶级觉悟，激发了他们在解放全中国的历史伟业中贡献力量的光荣感。同时，制定了船只损坏赔偿办法和船工优抚条例，并妥善安排了船工家属生活，解决了他们的后顾之忧。这些工作的开展，提高了船工的阶级觉悟，建立了船工和部队战士的密切联系，坚定了共同完成渡江任务的决心。一时，船工中掀起写血书、表决心、争立功的热潮。在此基础上，特意请来有经验的船老大作指导，加紧突击训练船工、渔民和部队中有一定游泳技能的战士，使他们很快成为驾船的渡江水手，并按战斗需要将这些人合理搭配分到每一条船上。

渡江作战前必须进行水上练兵。随着渡江船只的解决，参战各部队在内河、湖泊、夹江日夜展开了水上练兵。针对部队中北方籍战士较多的实际状况，水上练兵时，为消除大家的畏难情绪，各部队有针对性地从“谈水”“看水”“试水”开始，通过邀请沿江居民介绍长江水性、组织江边实地观察以及反复练习游泳等，使战士们摸熟了长江的水性，克服了畏水心理和晕船呕吐等生理不适应现象，很快由“旱鸭子”变成“水鸭子”。在此基础上，还针对可能发生的情况，制订应对处置方案，利用阴雨大雾天气时江面能见度低的时机，把船只推进长江，展开实地综合演练，使部队的实战能力得到了进一步提高。

后勤保障是部队作战的生命线。在中央军委和总前委、中共中央华东局的领导下，华东支前委员会组织领导解放区人民，为了“打过长江去，解放全中国”，发扬“部队需要什么，我们就支援什么”“哪怕倾家荡产，也要支援前线”的精神，充分发挥人民战争的优势，部队打到哪里，人民就支援到哪里。据1949年11月20日华东支前委员会《关于济南、淮海、渡江京沪三大战役支援工作基本总结》，渡江战役中仅动用人力和粮食供应两方面的总数字为:动用人力3203804人（含随军民工、二线民工和后方临时民工）；粮食供应，参战人员（含俘虏）178万人月需5.34万吨，上海、南京月需6.3625万吨。其中，皖北地区，动员随军常备民工53741人，江淮一分区和皖西二、三、四分区供应粮食5.3205万吨；苏北地区，随军渡江支前人员123714人:随军常备民工10500人、临时民工52704人、船工41510人、各部杂工约19000人；二线服务民力77300人:临时民工22300人、船工42000人、干部杂工13000人，后方修路、修桥和进行短途运输的达1464000人，消耗粮食11.374万吨：就地供应粮食6.544万吨、随军过江粮食2.13万吨、运送上海1.8万吨、运粮工资粮0.9万吨，供应柴草11.3万吨，供应食油150吨、食盐100吨、肉125吨，动员船只20977条:渡江船8302条、转运船12675条，修筑公路1946公里，修造桥梁421座、993孔，提供木料18463根、门板15000块，伐树19000棵。

邓小平在一次报告中曾动情地指出，“在渡江准备的过程里，我们集结主要兵力在芜湖至安庆这个地方，所需粮食一亿五千万斤，其中百分之八十是沿江的人民拿出来的。他们把家里的粮食尽量拿出来，并且表示只要渡江，饿着肚子也不要紧。为解决烧柴困难，人民甚至无怨言地拆房子给我们当柴烧”。[①] 刘伯承曾对人民群众的踊跃支前场面由衷地称赞道：“尤其六安、合肥到安庆道上的民工海潮似的日夜前送军粮，沿江居民省出了自己的食粮给军队吃，他们贡献极大，感人至深。”这都从侧面反映了人民群众真正做到了全力（全部人力、物力、财力）支前，全面（满足人民解放军的一切物质需要）支前，全程（直到全国胜利之前）支前。人民与军队风雨同舟，团结一心，天下无敌。据统计，整场渡江战役中，1名解放军指战员身后有10名老百姓的支援。陈毅同志也十分形象地说过，渡江战役是人民群众用双手托着解放军过江的。

（三）奋勇争先、敢于牺牲

为阻止人民解放军向江南进军，国民党蒋介石在长江沿岸构筑了坚固的明碉暗堡，并配置两个水面舰艇大队驻守在江阴、九江、镇江、长江口一带，同时让英美军舰在长江中游弋以挟洋壮胆制造障碍。我军渡江作战是以单一兵种对付国民党军陆海空立体防线、以小木船对抗敌铁甲军舰，既要身临滔滔江水的天然屏障，又要面对枪林弹雨的残酷战场。困难险阻挡不住渡江大军，各部队首长在渡江前都进行了深入动员。4月20日上午，担任第十五军第一梯队的四十四师，隆重召开了渡江作战誓师大会。秦基伟军长代表军党委，把分别绣有“打过长江去”“解放全中国”的两面鲜艳的大旗，分别授予担任主攻的四十四师的一三〇团和一三一团。这10个字，不是一般的战斗口号，而是粉碎国民党所谓划江而治阴谋的有力回应，更是中国共产

①《从渡江到占领上海》，《邓小平文选》（第1卷），人民出版社1994年版，第138页。

党人彻底革命精神的生动写照。被授予旗帜的团队异常兴奋，纷纷振臂高呼：“为了中国人民的彻底解放，坚决突破敌人江防!”“只有前进，没有后退!”曾绍山军长也代表所在军党委作动员讲话：“同志们，这次渡江，咱们刘司令员已经向党中央、毛主席作了保证，立下了‘军令状’，咱们每个指战员应该也有这样的决心：胜利和前进!”简短有力的战斗动员，使全体突击队员热血沸腾，斗志昂扬。

4月20日晚，我渡江部队在强大的火力准备之后，相继起锚强渡，万船齐发，以排山倒海之势，疾驶向南岸。敌军集中火力，在海空军配合下，竭力阻击我渡江船队。但因我军是全线出击，敌军顾此失彼，穷于应付。我突击部队全速前进，乘船的战士们以洋锹和钢盔划水，给水手们加速。一三〇团团长李钟玄面部负伤，血流不止，也来不及包扎，毅然挺立在船首，指挥部队作战。一三〇团六连一排的战船，在航渡过程中被敌炮火击中后舱，二班大部分人员伤亡，船工牺牲，江水涌入船舱，情况十分严重，在该船上指挥的连长罗金印不顾自己多处挂彩，拼力扳舵，一边组织部队排水堵漏，一边鼓舞大家：“人人要做硬骨头，加快速度靠岸。”“红三连”二排战船上的老船工被流弹打伤，接着桅杆也被炮弹削断，连同帆篷倒入江中，船失控了，战士张国正奋不顾身地冲上去，迎着弹雨把定舵柄。指导员周福棋见兄弟战船相继超越，心急如焚，指着船头竖立在风雨中猎猎翻飞的写有“争当第一船”的红旗，高声呼喊：“同志们，我们不能辜负全团上下的信任，真英雄真好汉，关键时刻是考验，一定要把红旗插上南岸!”有的船工负伤后，战士接过来，继续掌舵、摇橹，没有一只船后退，都奋力争当登陆第一船。有的船被打翻了，战士们就利用土造的简易器材强行前进。一三一团一连四班的战船被敌人的炮弹炸了个窟窿，江水直往里灌，船身直往下沉，胸部负伤的副班长赵强将缆绳系在腰间，跳入水中，奋力地牵引着战船向南岸驶去。我突击部队以压倒一切敌人的英雄气概抢滩登陆，众多船只如同百米冲刺一般呼啸着冲向敌人阵地，一些先头船仅以15分钟至20分钟即强行登陆，抢占了敌军的一些滩头阵地。开始曾顽强抵抗的敌军，见阻击我渡船无效，士气低落，一触即溃。这样，我先头渡江部队很快就登上南岸，迅速抢占了要点，然后以一部横扫沿岸之敌，主力部队则向敌军纵深插进。

根据上级的命令，各个部队和每艘船都以“有进无退，争当渡江第一船”为战斗口号，勇敢地向预定的登陆点进击。中集团第一梯队4个军（第七兵团的第二十一、第二十四军，第九兵团的第二十五、第二十七军）在强大炮火掩护下，乘夜幕向南岸疾进。在突击部队中，担任第一梯队的第九兵团第二十七军第七十九师动作最快。21时整，第一梯队距离南岸滩头只有20多米了。性急的战士们争先恐后跳入江中，涉水抢滩，登梯爬崖，如猛虎一般扑向敌前沿阵地。有的梯子刚刚架好，就被敌人炮火炸断。1架木梯被炸断，10架木梯竖起来！第七十九师一名战士，登陆时一条腿被炸断，当即昏迷过去。苏醒以后，他忍着剧痛，单腿爬向敌前沿，用尽最后力气拉响炸药包，舍身炸开了敌防御工事。英勇的指战员冒着敌人的枪林弹雨，一面迎头痛击，一面奋力地划着木船向敌岸冲击。有的战士身负重伤，动弹不得，就用自己的身躯堵住被敌炮弹打漏的船舱，不让江水沁入。在这种时刻，大家都非常明确：多一个人就多一份力量，为了祖国的解放，为了革命的胜利，一定要冲上去！五十九师二、三营奋力登陆时，遭敌猛烈反击，情况紧急。五连指导员周文江高呼：“只有前进，不能后退！”五连二班的船桅杆被狂风吹断，船身中弹漏水，在一位船工牺牲的关键时刻，另一位鬓发斑白的老船工，勇立艄位，摇橹前进，并鼓励战士们沉着应战，但又不幸中弹牺牲，全班只剩4人，弃船泅渡，冲向敌阵，终于夺取了滩头阵地。我军前进的胜利通道，正是这些大无畏的英雄们用鲜血和生命铺成的。七十九师第二三五团，即屡建战功、赫赫有名的“济南第一团”，作为突击团冲在最前面，该团一营三连五班所乘的船只，在离长江南岸100米时，被守备繁昌的国民党军发现，他们冒着密集的炮火，于21时在繁昌县保兴乡夏家湖（今属芜湖市弋江区保定街道）首先靠岸，先上岸的4名战士迅速扛梯攀登陡峭的江岸，梯子被炮火打断了，战士李世松以肩扛梯，高喊“同志们快上！”全班战士立即踩着他的肩膀，登上被炸断后剩下的梯子，爬上了陡峭的江岸，向国民党守军发起攻击。因为该班所乘船只是最先到达南岸，成为百万雄师的“渡江第一船”，在渡江战役史上写下了光辉一笔。

渡江老兵刘文天曾回忆道：“我们每个排乘一只小船，大家拿铁锹当桨，不停用劲划。渡江途中，枪弹如雨，不少战友牺牲，江水都被染红了……”原南京军区司令员、时任第二野战军第四十四师师长兼政委的向守志曾回忆了当时的壮烈场景：敌人的枪弹、炮弹掠空飞舞，构成拦截火网，第三连第二排的战士冒着敌人的炮火，纷纷挺身为船工水手遮挡子弹，英勇前进！负伤的班长一面奋勇划桨，一面高喊：“只要还有一口气，也要战斗到底！”[①] 时任三野九兵团政治委员的郭化若深受感染，曾在渡江前线激情写下一首词：“素帆百万飞如箭，乘风顷刻敌前现。碧水静无波，疏星夜转多。弹飞如急雨，难阻雄师路。天险说长江，功成夜未央。”这首词生动形象地反映和讴歌了渡江作战的激烈场面与英勇壮举。

渡江战役中，在渡江指战员英勇冲锋时，广大船工也表现出了高度的革命英雄主义精神，涌现出了车胜科、胡业奎、马毛姐等一大批

①中共安徽省委组织部、中共安徽省委党史研究院：《红色安徽》，安徽人民出版社2019年版，第319页。

★陈列于渡江战役纪念馆内的马毛姐送军过大江的雕塑

渡江英雄。临江县汤沟区堤树乡37岁船民、特等渡江英雄车胜科的父亲在渡江战役中不幸牺牲，他来不及掩埋父亲的遗体，擦干眼泪，动员二弟车新近上船，二弟负伤后又动员四弟上船，兄弟共同拿起父亲摇过的桨，争当临江先锋船。湖东县五区青冈乡46岁的渔民、特等渡江英雄胡业奎，邀集附近村庄30名水手，冒着生命危险，用盆过江，在长江南岸的小沙洲旁掩回被敌军抢去的民船18只，支援渡江大军，在大军渡江时，他跳入江中，双手推船前行，不幸中弹牺牲。特等女英雄韩大奶奶，一夜运送3次，船只搁浅时，她下水推行15公里。无为县马家坝一等渡江英雄马毛姐是位年仅14岁的小姑娘，她和哥哥奋力摇船，在隆隆的枪炮声中，把第一批渡江战士送到南岸，返回途中又抢救2条伤船中的解放军指战员。渡江英雄、临江县田桥区西七乡戴家胡村船民王德金争当渡江先锋船，船靠长江南岸后，他冒着枪林弹雨，勇救2名解放军伤员。临江县田桥区船民田德心驾船至江心，被敌机枪击中受伤，仍坚持将船上6名解放军指战员送到南岸。据巢湖分区船舶部统计：巢县船工2637人中，立功的就有600人；湖东县船工2848人中，涌现特等英雄2人，英雄1人，一等功臣58人，二等功臣40人，三等功臣369人。巢湖地区船工得大红旗3面，渡江光荣旗150面，小光荣旗1面，奖状服务证红五星400个。安庆船民对西突击集团的渡江给予了有力支援，出动了约3000名船工直接参战，其中44人献出了宝贵的生命。桐庐白柳一家父子二人同时参战，父亲牺牲后，儿子强忍悲痛，一夜3次往返驾船运送大军渡江。聚居在怀宁和望江境内的回民，纷纷报名参战，很快就组织起一支127人的回民渡江突击队，他们研究出了一种不用帆的快速水轮船，并改装了20多只，和战士们一起训练，在激烈的战斗中，回民渡江突击队副队长马吉荣和队员丁宪良牺牲，年迈的丁宪友负伤。二野第五兵团赠给他们“伊斯兰的英雄”锦旗一面，每人一张“渡江船工光荣证”。渡江战役期间，新华社高级记者、新四军老战士邹建东拍摄的“我送亲人过大江”照片让世人过目难忘，照片中，时年19岁的姑娘颜红英背影英姿飒爽，一条乌黑的大辫子分外醒目，她和父亲及17岁的妹妹在江面上奋力摇橹，护送人民解放军渡江，成为生动反映人民踊跃支前的经典图片。

三、渡江精神的时代价值

历史川流不息，精神代代相传。新时代的大江大河就在眼前，我们始终在“渡江”，“渡江精神”正穿越时空焕发着新的生机。我们要深入学习贯彻习近平总书记在庆祝中国共产党成立100周年大会上的重要讲话精神和关于渡江战役胜利的重要指示精神，认真总结渡江战役胜利的宝贵经验，深刻把握渡江精神的丰富内涵及其时代价值，不断从渡江精神中汲取奋进力量。奋进新时代，阔步新征程。我们要弘扬光荣传统、赓续红色血脉，努力践行渡江精神、发扬光大渡江精神，并将其转化为全面建设社会主义现代化国家、实现中华民族伟大复兴的现实行动。

（一）渡江精神警悟我们必须牢记人民群众是我们的力量源泉和胜利之本

人民群众是推动社会历史前进的动力，是中国共产党的力量源泉。在渡江战役中，人民群众叫响“誓送大军过江去”的口号，从人力、物力、精神等方面全力支持战争，才有了渡江战役的伟大胜利。渡江战役是中国革命战争史上的一场伟大战役，既是一次军事行动，也是一场政治斗争，以其特有的壮观雄伟的气势，多姿多彩的战斗业绩，载入中国人民解放战争的光辉史册。在这场国共双方最后一次主力会战中，百万民工与军队协同奋战，勇于斗争、敢于胜利，牺牲小我、成就大我，用实际行动诠释了“为有牺牲多壮志，敢教日月换新天”的革命豪情和磅礴力量。在决定中国命运的关键时刻，无论是解放军指战员还是勇敢支前的民工，都用生命架起渡江的“小划船”，怀着同一种信念，向着同一个目标，将个人生死置之度外，顶着风浪、冒着敌方的枪林弹雨，同舟共济，奋勇向前，“打过长江去，解放全中国”，一举突破国民党苦心经营的长江防线，并以运动战与城市攻坚战相结合，合围并歼灭了国民党重兵集团，相继解放江苏、安徽两省全境和浙江省大部及江西、湖北、福建等省各一部分，为解放全中国创造了条件。在夺取这场战役的全胜的同时，也用赤胆忠诚铸就了伟大的渡江精神。

人民群众的支持是最重要的精神力量，是能否实现目标的关键。从渡江战役中人民群众表现出来的全力支前的强大行动，可以看出，“打过长江去”不仅是大势所趋，更是民心所向。中国共产党组织动员和宣传教育群众，团结起来为实现自己的利益而斗争，人民战争的思想教育了人民群众，使他们认识到共产党是和老百姓息息相通的；只有打败蒋介石集团，才能翻身得解放，过上好日子；支援前线是自己的根本利益所在，当战争和自己生死存亡相关的时候，就能全力以赴地投入战争中去。所以，从根本上讲，渡江战役是一场人民战争，渡江战役的胜利是人民战争的胜利。人民是真正的英雄，人民是历史的创造者。人民是决定党和国家前途命运的根本力量。

“江山就是人民、人民就是江山，打江山、守江山，守的是人民的

★人民解放军占领南京“总统府”

心。”[①] 一个政党在人民心中的分量，取决于这个政党对待人民的立场。人民群众心中有杆秤，谁真正把人民群众放心上，人民群众就会把谁放在心里。我们党来自人民，为人民而生，因人民而兴。我们党的根基在人民、血脉在人民、力量在人民，只有深深植根于人民群众之中，才能获得取之不尽、用之不竭的力量源泉。我们党为什么能创造历史伟业？靠的就是人民的力量。“老百姓是天，老百姓是地。忘记了人民，脱离了人民，我们就会成为无源之水、无本之木，就会一事无成。”[②] “心系群众鱼得水，背离群众树断根。”[③] 我们党坚信人民是历史的创造者，是真正的英雄，是决定党和国家前途命运的根本力量。中国特色社会主义伟大事业的建设离不开中国人民的力量，有14亿多中国人民强大的凝聚力和爱国力量，我们才能实现中华民族伟大复兴的中国梦。

习近平总书记反复告诫，任何时候都不能忘了人民这个根，人民是我们党执政的最大底气，是我们共和国的坚实根基，是我们强党兴国的根本所在。革命战争年代，正是靠着深入群众、组织群众、依靠群众的法宝，中国共产党赢得了最终的胜利。我们党本身来自人民，只有跟人民形成合力，才能应对百年未有之大变局。当前，国际国内形势纷繁复杂，各种斗争越激烈，越要依靠人民。我们能否发扬光大群众路线这个法宝、用好人民战争这个利器，可以说是决胜的关键。坚持人民至上、紧紧依靠人民、不断造福人民、牢牢植根人民，这既是宝贵的经验，也是郑重的宣言。有了人民群众这个力量源泉、这个“铜墙铁壁”，我们党就拥有了愈战愈勇、战胜一切风险挑战的强大底

①《习近平在庆祝中国共产党成立100周年大会上的讲话》,《人民日报》2021年7月2日第2版。
②《习近平在纪念红军长征胜利80周年大会上的讲话》,《人民日报》2016年10月22日第2版。
③习近平:《之江新语》,浙江人民出版社2013年版,第267页。

气。只要我们党始终为人民执政、依靠人民执政，就能无往而不胜。我们要与人民心心相印，架起党与人民群众同舟共济、攻坚克难的连心桥，谱写党与人民群众同甘苦、共患难的同心曲，始终做到为了群众、相信群众、依靠群众、引领群众，把党的路线方针政策变成人民群众的自觉行动，创造新时代新的更大奇迹。

（二）渡江精神鞭策我们必须始终牢记初心使命永远做忠诚的人民服务员

不忘初心，方得始终。中国共产党人的初心和使命，就是为中国人民谋幸福，为中华民族谋复兴。这个初心和使命是激励中国共产党人不断前进的根本动力。中国共产党自成立之日起，就植根于人民、服务于大众，始终与最广大人民群众保持血肉联系，这是我们党的政治优势、光荣传统和优良作风，是我们党历百年风云，通过革命、建设、改革的伟大实践，自强不息，艰苦奋斗，带领人民实现从站起来、富起来到强起来，去实现中华民族伟大复兴中国梦的信念之光、力量之源。回顾党的历史，我们党始终坚守为中国人民谋幸福、为中华民族谋复兴的初心和使命。“我们党的百年历史，就是一部践行党的初心使命的历史，就是一部党与人民心连心、同呼吸、共命运的历史。”[①] 这是共产党人的政治本色和价值追求，从而赢得了人民衷心拥护和坚定支持。

无论时代如何发展，我们都要牢记自己是“人民的勤务员”，永远做忠诚的人民服务员。我们党自把“为人民服务”写进党章开始，党章中一直鲜明地把为人民服务确定为党的宗旨，并始终体现在党的全部工作中。从毛泽东同志提出和引导全党实践为人民服务，到习近平

①《习近平在党史学习教育动员大会上强调学党史悟思想办实事开新局以优异成绩迎接建党一百周年》，《人民日报》2021年2月21日第1版。

同志提出和引导全党实践“以人民为中心”的发展理念，中国共产党人坚守根本宗旨一以贯之，从根本上说，这是中国共产党历百年风霜而芳华依然的成功秘诀，党领导的千秋伟业胜利推进、愿景辉煌的根本原因。也正因为如此，党章将“坚持全心全意为人民服务”作为党的建设必须坚决实现的五项基本要求之一，强调党除了工人阶级和最广大人民群众的利益，没有自己特殊的利益。一切向前走，都不能忘记走过的路；走得再远、走到再光辉的未来，也不能忘记为什么出发。唯有不忘初心，方可告慰历史、告慰先辈，方可赢得民心、赢得时代，方可善作善成、一往无前。任何时候都要把为人民谋幸福放在第一位，任何情况下都要把人民放在心中最高位置。自觉站稳群众立场，矢志不渝践行党的全心全意为人民服务的宗旨，用实实在在的发展成果回报人民。

“人民对美好生活的向往，就是我们的奋斗目标。”[①] 这既是习近平总书记对全党同志的谆谆教导，也是党对全国人民的庄严承诺。坚持以人民为中心，始终不渝把实现好维护好发展好最广大人民的根本利益作为一切工作的出发点和落脚点。在新的历史起点上推进中国特色社会主义伟大事业，我们要牢记初心使命，永远保持共产党人的奋斗精神，永远保持对人民的赤子之心，自觉发扬为民服务孺子牛的精神，始终同人民想在一起、干在一起，风雨同舟、同甘共苦，不忘初心、不负民心，俯下身子为群众办事，靠真心、真情、真诚赢得群众支持，真正把群众拥护不拥护、赞成不赞成、高兴不高兴、答应不答应作为衡量一切工作得失的根本标准，做到群众关心什么、期盼什么，就紧抓什么、推进什么，把群众关心的事情作为工作重心，把一个个民生难点变成民生亮点，更好地满足广大群众对美好生活的新期

①《习近平：人民对美好生活的向往就是我们的奋斗目标》，新华网2012年11月15日。

待，切实让人民群众的获得感安全感幸福感更加充实、更有保障、更可持续，推动人的全面发展、全体人民共同富裕取得更为明显的实质性进展，继续为实现人民对美好生活的向往不懈努力，努力为党和人民争取更大光荣。不忘初心、牢记使命是我们党员干部的终身课题，必须常抓不懈。习近平总书记指出："让人民群众过上幸福生活，是我们党百年来的执着追求，我们要不忘初心、牢记使命，一代接着一代干。"我们党员干部要切实践行为民服务初心使命，必须冲在前、干在先，做人民的勤务员，在为民服务的担当实干中建功立业，用让人民群众满意的实际行动和实际成效诠释对党的忠诚和对人民的赤诚。

（三）渡江精神教育我们必须牢记党的坚强领导党中央的权威是最坚实的靠山

渡江战役的胜利，是中国共产党坚强领导的胜利。在这场规模空前的决定性战役中，中共中央审时度势正确处理了和平渡江与战斗渡江的关系，不为各种压力所屈服，不为各种干扰所迷惑，发出了"打过长江去、解放全中国"的号令，百万雄师在党中央统一指挥下，以将革命进行到底的坚定意志和英雄气概，强渡长江实施战略进攻，充分彰显了党的领导的中流砥柱作用。办好中国的事情，关键在党。没有共产党就没有新中国，没有共产党作为中国特色社会主义事业的坚强领导核心，就没有中国的现代化，中华民族复兴伟业就不可能实现。历史和现实都告诉我们，只要毫不动摇坚持和加强党的全面领导，不断增强党的政治领导力、思想引领力、群众组织力、社会号召力，永远保持党同人民群众的血肉联系，我们就一定能够形成强大合力，从容应对各种复杂局面和风险挑战。

中国共产党的坚强领导是社会主义事业兴旺发达的政治保证。毛泽东指出："中国共产党是全中国人民的领导核心。没有这样一个核心，社会主义事业就不能胜利。”习近平总书记强调：“中国共产党领导是中国特色社会主义最本质的特征，是中国特色社会主义制度的最大优势。”这些重要论述深刻阐明了党的坚强领导对社会主义事业发展的决定性作用。党的领导越是坚强有力，社会主义事业越能沿着正确方向稳步前行；社会主义事业越是兴旺发达，党的领导越是坚不可摧。要坚持和加强党的全面领导，以勇于自我革命的精神从严管党治党，当好中国人民和中华民族的主心骨，做到无愧历史选择，不负人民重托。前瞻未来，我们还会遇到不少急流险滩，甚至会遇到难以想象的惊涛骇浪。只有坚持和加强党的全面领导，将着力点放在把方向谋大局、定政策促改革、聚民心汇伟力、守底线防风险上，才能顺利完成党的历史使命，才能充分实现好、维护好、发展好最广大人民的根本利益。

越是在历史的关键时刻、转折关头，越要坚持中国共产党坚强领导，这是我们党战胜一切风险挑战的根本所在。我们必须牢记“风雨袭来时，党的坚强领导、党中央的权威是最坚实的靠山”[①]“党中央权威是危难时刻全党全国各族人民迎难而上的根本依靠”[②]。当今世界正经历百年未有之大变局，我国正处于实现中华民族伟大复兴关键时期，比任何时候都更加需要党中央集中统一领导，尤其需要一个稳定的具有强大凝聚力、号召力和动员力的领导核心。我们必须坚持党的全面领导，不断完善党的领导，不断提高党科学执政、民主执政、依法执政水平，充分发挥党总揽全局、协调各方的领导核心作用。我们要更加紧密地团结在以习近平同志为核心的党中央周围，坚持以习近

①《习近平在十九届中央纪委五次全会上发表重要讲话强调充分发挥全面从严治党引领保障作用 确保“十四五”时期目标任务落到实处》,《人民日报》2021年1月23日第1版。
②《中央经济工作会议在北京举行》,《人民日报》2020年12月19日第1版。

平新时代中国特色社会主义思想为指导，深刻领悟“两个确立”的决定性意义，增强“四个意识”、坚定“四个自信”、做到“两个维护”，不断提高政治判断力、政治领悟力、政治执行力，牢记“国之大者”，统筹把握世界百年未有之大变局和中华民族伟大复兴的战略全局，科学分析当前和今后一个时期错综复杂的国际环境带来的新矛盾新挑战，准确把握全面建成小康社会后，开启全面建设社会主义现代化国家新征程、实现中华民族伟大复兴提出的新任务新要求，锚定党中央擘画的宏伟蓝图，守正创新抓机遇，咬定青山不放松，锐意进取开新局，脚踏实地加油干，奋力谱写全面建设社会主义现代化国家崭新篇章。我们坚信，在全面建设社会主义现代化国家新的赶考之路上，只要始终不渝坚持党的全面领导、维护党中央权威和集中统一领导，不断增强党的政治领导力、思想引领力、群众组织力、社会号召力，就一定能集聚起守正创新、共克时艰的强大力量，战胜前进道路上的一切艰难险阻，不断创造中华民族新的历史辉煌！

淠史杭精神的基本内涵和时代价值

张　晔　苏明波　祝鸿霞

淠史杭工程是新中国成立后兴建的特大型水利工程。工程建设形成的淠史杭灌区，是全国3个特大型灌区之一，也是新中国成立后兴建的全国最大灌区。工程兴建于20世纪六七十年代国民经济严重困难的时期，是安徽人民在中国共产党的坚强领导下，自力更生、艰苦奋斗铸就的一座历史丰碑。淠史杭工程和同时期兴建的红旗渠一样被赞誉为“人工天河”“治水史诗”。在兴建淠史杭工程的伟大实践中孕育形成的淠史杭精神，是安徽革命精神的重要组成部分，是历久弥新、历久弥珍的宝贵精神财富。

一、淠史杭精神的形成和发展

淠史杭灌区位于安徽省中西部和河南省东南部，是淠河、史河、杭埠河3个互相联系的毗邻灌区的合称。淠史杭工程是新中国治淮工程衍生的重要成果。20世纪50年代，在毛主席“一定要把淮河修好”的伟大号召下，皖西大别山区先后兴建了佛子岭、梅山、响洪甸、磨子潭4座大型水库[①]。淠史杭灌区以这些大型山谷水库为源头，依托境

①20世纪50年代，治淮工程先后在安徽大别山区兴建了佛子岭、梅山、响洪甸、磨子潭4座山谷水库；1958年因杭埠河灌区建设开始兴建龙河口水库；21世纪初，为提高佛子岭水库防洪能力，又修建了白莲崖水库。这6座水库均位于皖西大别山区，总蓄水量达到70亿立方米。

内淠河、史河、杭埠河3条主要天然河流[①]，以淠河、史河总干渠和舒庐、杭北干渠为动脉，加上数以万计的灌溉渠系和上千座中小型水库，形成灌渠纵横交错、库塘星罗棋布，蓄、引、提相结合，库、渠、塘相连通的庞大工程体系。其工程难度之大、规模面积之广、兴建历时之长、动员民力之巨、惠及人口之多等世所罕见。

工程规模浩大。灌区1958年8月19日开工兴建，1972年主体工程基本建成，历时14年，累计投入4亿工日，平均日上工50万人，最高日上工80万人，完成了近6亿立方米的土方工程，形成了三大渠首、2.5万公里七级固定渠道、6万多座各类渠系建筑物、1200多座中小型水库、21万多座塘堰，“长藤结瓜”式的工程体系[②]。涉及范围广大。灌区东临巢湖之滨，南依大别山南麓，西跨河南固始，北到淮河之畔，沟通长江、淮河两大流域，流经安徽、河南两省4市17个县区，面积1.4万平方公里，设计灌溉面积1198万亩（其中安徽省1100万亩，河南省98万亩），实现了水资源的科学利用。经济效益巨大。淠史杭灌区是新中国成立后建成的亩均投资最低、灌溉面积最大、唯一跨省跨流域的特大型灌区[③]，创造了堪称“人间奇迹的治水史诗”，是“中国百年百项杰出土木工程”，被誉为“新中国水利建设史上一颗光辉灿烂的明珠”。[④] 刘伯承元帅曾为工程题词：“淠史杭是这一地区广

①淠河，古称白沙河，属淮河水系，发源于今安徽省岳西县和金寨县境内，全长253千米，流域面积约6000平方千米。史河，古称决水，发源于金寨县西南大别山区，全长220千米，流域面积近7000平方千米。杭埠河，古称龙舒水、南溪，发源于岳西县境大别山区，是长江水系巢湖的重要支流，全长为145千米，流域面积约3000平方千米。

②中共安徽省委组织部、中共安徽省委党史研究院：《红色安徽》，安徽人民出版社2021年版，第336页。

③安徽省地方志编纂委员会办公室：《安徽省志淠史杭灌区志》，方志出版社2020年版，第70页。

④中共六安市委党史和地方志研究室：《中国共产党安徽省六安历史第二卷（1949—1978）》，中共党史出版社2019年版，第209页。

大群众做出光芒万丈的基本建设，给予子孙的长远幸福和全国的雄伟示范。”①

（一）淠史杭精神植根于千百年来江淮地区治水的文化传统和新中国治理淮河的实践

历史上，长江、淮河流域自然灾害频发。地处江淮分水岭两侧的皖西、皖中地区，更是饱受水旱灾害的肆虐。这里丘陵岗冲相间，河洼遍地，无雨则旱，有雨则涝；这里位于南北气候过渡带，降雨量时空分布不均匀，极易造成“大雨大灾，小雨小灾，无雨旱灾”的后果。千百年来，皖西、皖中人民有水不能灌溉，有河反受其害，长期忍受旱涝灾害的煎熬，苦不堪言。据当地志书记载，1383年至1949年的566年间，这里发生水旱灾害达357次。皖西六安自1671年至1949年的278年间，平均5年一大旱。每逢大旱年份，“赤地千里，籽粒无收；担水千文，斗米千串”“饿殍枕藉”“人相食”，令人触目惊心。②

但是，深受磨难的皖西人民从未屈服、从未放弃过与水旱灾害的抗争，千百年来，在兴修水利、变水害为水利的道路上一路探索、一路艰辛、一路血汗、一路心酸，形成了不屈从于命运摆布、与天斗、与地斗的悠久历史文化传统。这里曾修建过芍陂（今安丰塘）、大业陂（今水门塘）、期思雩娄灌区、七门堰等水利灌溉工程，凝结着古代劳动人民的心血和汗水，一定程度上减轻了灾害带来的损失，促进了生产的发展，但几千年封建统治，战乱频仍，生灵涂炭，民不聊生，到新中国成立之初，这些古代水利工程历尽沧桑，破败不堪，难以抵御重大水旱灾害。因此，兴修水利、趋利避害成为皖西人民世世代代的

①傅敏、鲍云飞、王蔚：《人间天河淠史杭：淠史杭昔与今》，黄山书社2021年版，第141页。
②安徽省地方志编纂委员会办公室：《安徽省志·淠史杭灌区志（1958—2005）》，方志出版社2020年版，第14—16页。

夙愿和期盼，更是刚刚走上执政地位的中国共产党人的不懈追求。

新中国成立初期，在中国共产党的坚强领导下，在国内百废待兴，又面临抗美援朝巨大压力的形势下，国家将淮河作为新中国第一条进行全面系统治理的大河，将淮河治理纳入重要议事日程。1950年夏，淮河流域遭遇百年不遇的特大洪涝灾害。毛泽东在短短两个月内先后4次作出根治淮河的批示，发出“一定要把淮河修好”的伟大号召。周恩来亲自主持和指导淮河治理，提出了“蓄泄兼筹”的治淮方针。豫皖苏三省人民在党的领导下团结协作合力治理淮河。1954年至1958年第一次治淮高潮中，在大别山区淮河南岸支流的淠河、史河上，相继建成佛子岭、梅山、响洪甸、磨子潭4座大型水库。大别山区大型水库群的出现，不仅为淠河、史河、杭埠河流域消除了洪灾水患，为淮河流域减轻了防洪负担，也为后来淠史杭工程的兴建创造了条件。

由于修建大别山区大型水库最主要的功能是为淮河中下游拦蓄洪水，原规划设计的灌溉面积十分有限，淠史杭流域虽然消除了洪灾的隐患，却无法抵御雨量偏少年份的干旱灾害；流经淠、史、杭三河的水，大部分穿过地形低洼地带白白流走，江淮丘陵山岗高地的大片农田依然无法得到及时有效灌溉。如何让山区水库既能拦蓄洪水，又能计划调控、灌溉农田？如何让水资源得到充分合理利用，让治理淮河的成果得以延伸拓展？这是摆在广大水利工作者面前的一个严峻课题，由此开始了淠史杭工程的艰辛探索。

淠史杭工程规划是淮委、水利水电部门和六安专区多年调查研究、反复修改、科学决策的共同成果。1950年8月，淮河水利工程总局在《淠河流域整治开发意见》中提出在横排头筑坝引水，开发淠河灌区的方案。1952 年，六安专区编制了《淠右灌溉工程初步设计书》，后来正式编制《淠右工程规划》，灌溉面积从最初的108.9万亩扩大到551万亩。1956年，淮委编制的《淮河流域规划报告》制订引水到皖中跨流域灌溉的方案，大体勾画了淠河、史河两大灌区轮廓。1957年，水利部淮河水利委员会制定《巢、滁、皖流域规划》,提出兴建龙河口水库，建设杭埠河灌区。1958年至1960年，安徽省水利厅设计院和淠史杭工程指挥部先后编制完成《淠河航灌工程扩大初步设计》《史河航灌工程扩大初步设计》《杭埠河灌区扩大初步设计》（初稿），设计灌溉面积1218万亩。1963年，为贯彻“调整、巩固、充实、提高”方针，按照国家计委要求，安徽省水利厅勘测设计院和六安专区淠史杭工程指挥部共同编制三大灌区修正规划，将灌溉面积调整为1096万亩，其中淠河灌区660万亩、史河灌区285万亩、杭埠河灌区151万亩，最终形成了地跨江淮分水岭两侧、横贯皖西皖中的特大型灌区规划。

淠史杭工程是千百年来皖西人民治水工程的延续和拓展，由新中国治淮工程引发，是治淮工程衍生的重要成果和新中国水利事业的崭新篇章。淠史杭精神源自灌区人民长期以来改善生产生活条件、变水害为水利的强烈愿望和丰富实践，源自大别山老区人民英勇不屈的抗争精神和宝贵经验，源自中国共产党为了人民、团结人民、依靠人民、造福人民的初心使命。

（二）淠史杭精神锻造于淠史杭工程14载自力更生、艰苦奋斗的创业发展历程

1958年，皖西、皖中地区发生大范围严重干旱，广大干部群众心急如焚。此时正值国家号召兴修水利、治理淮河之际，安徽省委响应党中央号召，提出“三年实现淮北河网化、全省水利化”的目标，六安地委为推动水利灌溉工程建设，克服生产力水平较低、财力薄弱、

技术手段落后等种种困难，以巨大的勇气和决心，开始了淠史杭工程的筹备建设。

1958年5月30日，六安地委召开专门会议，研究兴建史淠灌区的机构和人员配备问题，决定成立领导小组，负责拟订开发方案。在得到省委第一书记曾希圣的支持后，7月15日，地委成立了六安专区史淠沟通航灌工程的指挥部、党委会、政治部，全面领导工程建设事项。地委领导还提出，六安地区的灌溉最好能搞自流灌溉，工程规划要与区乡河网结合，能发电的地方尽量运用发电。此后，肥西、六安等县纷纷建立航灌工程指挥部，广泛发动群众，掀起了建设灌溉工程的热潮。由于工程除一小部分在合肥市郊区、肥东县和定远县境内外，大部分位于六安专区境内①，省委决定由六安地委和专署组织施工机构和动员民工，肥东和定远县仅承担滁河干渠土方任务。1958年8月3日，省委在佛子岭水库召开会议，决定同意修建淠史杭灌区。

1958年8月19日，位于六安县境内的淠河灌区渠首横排头枢纽工程节制闸首先开工，标志着淠史杭工程建设拉开大幕。接着，史河灌区红石嘴渠首枢纽和杭埠河灌区龙河口水库枢纽，淠河、史河两条总干渠和9条干渠（沣西、沣东、汲东、淠东、瓦西、瓦东、滁河、杭淠、舒庐），以及蔡塘、张桥、众兴、管湾、魏老河、龙门寺、陶老坝、大井等中型反调节水库陆续开工。工程建设之初，六安专区和肥东、定远两县共出工约70万人，施工力量重点安排在两大渠首枢纽工程、龙河口水库及两条总干渠的土石方工程上。对于影响通水的深切岭和高填方工程，指挥部决定集中力量攻克难关。樊通桥、五里墩、

①今淠史杭灌区内的庐江县、肥西县、寿县当时都隶属六安专区。庐江县于1958年7月划归六安专区，1965年划归巢湖专区；肥西县于1958年9月划归合肥市，后于1961年划归六安专区；寿县于2015年底划归淮南市。

★1958年8月19日，淠史杭灌区工程总指挥赵子厚在横排头工地开挖第一锹土，拉开淠史杭灌区建设序幕

东河大郢、车王集、平岗、王店、白龙井、潘家楼、将军岭等20多处深切岭和高填方段，每处民工都在万人左右，多的四五万人。1959年5月，第一期工程完工，大部分民工回乡，留下5万多人在任务特别艰巨的十多处深切岭、高填方以及需常年施工的工地上。第二期工程于1959年冬至1960年春进行，最高上工80多万人，主要是继续进行渠首枢纽、总干渠、干渠、分干渠和水库等施工。专区指挥部还鼓励各县在已通水的干渠上多开挖支渠，增加灌溉面积。到1960年6月，第二期工程基本完成。1961年夏，淠河总干渠已通水到肥西看墙郢，灌区受益面积77万亩；史河总干渠全线通水，灌溉面积47万亩；龙河口水库东西大坝高达72米，灌溉面积37万亩。

从1962年起，淠史杭工程建设指挥部按照党中央关于国民经济“调整、巩固、充实、提高”的八字方针，在计划安排、力量使用、施工等方面进行调整、规范，又于1963年修正了淠史杭三大灌区的规划设计。1962年冬修季节，淠史杭工程又掀起了新一轮施工高潮，除续建淠河、史河两条总干渠，加固横排头渠首工程，续建淠东、瓦西、沣西、沣东、汲东、杭北等干渠外，潜南、淠杭两条干渠也先后开工建设；而且当年开挖当年就能通水受益，大大调动了广大干部群众建设淠史杭的积极性。在1962年冬以后的3年中，全区每年投入劳力20万至30万人。因灌区内肥西、庐江等4个县行政隶属关系和行政区域有所改变，淠史杭工程施工管理体制随之进行了调整。到1965年夏秋，淠史杭工程灌溉面积已达346万亩。

随着国民经济调整任务的基本完成，从1965年冬至1967年春，淠史杭工程又一次迎来建设高潮，1965年冬参加施工人数超过50万人。主要是按设计断面拓宽加深淠河、史河两条总干渠；停工缓建数年的龙河口水库于1965年10月复工续建；1965年滁河干渠复工；潜南干渠切开分水岭，分水岭以南渠段全线动工。从1966年起，舒庐干渠按规划的高线方案复工。1966年，两条总干渠除史河总干渠个别渠段外，均按设计断面完成。当年夏，淠河水经过将军岭送入董铺水库。

1966年11月，淠史杭工程已兴建至第九期，主要是续建淠河总干渠、大潜山干渠、瓦东干渠，同时兴建续建舒庐、滁河、史河等8条总干渠、干渠，以及杭北、瓦埠等分干渠和配套工程。龙河口水库、舒庐干渠、潜南干渠、瓦东干渠、滁河干渠等工程在极其困难的情况下全部建成，并逐段通水开始发挥效益。至1972年底，淠河、史河、杭埠河3个灌区内的总干渠、干渠、分干渠渠道土石方和主要控制建筑物、泄水建筑物工程基本完工，骨干工程及分干渠以上渠道基本建成通水，灌溉面积扩大到744万亩，标志着淠史杭工程基本建成。

淠史杭工程从1958年开工到1972年基本建成，历时14年。14年里，江淮儿女在经济极其困难、物资十分匮乏、技术设备简陋落后的条件下，肩挑手扛，以平均日上工50万人、最高日上工80万人、累计投入4亿工日的拼搏奋战，以平均每亩不足40元国家投资，完成了近6亿立方米的土方工程，连通了长江、淮河水系，实现了千万亩土地80%以上的自流灌溉，具有防洪、灌溉、城市供水、水力发电、水利旅游等综合利用功能，彻底结束了皖西、皖中等江淮丘陵地区十年九旱、滴水贵如油的苦难历史。14年的艰苦奋斗不仅造就了一项举世闻名的水利工程，也孕育形成了以“自力更生、顽强拼搏、牺牲奉献、科学求实”为基本内涵的淠史杭精神。

（三）淠史杭精神在新时期、新时代淠史杭配套续建工程中不断得到继承和发扬光大

淠史杭骨干工程建成后，配套续建任务仍相当艰巨。从1980年起，安徽省人民政府多次向国家报送灌区续建配套规划报告。1983年水电部正式批复将淠史杭灌区的续建配套工程列为重点项目。此后，淠史杭工程建设进入续建配套、节水改造、科学管理、改革创新的新阶段。

为了持续巩固扩大淠史杭工程建设成果，彻底改变江淮分水岭地区生产生活和生态条件，充分发挥淠史杭灌区防洪、灌溉、安全饮水、城镇供水、水力发电、航运、旅游、生态等综合功能，20世纪80年代，安徽省抢抓国家“六五”计划提出的建设商品粮基地的机遇，全面开启淠史杭配套续建工程。为了解决配套资金不足难题，安徽省积极申请世界银行贷款，开创了改革开放以来全国灌区和水利建设中率先引进外资的先例。自1986年至1992年，灌区共完成投资4.39亿

元，改善灌溉面积384.7万亩，新增灌溉面积94.4万亩。从1996年开始，淠史杭灌区又引进水利部大型灌区续建配套专项资金，进一步开展续建配套建设和节水改造。至2020年底，共完成投资30.10亿元，累计改造支渠以上渠道864公里，新建、加固或重建各类渠系建筑物4447座，修筑沿渠道路661公里。灌区有效灌溉面积达到1060万亩，基本满足当地工农业生产和城乡居民生活用水需求，成为功能完备、管理先进、运行良好、效益显著的现代化特大型灌区。

淠史杭工程建设和运行，发挥了巨大的经济和社会效益。首先是确保了区域内基本农田灌溉，为维护国家的粮食安全作出了重大贡献。60多年来，灌区累计灌溉引水1718亿立方米，灌溉农田4.86亿亩，累计增产粮食708亿公斤，抗旱减灾效益1400多亿元，昔日十年九旱的江淮分水岭地区成为年产百亿斤的“米粮仓”。其次是保障了区域内城镇供水，确保了城乡发展必需的水资源和居民的饮水安全。60多年来，灌区累计向区域内城镇供水85亿立方米，为六安、合肥约800万城市居民提供优质水源，年城市供水约6亿立方米，同时为区域内约536万农村人口饮水进行补给。[①] 最后是为大别山区发电提供了丰富的水力资源；为发展航运创造了基本条件；为发展水产养殖提供了良好基地；为发展生态旅游提供了得天独厚的优质资源；等等。

如今的淠史杭灌区，在安徽区域经济社会发展中越来越凸显重要的战略地位，释放出巨大的发展能量。灌区区域人口占安徽全省1/5，国土面积占1/10，粮食产量占1/5，区域内GDP占近1/3[②]。淠史杭灌区正日益成为江淮大地名副其实的“丰收之源、生命之源、发展之源、小康之源”。

①陈静、张艳、李卉:《淠史杭:改变江淮大地的“人造天河”》,《中国水利报》2020年12月5日。
②数据来源:安徽省水利厅。

2023年1月，水利部公布"人民治水·百年功绩"治水工程名单，集中展示中国共产党建党百年来在不同历史时期领导人民治水兴水的生动实践和伟大成就。淠史杭灌区和佛子岭水库、梅山水库，以及临淮岗洪水控制工程[①]，分别作为社会主义革命和建设时期、改革开放和社会主义现代化建设新时期的重要治水工程入选[②]。

二、淠史杭精神的基本内涵

丰碑永铸，精神永存。在兴建淠史杭工程的伟大实践中孕育形成的淠史杭精神，是淠史杭工程创造的宝贵精神财富。淠史杭精神诞生于热火朝天的社会主义革命和建设时期，具有鲜明的时代烙印；也植根于具有深厚文化传统和光荣革命传统的大别山老区，是伟大民族精神、伟大建党精神和大别山精神在江淮地区的传承延续和生动呈现。它既体现了伟大民族精神中团结奋斗、百折不挠的品格特质，伟大建党精神中中国共产党人践行初心、担当使命、英勇斗争、不负人民的政治特质，又蕴含着大别山老区人民敢于斗争、甘于奉献、勇于拼搏、顾全大局的精神特质，是皖西人民、安徽人民乃至大别山区人民共有的精神家园、永远的精神高地。

（一）自力更生的鲜明底色

自力更生体现为不等不靠、励精图治的艰苦奋斗。淠史杭工程建设之初，正值困难时期，没有纳入国家和省的建设计划，没有获得政

①临淮岗洪水控制工程，也称临淮岗水利枢纽工程，是国务院1991年确定的治淮19项骨干工程之一，也是国家"十五"计划的重点项目。工程位于淮河干流中游霍邱县和颍上县交界处的临淮岗，主体工程跨安徽省霍邱、颍上、阜南三县。2001年12月主体工程正式开工，2007年6月通过竣工验收并投入运行。工程的建成将淮河干流防洪标准由50年一遇提高到100年一遇。

②安徽省共入选6项水利工程，其中4项在皖西地区。

策和物资支持。工程施工所需人才、技术、物料全部依靠皖西地区党组织带领人民艰苦奋斗、千方百计自筹解决。

六安地委白手起家，建立起工程组织领导机构。1958年5月，地委决定兴建淠史杭工程。6月，开始筹建领导班子。7月，工程指挥部、党委会、政治部等领导机构和办事机构正式成立。六安地委第二书记兼行署专员赵子厚任工程指挥部党委书记兼指挥。指挥部及政治部科室一级负责人均从地委、行署调任。地、县两级指挥部为常设机构。具体工程项目的施工组织属临时机构。一般以生产队为单位成立水利连；大队、公社成立水利营、团；集中几个团施工的重点工程成立指挥所。指挥所的指挥基本上由各地县委副书记或常委一级干部担任。

指挥部党委首先想方设法，解决人才匮乏难题。淠史杭工程兴建需要大批技术人才，而指挥部初建时，仅有工程师7人、技术员20多人，整个六安专区只有一个53人的测量队[①]。指挥部请来专家，开展各级培训，建设者们喊出“没有技术自己学”的口号，边学边干，现学现用。来自淮委设计院、担任指挥部副指挥的吴琳和工务办公室副主任黄昌栋全面负责技术工作。规划、设计、机电、施工及工程管理的领导工作由其他5位工程师担任。在创建初期，灌区各县技术骨干基本都是只有中专学历的技术员。面对这种情况，专区、县纷纷办起短期培训班。特别是培训测量人员，按照当时的技术力量，完成工程基础测量任务至少得花4年时间，指挥部以点带面，先从每个公社选调2~3名知识青年参加短期强化培训，陆续培养出1500多名农民测量员。再由专业测量队员带班实地指导实践，合格后分到各工地，有效解决了测量队人员奇缺的大难题。这批经过培训的技术人员被称为

①中共安徽省委党史研究室:《中国共产党安徽省历史第二卷(1949—1978)》,中共党史出版社2014年版,第250页。

"农民技术员"，后来不少人成了实践经验丰富的"土专家"，为所在区、乡灌区配套建设作出了贡献。[①]

工程全面动工后，又面对建筑材料奇缺、生产工具简陋的难题，建设者们喊出"没有材料自己筹、没有工具自己造"的口号，把自力更生艰苦创业进行到底。当时，淠河、史河、杭埠河3区的渠首和20多座其他建筑物、20多处深切岭同时动工，最缺少炸药和水泥。工程指挥部决定以"土"代"洋"，没有威力大的洋炸药就用原始自制的土炸药。各地指挥部动员半劳力刮硝土，熬土硝，自制土炸药，形成了浩浩荡荡的制药大军。水泥紧缺，就在寿县八公山、霍邱四平等地自建了3个水泥厂，仅八公山水泥厂人数最多时达到4000多人[②]。烧结的水泥，再由各县组织群众用磨子磨、碾子碾、筛子筛，进行再加工。鉴于土法自产水泥标号低，性能不稳定，为保证工程质量，指挥部规定了水泥使用方法，待几年以后水泥供应较充裕，又再次加固。全区工地还办起了铁、木、竹加工厂2000多个，制造出各类生产工具94种60多万件，包括240台4吨至6吨启闭机，还发明创造了拉坡机和许多运土夯土的器具[③]。

自力更生离不开人民群众排山倒海的伟大力量。党的根基在人民、血脉在人民、力量在人民。淠史杭工程的兴建始终坚持为了人民、造福人民、动员人民、依靠人民，大大激发了人民群众创造美好生活的内生动力，汇聚起战天斗地、势不可当的磅礴力量。

①安徽省地方志编纂委员会办公室:《安徽省志·淠史杭灌区志(1958—2005)》,方志出版社2020年版,第62页。

②中共安徽省委组织部、中共安徽省委党史研究院:《红色安徽》,安徽人民出版社2021年版,第334页。

③中共六安市委宣传部、皖西日报社、安徽省淠史杭灌区管理总局:《情系淠史杭》,团结出版社2018年版,第58页。

淠史杭战斗的号角一吹响，皖西地区以公社为单位，近百万民工、干部和职工成立了近万个水利团和以黄继光、刘胡兰、穆桂英、铁姑娘等命名的6400多个突击队、战斗队，他们豪情满怀，自备口粮，自带工具，从四面八方会集到工地，而所谓的工地，就是人迹罕至的荒岗和河滩。没有住房，就地取材，用芦席和茅草搭起工棚，有的干脆用扬叉和木锹撑起被单，遮风挡雨。没有现代化运输工具，就用十字镐挖土、独轮车肩挑手抬。木料不足，群众就把准备盖房子的木头、门板甚至给老人预备的棺材都拆开捐献出来。粮食不够吃，人民群众就在工地上开辟粮源菜源，推广稻根磨面，吃地瓜干、红薯叶，即便是在三年严重经济困难时期，大家也勒紧裤腰带，忍饥挨饿，千方百计维持工程正常施工。

特别值得铭记的是，由于工程建设初期没有国家投入，专区财政也很困难，所需物资基本靠群众自筹。据统计，仅在1958年至1960年第一、二两个工期，群众自筹石料14.22万立方米、木材2.16万立方米、树材22万多棵、毛竹12万多根、圆竹65万公斤、旧钢铁437吨。[1] 截至1972年干渠基本建成通水，淠史杭工程总共投资5.92亿元，其中国家投资2.72亿元，群众（包括社队）投资3.2亿元[2]。从1958年到1988年，国家对淠史杭工程的投资为4.51亿元，而人民群众的劳务等投资达到4.36亿元，占总投资近一半[3]。淠史杭灌区能够成为新中国成立后建成的亩均投资最低、灌溉面积最大的灌区，与皖西广

①中共六安市委党史和地方志研究室：《中国共产党安徽省六安历史第二卷（1949—1978）》，中共党史出版社2019年版，第229页。

②安徽省地方志编纂委员会办公室：《安徽省志·淠史杭灌区志（1958—2005）》，方志出版社2020年版，第4页。

③中共六安市委党史和地方志研究室：《中国共产党安徽省六安历史第二卷（1949—1978）》，中共党史出版社2019年版，第229页。

大干部群众不等不靠、自筹物资、自筹劳务的巨大贡献密不可分。

1965年4月11日，《人民日报》曾专门为淠史杭工程发表社论《自力更生精神无往不胜——论安徽兴建淠史杭水利工程的宝贵经验》，社论指出：安徽江淮地区淠史杭大型水利工程，在兴建的过程中始终发扬自力更生的精神，这对其他大中型水利工程和各种大中型建设工程的建设者们，提供了一个值得学习的范例。[①]安徽日报社记者周军曾于1964年秋为淠史杭灌区工程专赴皖西采访，写了10篇散文发表于《安徽日报》。他在1965年3月3日的《真正的“驯龙英雄”——淠史杭书简之八》一文中感慨：“你可以感到，在我们时代的英雄谱中，最突出的名字，不是哪一个人，而是我们伟大的党，伟大的人民！”[②]

（二）顽强拼搏的优良作风

淠史杭工程施工难度之大、作业环境之险、兴建历时之久、要求标准之高，远远超出人们的预想，没有顽强拼搏的优良作风是不可想象的。

广大工程建设者不畏艰险，攻坚克难。淠史杭渠道总长2.5万多公里，光支渠以上的渠道就长达4728.9公里，而80%的渠道都在丘陵地带。如遇山岗高岭，必须把岭切开，以便让渠水顺利通过，这叫“切岭工程”；如遇沟壑洼地，就要填土筑堤，让渠水顺畅流淌，这叫“填方工程”；如遇自然河流，为了让自然河流和人工渠道各行其道，互不干扰，就要开挖建造地下涵洞，或凌空架设渡槽；为了保证水源充沛，还要建中小型水库、塘堰和各类渠系建筑……在淠史杭工程中，10米以上的深切岭98处，最长4公里，最深25.6米；10米以上高填方

①中共六安市委宣传部、皖西日报社、安徽省淠史杭灌区管理总局：《情系淠史杭》，团结出版社2018年版，第260页。

②周军：《真正的“驯龙英雄”——淠史杭书简之八》，《安徽日报》1965年3月3日。

48处，最高填土17米；渡槽1000余座，最长的将军山渡槽全长896米、距离地面27米；大小建筑物12万多座；中小型反调节水库1000多个。整个工程的土石方量6亿立方米，如围成1米高宽的长堤，可绕地球十多圈。

在淠史杭工程施工中，面对复杂多变的自然环境，广大建设者们迎难而上，毫不畏惧，逢山开路，遇水架桥。在1958年8月正式开工后，首先集中力量对樊通桥、五里墩、平岗等20多处最深的切岭、最高的填方工程进行攻坚。1959年夏，皖西大旱，六安地委决定突击挖通史、淠两条总干渠，提前引水灌溉。为了确保渠道畅通无阻，必须打赢五里墩切岭和平岗切岭两场硬仗。其中，五里墩切岭全长2750

★1959年，淠史杭灌区建设者在工地劳动

米，最大切深17米多，需开挖土方200多万立方米，由于切岭处土质坚硬，且运土距离都在300米开外，任务十分艰巨。工程技术人员先在土层最厚处实施爆破，然后由民工分为6个小组，连续日夜苦战，保障切岭工程顺利完成。如今的五里墩切岭渠道，流水奔腾，穿山越岭，飞虹而去，人们无法想象当年切岭施工的艰辛和汗水。

平岗切岭是霍邱县境内淠史杭工程中最深最长的切岭工程，被称作“最艰巨的钉子”。切岭全长约3000米、最大切深25.6米，需开挖土方276万立方米、石方67万立方米。[①] 霍邱县委、县政府在切岭处设立指挥所，动员全县力量日夜奋战，攻坚克难，最终成功引水过岗。灌区当年就开始发挥效益，引水灌溉六安、寿县、金寨、霍邱、舒城等地共计97万亩受旱农田，实现增产1.65亿斤。

广大党员干部敢打敢拼，一往无前。在淠史杭工程修建中，共产党员和领导干部是千千万万建设者中的先锋代表。霍邱县长邹立汉在领受平岗切岭工程任务时表态：“霍邱人民宁愿苦斗，不愿苦熬，任务再大再难，我们也要斗！”爆破能手冯克山立下军令状：“党指向哪里，就打到哪里，就是脱掉两层皮，掉上几斤肉，也要切开平岗岭。”为引水过岗，霍邱县各级领导干部和民工一起搬运土石，共同奋战在3.5公里的平岗岭上。城关团、马店团、叶集团等6个战斗团由共产党员带领，艰苦奋战8个多月，提前挖开平岗，疏通了史河总干渠，实现了“叫高山低头，要平岗让路”的目标。

龙河口水库大坝建设是淠史杭工程的重要组成部分，曾多次出现险情。1959年3月5日大坝施工时，因连降大雨，水位陡涨，施工难度加大。舒城县委动员县直机关70%的干部上工地，和紧急增派的青壮

①中共六安市委党史和地方志研究室：《中国共产党安徽省六安历史第二卷（1949—1978）》，中共党史出版社2019年版，第223页。

劳力8万人一起举行大会战，创造了“水涨一寸，坝高一尺”的赫赫战果。当年4月，东大坝合龙时，水流湍急，在水中木桩被冲断、抛下的土石麻袋被冲走、装土船只被冲翻的紧要关头，县长李屏亲自指挥，带领共产党员、共青团员，手拉手跳进半人多深的水里阻挡激流，终使大坝合龙。1960年2月13日，龙河口水库主坝合龙时，截流施工水大浪急，工地指挥部不得已采用“人墙截流”。决定传出，人人都要求参加“人墙队”。“刘胡兰战斗连”十多个姑娘向党宣誓：“只要人在，坝就在!”在气温零下的严寒天气里，几百名共产党员、共青团员结成数道“人墙”，大家手挽手、肩并肩，用血肉之躯屹立在冰冷的激流中，堵住了十多米宽的水道，一直坚持到大坝完成合龙。

在淠史杭工程建设中，多次临危不惧、亲赴一线，带领干部群众奋勇抢险的，还有被人们称赞为“革命斗士”的淠史杭工程总指挥赵子厚。他22岁加入中国共产党，在解放战争时期，随刘邓大军挺进大别山，担任过独山县副县长、寿县县长。1954年任六安专署专员兼专区治淮指挥部指挥，后又兼任中共六安地委第二书记。担任淠史杭工程总指挥后，赵子厚和工程技术人员一起徒步勘察地形，实地测量，走遍了皖西的山山水水，不知磨破了多少双家人为他特制的“厚底鞋”。他对灌区的河岗冲洼、一草一木了如指掌。整个工程建设期间，他没有节假日和休息日，吃住在工地，经常通宵达旦地工作。1991年6月，赵子厚病逝。人们感念他对淠史杭工程的贡献，将他安葬在淠河枢纽工程渠首附近，敬送挽联“干革命五十余载勤恳清廉鞠躬尽瘁；为人民半个世纪艰辛治水业绩永存”[1]。

广大人民群众团结一心，百折不挠。淠史杭工程是灌区十多个县

①陈军、程堂义、徐子健、王月婷:《赵子厚:一锹挖出一片沃土》,《合肥晚报》“重走淠史杭”大型系列报道(一),2012年。

区人民集体智慧和心血的结晶。淠史杭工程开工后，在安徽省委、六安地委、各县县委、人民公社各级党组织强有力的宣传动员下，皖西地区出现了全家老少齐上阵、左邻右舍竞上堤的热烈场面。六安、合肥、巢湖、滁州4个专市及河南、山东近百万干部群众，会聚成不可战胜的洪流，参加了这场改造山河的鏖战。淠史杭工程11条干渠全面铺开建设时，最高上工人数达80万。在淠河流域，合肥、长丰、肥东两县一市派来民工，支援肥西人民开发大潜山干渠和滁河干渠；在史河流域，河南固始县投入大批民工，援助金寨、霍邱两县人民重建红石嘴渠首工程滚水坝；在杭埠河流域，庐江县人民与舒城县人民联合开发舒庐干渠[①]。省委两次大规模动员民力支持淠史杭工程建设，1961年6月组织合肥市大专院校学生和工人7000多人参加开挖大潜山干渠，1966年大旱期间，又和合肥市委调集机关干部、学生、工人和部队官兵，到肥西县突击开挖将军岭切岭段渠道，当年淠河水送入董铺水库，实现了为合肥供水的目标。

淠史杭工程建设工期长、困难多、难度大，但广大人民群众团结一心，认定目标，百折不挠。1959年，工程开工第二年，全省出现严重经济困难。在任务艰巨、粮食匮乏、财力有限的巨大压力下，广大工程技术人员、解放军战士、高等院校师生和民工发扬革命乐观主义精神，日夜坚守奋战在工地，创造了许多奇迹。这一年夏季，本来一期工程已结束，大部分民工已回乡，但因全区发生严重旱情，地委决定再次发动全区干部群众抗旱保苗，并根据第一期工程完成情况，决定在史河和淠河两条总干渠的上段进行小断面引水。7月，全区又一次动员民工、机关干部、城镇居民14万人突击开挖渠道，有的地方甚至

①中共六安市委宣传部、皖西日报社、安徽省淠史杭灌区管理总局:《情系淠史杭》,团结出版社2018年版,第302页。

连夜开工。在大家团结一心、奋力拼搏下，淠河、史河两灌区当年引水灌溉田地97万亩，提前实现了经济效益，极大地增强了建设者们的决心和信心。1967年，工程建设又遭到“文化大革命”的严重影响，县级指挥部大部分名存实亡。但是，一些饱受旱灾煎熬的农民群众和基层干部眼看着渠水已快到家门口，都主动要求继续开挖渠道，部分县、社干部自愿站出来到工地参加劳动、组织生产。正因为如此，在特殊年代极其困难的环境中，淠史杭工程依然能够保证涵、闸、桥等建筑工地和重点渠段基本正常施工，并建成龙河口水库、舒庐干渠、瓦东干渠等工程。

幸福不会从天而降，美好生活源于拼搏奋斗。在淠史杭工程建设中，皖西广大党员干部和人民群众同心同德、步调一致，吃大苦、耐大劳，不畏艰险、百折不挠，经过14年的不懈奋斗，建成了盘绕丘陵山地2.5万公里的宏大水利工程，充分展现了安徽老区人民顽强拼搏的优良作风。

（三）牺牲奉献的伟大品格

牺牲奉献是老区人民最宝贵的精神品质。不论是革命战争年代，还是和平建设时期，皖西老区人民为了顾全大局、维护大局，始终勇于牺牲、甘于奉献，为中国人民解放事业和社会主义建设事业建立了彪炳史册的功勋。淠史杭工程建设中，牺牲奉献的精神品质再次熠熠生辉，书写了感天动地的壮丽篇章。

人民群众让出土地，奉献家园。淠史杭工程中修建的每一寸渠道，凿出的每一处涵洞，架起的每一座渡槽、桥梁，都离不开人民群众的大力支持和无私奉献。在工程施工的地方，使用耕地、搬迁房屋、迁移坟墓、挖压土地等工作畅通无阻。特别是移民搬迁，在世世代代居住的土地上，群众说搬就搬，全力支持，仅修建梅山、响洪甸两大水库，金寨县就移民10万多人，淹没良田10万多亩、经济林14万亩[1]。龙河口水库施工时，工地附近群众在没有任何补偿和报酬的情况下，自愿让出1800多间房屋给民工居住。有些生产队，渠道只是从他们那里穿过，自身并没有受益，但他们仍然自愿让出了大片的土地。特别是位于横排头上游的陶洪集，为了修建渠首，有1.8万亩土地被淹没，其中有1.4万亩是耕地，占整个陶洪集耕地面积的86.7%，当地群众没有向国家要一分钱。

据统计，为建设大别山区大型山谷水库、淠史杭工程和沿淮行蓄洪区，皖西革命老区总共淹没了50万亩耕地，搬迁了50万户居民[2]。皖西人民就是这样用自己的牺牲奉献，换来了江淮大地的江河安澜、丰收在望。

科技工作者呕心沥血、奉献生命。淠史杭工程设计之复杂，前无古人、后无来者，无经验可参考，无捷径可选择。当年，工程是边规划、边设计、边施工，负责规划设计的技术人员工作压力之大、任务之重远远超出常人想象。一大批科技工作者知重负重，呕心沥血，默默奉献。

工程技术负责人黄昌栋把他的全部智慧心血直至生命都奉献给了淠史杭工程。1958年7月，原淮委设计院主任工程师兼淮南组副组长黄昌栋，被调至淠史杭工程指挥部任工务办副主任，和工程副指挥兼工务办主任吴琳一起全面负责技术领导工作。黄昌栋和助手每天工作十多个小时。为了实地勘察地形，精准测量数据，他们经常翻山越

①黄常军：《淠史杭工程巨大效益及其精神价值》，《赤峰学院学报（汉文哲学社会科学版）》2019年第6期，第40页。

②中共安徽省委组织部、中共安徽省委党史研究院：《红色安徽》，安徽人民出版社2021年版，第335页。

岭、跋山涉水。回到工地后，还要通宵达旦地进行规划设计，白天又要和群众一起改良工具，或者帮助攻克施工难题。黄昌栋的足迹遍布灌区的每个角落，一串串数字、一个个地名，他随口就能报出来，人们都称他是“淠史杭的活地图”。

基于对淠史杭灌区地形地貌的全面了解和深刻把握，黄昌栋的很多规划设计方案科学严谨、富有远见，而且很有针对性和可操作性。比如，在1958年之前的建设规划中，有很多难度相对较低的渠系按照低线设计，但为了扩大灌溉面积，让更多群众受益，黄昌栋在充分调查研究基础上，力排众议，提出绝大多数干渠沿分水岭走高线的意见，最终被地委采纳。他还提出了放缓渠道比降、增加自流灌溉面积、节省投资的方法。在建设霍邱县境内的看花楼工程时，很多人提出抬高25米，建一个电灌站，但黄昌栋通过反复实地查勘，提出平岗切岭、改电力抽水灌溉为自流灌溉，最终为工程减少投资达数千万元，腾出良田数千亩。几十年来，他的很多规划设计都经受住了时间和实践检验，让灌区人民受益匪浅。

由于长时间超负荷工作，黄昌栋积劳成疾，到医院检查时被确诊是肠癌晚期。在生命的最后3个月里，他还时刻惦记着淠史杭工程，在病床上自己口述，让儿子记录，留下了对工程的40多条建设性修正意见。弥留之际，他让妻子把自己送到淠河总干渠工地上，再看一眼熟悉的一草一木，他饱含泪水深情地说：“河堤上的树都这么大了，可是我的工作还没有做完，我死后，就把我埋在岸边岗上，死了，我也要看看淠史杭，听听水流的声音。”[①] 1964年5月31日，黄昌栋的生命永远定格在42岁。

①陈军、程堂义、徐子健、王月婷：《黄昌栋:淠史杭的“活地图”》，《合肥晚报》“重走淠史杭”大型系列报道(一)，2012年。

工程建设者舍生忘死，无怨无悔。在淠史杭工程建设中，涌现出一大批勇于牺牲、甘于奉献的英模人物。他们在危急关头挺身而出，攻坚时刻冲锋在前，知难而进，迎难而上，青春和生命在牺牲奉献中闪光。

共产党员谢大勇数九寒天冰窟清淤。1958年冬天，龙河口水库建设初期，在东大坝坝脚清基过程中，因抽水管长期排出的大量淤沙未能及时清理，堵塞渠道不能排水，情况紧急，需要有人下水清淤。当时正值数九寒天，滴水成冰。谢大勇二话不说，砸碎浮冰，脱掉棉衣，一个猛子扎进冰水，奋力清除淤沙。上岸后贴身衣服冻得铁硬，腿上大片皮肤让冰块拉掉，谢大勇被指挥部赞为“钢骨铁人”。

舒城县原水电局副局长赵学信以身殉职。赵学信在工地上主要负责“定向爆破”前指挥清理现场工作。1960年3月15日清晨，司号员吹起准备放炮爆破的信号，当时警戒区还有不少新到工地的民工没有及时撤离。赵学信不顾个人安危冲进警戒区，指挥民工赶快转移。当确认所有人已撤离，他自己却延误了撤离时间，不幸被飞石击中，当场殉职，牺牲时年仅31岁。

水库发电厂厂长孙金发带病坚守岗位。孙金发是一位参加过抗美援朝战争的退伍军人，为保证工地用电和排涝，他一天也没有休息过。大家都不知道，他其实是一名右肾被切除、左肾正在溃烂、左半边肺丧失功能的伤残军人。龙河口水库大坝合龙前，他一直带病坚守岗位，后来平静地在家中与世长辞。母亲在整理他的遗物时，从破旧的箱子里发现了孙金发的《革命残废军人抚恤证》，人们这才知道了他的秘密。

曾参加过淠史杭工程建设的一位诗人在20世纪60年代后期故地重游，写下诗句：“十万民工战未休，填冲切岭绘鸿猷。辛劳冻饿经风雨，汗水赢来碧水流。”“举世闻名史淠杭，沿河千里稻花香。岸边多少忠魂骨，饮水思源慎勿忘。”[①] 舒城县委原书记史元生曾深情地说：“我们永远不会忘记为水库出过力、流过汗、献过策、给过支持的人民群众、科技工作者、广大干部和各级领导，更不会忘记为建设水库而牺牲的英灵们！”

（四）科学求实的一贯原则

淠史杭工程是重塑山河的壮举，科技含量很高，是科学求实的范例。历经半个多世纪的沧桑巨变，其规划的超前性、布局的系统性、设计的合理性、施工过程的科学性和巨大的经济、生态效益依然让人们震撼和叹为观止。刘伯承元帅曾为淠史杭工程题词“科学态度、革命精神”，正是对淠史杭精神“科学求实”原则的高度概括。

科学求实体现在规划设计的系统性合理性上。不谋万世者，不足谋一时；不谋全局者，不足谋一域。系统观念是马克思主义认识论和方法论的重要范畴。淠史杭工程是一个系统工程，自成体系，规划设计上坚持系统观念，运用系统论的科学方法，统筹规划，合理布局，稳步推进。

工程规划统筹考虑了江淮丘陵地形、地貌、水系、植被等自然因素的特点。皖西地形西南高、东北低，江淮分水岭贯穿其中，淮河水系自西南向东北、长江水系自西向东，分别形成自然倾斜坡度。灌区内6条主要河流，两河之间都有分水岭。在分水岭上修干渠，上有大别山水库群的充足水源，下有大量中小型水库和成千上万个塘坝作为反调节水库，体系完备，功能明确，利用自然坡度，顺利实现自流灌溉。

工程规划大胆采用了“长藤结瓜”式系统设计。“长藤结瓜”式是我国南方丘陵山区独有的一种灌溉工程系统。系统中，渠道如“藤”，

①万会林：《锦绣淠史杭》，安徽人民出版社2018年版，第78页。

水库塘堰如“瓜”，渠道纵横，库塘星罗棋布，再利用各种水利调节措施，源源不断引水灌溉。渠道设计上，按照灌溉面积大小，依次设计了总干渠、干渠、分干渠、支渠、分支渠、斗渠和农渠七级固定渠道，沟通了21万多个大小水库塘堰；为防止渠道过长水流消耗过多，又设计了900多座中小型反向调节水库；考虑到旱季水源应急补给，又在干渠下游建造39座补给站。淠史杭工程还将寿县安丰塘、霍邱水门塘、舒城七门堰等曾为地方经济社会发展发挥过重要作用的古老水利设施统筹纳入设计体系，经过修复改造提升，使其成为工程的有机组成部分。尤其是安丰塘，旧貌换新颜，成为灌区最大的反调节水库，在全灌区灌溉保证程度最高、灌溉效益最显著。

总体来看，淠史杭工程以大别山大型水库群为总依托，以横排头、红石嘴、龙河口三大渠首为控制枢纽，通过蓄水、引水、提水并举，水库、渠道、塘堰、电站和6万多座渠系建筑工程配套衔接，将水引入2.5万公里的渠道，不仅灌溉了千万亩农田，还发挥了供水、发电、航运等多重功能，实现了水资源的综合利用。淠史杭工程创造了在地形复杂的丘陵山区尊重自然、顺应自然，开展大型水利工程建设的典范。1986年，其总体规划设计获安徽省首届科技进步奖一等奖。

科学求实体现在不断优化布局、创新创造上。淠史杭开工建设的年代，物资匮乏，工具简陋，技术水平相对较低，施工过程中各种意想不到的困难和问题纷至沓来。广大工程建设者尊重科学、探索规律，优化设计、大胆突破，同时广泛开展技术革新运动，革新工具，创新方法，反复试验，优化施工工艺流程，不断破解施工难题。

工程建设者们大胆突破原有设计，争取最大效益。比如，提出并实施主要渠道沿分水岭走高线的突破性设计。为更好实现送水到皖中、皖东的目标，工程指挥部反复比较多种方案，果断决策，将淠河灌区渠首从原来六安城西的下龙爪提到上游的横排头，将史河灌区渠首从原来叶集附近的开顺提到红石嘴，同时，渠首、主要渠道沿分水岭走高线，大幅度提高了渠首和主要渠道的海拔位置。这一改动，一下子把设计灌溉面积扩大到近1200万亩。再如，提出并实施两河相会、各司其职、各行其道的“河上河”和“河下河”设计。全长896米的将军山渡槽，距地面27米，凌空飞架，穿过丰乐河道，将长江水系杭埠河的水送至淮河水系的淠河干渠，既能输水又能通航，实现了皖西的“南水北调”，被誉为“江淮屋脊上的长虹”；瓦西干渠由西向东延伸，在石集镇南与南北流向的天然河流交汇，建设者们采用3排长127.1米、内径1.5米、设计流量12立方米每秒、水位落差近18米的钢筋混凝土管道[①]，引干渠水从天然河道下穿过，形成了纵横两道，上下交错的“河下河”和灌区落差最大的“石集倒虹吸”奇观。工程师廖云五还设计了地下涵洞，采用拱形涵洞，几乎不用钢筋；为了节省水泥，工程师还把部分水闸闸基选在岩石上，有的泄水闸改为溢流坝等，处处显示了建设者们的创新创造和工匠精神。

工程建设者们因地制宜，创造了专攻切岭工程的有效办法。施工初期，铁锹挖不动坚硬的黄礓土，转业军人刘美三运用在部队学习的技术知识，利用木棒楔进黄礓土，几经试验，创造了专攻黄礓土的“劈土法”，极大地提高了工效。刘美三被誉为“劈土英雄”，被邀请到省内外水利工地上传经送宝，还光荣地参加了全国首届群英大会。针对岗岭下岩石层采用“劈土法”难以奏效的问题，建设者们又创造出了“洞室爆破法”，将火药集中装填于深洞四周预先挖掘的洞室中进行爆破，终于打开了坚硬的岩石岗岭。然而新的难题又出现了，爆破后产生的成千上万立方的碎石，需要尽快运到渠线以外，可高岗大岭，

①安徽省淠史杭灌区管理总局:《走进淠史杭》,中国水利水电出版社2006年版,第27页。

陡岸深渠，仅靠肩挑手抬既费时又费力。大家集思广益，发明了垂直运输土石方的工具“倒拉器”，还有履带式运输机、轨道滑车、风力绳索牵引机等省时省力的运送工具。在淠史杭工程工地上，建设者们充分发挥自己的聪明才智，创造发明随处可见，技术革新遍地开花。

科学求实体现在不迷信不盲从的务实作风上。在淠史杭工程兴建中，无论是指挥者，还是设计者，都始终秉持科学求实的态度，不迷信、不盲从，不唯上、不唯书、只唯实。在工程总体设计和施工路线图上，因所站的角度不同，掌握的资料各异，也常常发生争论，但争论双方均坚持实事求是原则，不夹杂个人感情。工程总指挥赵子厚和技术负责人黄昌栋就曾因淠河总干渠的渠道走向，发生多次争论。黄

★1958年，淠史杭灌区建设者发明运土的“倒拉器”

昌栋坚持渠线直走，认为省工省时省钱，赵子厚坚持傍岗走曲线，认为可以少占农田。类似争论发生了3次，黄昌栋还把赵子厚“告”到省水利厅3次。在水利厅领导的建议和协调下，针对双方的方案，深入开展调查研究，反复比较论证，并广泛听取群众意见，在尊重科学、尊重规律的前提下，双方最终达成一致。

科学求实的原则既是老一辈淠史杭工程建设者坚守的一贯原则，也是新一代淠史杭灌区建设者、管理者坚定不移的行为准则，淠史杭精神薪火相传。1978年，淠史杭工程经受了百年未遇的特大旱灾考验，国务院在批复水利电力部报告时，高度评价“淠史杭灌溉工程经过多次大旱考验，证明是经济效益好的工程”①。但当地政府和淠史杭工程管理者都清醒地认识到，经济困难年代兴建的淠史杭工程还存在着迫切需要解决的续建配套、除险加固和节水改造等问题。新一代建设者们继承了前辈们科学求实的优良传统和作风，数十年来锐意改革，开拓创新，在资金筹措上开创了引进外资、投资融资的先河；在技术上不断攻坚克难，推动新技术、新工艺、新材料的运用；在管理上持续改革创新体制机制，推动灌区高质量发展。2019年，淠史杭灌区被中国灌区协会授予“最具时代精神的魅力灌区”称号，2021年被评为第4批“国家水情教育基地”；2023年被水利部列入国家级红色基因水利风景区名录。

三、淠史杭精神的时代价值

淠史杭精神内涵丰富，底蕴深厚，是淠史杭工程留下的宝贵精神财富，是中国共产党精神谱系的重要组成部分，是推进革命老区振兴发展的

①傅敏、鲍云飞、王蔚：《人间天河淠史杭：淠史杭昔与今》，黄山书社2021年版，第146页。

强大动力。新时代新征程上，大力弘扬淠史杭精神，具有重要时代价值。

（一）淠史杭精神蕴含着共产党人践行初心、勇担使命的丰富营养，为新时代坚持以人民为中心的发展思想提供历史借鉴

中国共产党人的初心和使命，就是为中国人民谋幸福，为中华民族谋复兴。[①] 淠史杭工程最初动议兴建，源自人民群众变水害为水利的强烈期盼。不止一位淠史杭建设者说过：按照当时的经济状况、物质基础和技术条件，可以找出100条理由不干淠史杭。干，却只有一条理由，那就是群众太需要淠史杭了，为了满足群众的生产生活需要，没有别的选择。朴素的话语，见证了共产党人的初心使命。淠史杭工程从最初设计规划，到实际开工建设，始终把人民期盼、人民利益放在最高位置。皖西人民期盼着农田能够及时得到灌溉用水，免除干旱灾害，六安地委就提出利用水库尾水，发展农业灌溉，解决农业用水难题。皖中和皖东人民期盼着得到清洁的生活供水，省委急人民之所急，曾设想在佛子岭和响洪甸水库下游、东西淠河交汇处的两河口再建一座水库，引水供应合肥和皖东地区，但如果实施起来，霍山县城及其粮食主产区将被全部淹没，移民数万人，群众将付出巨大代价。六安地委在广泛征求意见后，研究提出了新的方案。在得到省委肯定后，地委决定在横排头筑坝蓄水提高水位，通过沟通史河、淠河、杭埠河增加输水量，从而达到输水皖中、发展灌溉的目的，也避免了再次大规模移民。从淠史杭工程的这些动议、决策过程来看，人民利益、人民意愿始终被放在首要位置。尽管当时公共财力不足，生产力水平较低，但安徽省委、六安地委以强烈的使命意识和责任担当，最大限度满足人民的需求、顺应群众的愿望，发动和依靠群众，

①习近平:《决胜全面建成小康社会夺取新时代中国特色社会主义伟大胜利——在中国共产党第十九次全国代表大会上的报告》,《求是》2017年第21期。

最终创造了人间奇迹，完美诠释了中国共产党“人民对美好生活的向往，就是我们的奋斗目标”的执政理念。

淠史杭工程是共产党人坚守初心、勇担使命的一座巍峨丰碑。为了人民、造福人民，为人民利益而不懈奋斗的价值追求，是淠史杭工程建设发展的不竭的原动力。新时代传承弘扬淠史杭精神，可以不断强化共产党人全心全意为人民服务的宗旨意识，不断强化以人民为中心的发展思想，不忘初心，牢记使命，始终把人民放在心中最高位置，不断满足人民群众对美好生活的新期待，在改革发展稳定中顺乎民意、集中民智、珍惜民力，让人民群众的获得感、幸福感和安全感更加充实、更有质量、更可持续。淠史杭精神带给我们最重要的历史借鉴是，党的根基在人民、血脉在人民、力量在人民，人民是党执政兴国的最大底气。只要我们始终坚持全心全意为人民服务的根本宗旨，始终牢记江山就是人民、人民就是江山，坚持一切为了人民、一

★灌区渠首——横排头水利枢纽工程

切依靠人民，坚持为人民执政、靠人民执政，坚持发展为了人民、发展依靠人民、发展成果由人民共享，坚定不移走全体人民共同富裕道路，就一定能够领导人民夺取中国特色社会主义新的更大胜利。

（二）淠史杭精神蕴含着自力更生、艰苦创业的丰富营养，为新时代新征程上自信自立、团结奋斗提供历史启示

淠史杭工程是新中国建设初期，中国共产党领导人民在旧中国的废墟上自力更生、艰苦创业，创造幸福美好生活的生动缩影，体现了新中国第一代建设者“有条件要上，没有条件创造条件也要上”的冲天干劲和勠力同心、攻坚克难、永不言弃的精神风貌。在淠史杭工程建设中，广大党员干部发挥了先锋和表率作用。从县级干部到生产队干部共有1.52万人加入工程建设，平均每40个民工就有1名干部。他们不讲条件、不计报酬，不仅与广大民工同吃、同住、同劳动、同学习、同商议，而且困难面前站得出来，危急时刻豁得出去，始终是工程建设的主心骨、先锋队。工程建设中，各基层党组织发挥了重要作用。无论任务多么繁重，环境多么艰苦，各党支部、团支部、妇委会一律建在一线工地上，定期召开会议，开展宣传动员、统一思想、征求意见、鼓舞斗志，上下贯通、执行有力，形成一个个特别能吃苦、特别能战斗的英雄集体。正是因为有了这一代人的自力更生、艰苦创业，才有了淠史杭工程改造山河的壮举，才有了以后一代代人共享淠史杭工程泽被江淮的荣光。

如今，中国共产党带领全国人民经过百年奋斗，全面建成小康社会，实现第一个百年奋斗目标，正意气风发地向着全面建设社会主义现代化国家、实现中华民族伟大复兴的第二个百年奋斗目标迈进。尽管我们比历史上任何时期都更接近、更有信心和能力实现中华民族伟大复兴的目标，但是中华民族伟大复兴绝不是轻轻松松、敲锣打鼓就

能实现的，前进道路上仍然存在可以预料和难以预料的各种风险挑战，新长征路上还有数不清的娄山关、腊子口等待我们去攻克。历史是最好的教科书。淠史杭精神深刻地启示我们，要永葆共产党人艰苦奋斗的革命本色，自信自立、团结奋斗，知重负重、勇毅前行，奋力开创属于我们这一代人的历史伟业。

（三）淠史杭精神蕴含着胸怀大局、拼搏奉献的丰富营养，为新时代革命老区乡村振兴、追梦圆梦提供精神动力

淠史杭工程以“为有牺牲多壮志，敢教日月换新天”的大无畏英雄气概，开山劈岭，跨壑填冲，“唤醒了沉睡的高山，让那河流改变了模样”，书写了新中国水利史上的崭新篇章；“宁愿苦斗，不愿苦熬”，14年拼搏奉献，改天换地，建成了变水害为水利的“人间天河”，昔日千里贫瘠之地变成了鱼米之乡，实现了皖西老区人民多年来温饱不愁、安居乐业的梦想。

如今，经过长期扶贫开发和脱贫攻坚，皖西老区和全国一道实现了全面小康，消除了绝对贫困，但和发达地区相比，在经济社会发展方面仍然存在差距，基础依然薄弱，乡村振兴的任务依然繁重。2021年初，国务院出台《关于新时代支持革命老区振兴发展的意见》后，安徽省政府办公厅专门印发了《关于新时代支持大别山革命老区振兴发展的实施意见》，提出保护利用红色资源，弘扬传承红色文化，为新时代革命老区振兴发展提供动力源泉。淠史杭精神是皖西红色文化的精彩篇章，蕴含着老区人民“胸怀大局、拼搏奉献”的红色基因，是取之不尽用之不竭的宝贵精神财富，可以进一步激发老区人民的奋斗热情，发扬革命传统，传承红色基因，在乡村振兴的道路上奋力拼搏，勇往直前。淠史杭工程展现了特殊的年代困难的环境下，安徽人民、皖西人民不认命、不服输、敢于战天斗地改造旧山河的英雄气

概。淠史杭工程昭示我们，“社会主义是拼出来、干出来、拿命换来的”，幸福不是上天恩赐的，是靠奋斗换来的，新时代革命老区振兴发展同样需要拼出来、干出来、奋斗出来，需要永远保持永不懈怠的精神状态和一往无前的奋斗姿态。因此，在新时代新征程上，淠史杭精神可以跨越时空，为革命老区的振兴发展注入强大动力。

（四）淠史杭精神蕴含着顺应自然、治水兴利的丰富营养，为新时代人水和谐、绿色发展提供历史经验

淠史杭工程顺应自然、尊重规律，治水兴利、重塑人水关系，逐步走上了绿色发展、人水和谐之路。经过60多年的发展提升和实践验证，淠史杭灌区成为世界上屈指可数的自流灌溉占比较高的灌区，节省了大量人力电力成本，并持续发挥巨大经济和社会效益。淠史杭工程铸就了“科学求实”的精神内涵，在科学发展、可持续发展、高质量发展方面积累了丰富经验。如今的淠史杭灌区，用水调度已从农业灌溉为主，逐步向农业灌溉、城镇供水、生态用水等多元需求转变；如今的淠史杭灌区，庞大的水利系统涵养改良了自然生态，塑造了山高水长、林草茂密的优美环境，使昔日十年九旱、赤地千里的江淮丘陵地区成为流水潺潺、宜居宜业的绿色生态福地。

新时代新征程上，随着生态文明建设的稳步推进，随着“绿水青山就是金山银山”的理念越来越深入人心，淠史杭灌区认真落实习近平生态文明思想和习近平总书记提出的“节水优先、空间均衡、系统治理、两手发力”的新时代治水方针，贯彻新发展理念，构筑新发展格局，走生态优先、绿色发展之路，推进高质量发展，更好承担起江淮防洪屏障、区域战略水源、国家高产粮仓等重要使命。在这样的新形势下，淠史杭精神中蕴含的尊重自然、顺应自然、人水和谐共生的理念和思路越来越受到重视，越来越成为推动革命老区绿色发展的重

★路通渠畅、水润良田的舒庐干渠

要历史经验。

今天的淠史杭灌区，山水风光秀丽，风景区遍布各地，因水灵动，因绿生色，丰富的绿色资源，蕴藏着极大的生态优势，正逐步实现山、水、茶、果、药、人的共生互融。曾经的贫瘠之地，已成为新时代生态文明建设的示范区域，淠史杭精神中蕴含的“科学求实”、人水和谐、绿色发展的理念不断凸显，绿色发展方式和生活方式蔚然成风。新时代的淠史杭，不断总结历史经验，传承科学求实精神，贯彻新时代治水方针,努力建设“节水、生态、智慧、共享、魅力”的现代化灌区，让优良生态环境成为最普惠的民生福祉，成为经济社会持续健康发展的有力支撑，成为展现现代化美好安徽形象的一张闪亮的绿色名片。

王家坝精神的基本内涵和时代价值

李宇涵　常晓燕

王家坝精神是安徽革命精神谱系中的一部分，是淮河沿线地区开展科学治水、抗洪抢险、脱贫攻坚和乡村振兴的重要精神动力。王家坝精神是以王家坝地区人民为代表的几代淮河儿女在治理淮河的过程中，在推进地区经济社会发展过程中所形成和体现的政治品格、价值取向、工作作风、道德风范的总和，在新时代具有重要价值。

一、王家坝精神形成的历史背景

王家坝位于安徽省阜南县南部，南邻淮河，与河南省的固始、淮滨两县隔河相望，处于淮河中上游分界处。为了抵御淮河大洪水，确保中下游人民生命财产安全，新中国大规模治淮建设开始后，专门在淮河中游开辟了蒙洼、城西湖等4处蓄洪区。1953年兴建的王家坝闸，就是蒙洼蓄洪区的进洪闸，被誉为“千里淮河第一闸”。当淮河王家坝水位达29米，且有继续上涨趋势时，将开启王家坝闸分洪，蓄洪区内人口将被迫转移，18万亩耕地将化为一片汪洋。多年来，王家坝人的无私奉献和牺牲，换来了整个淮河流域的安澜，铸就了伟大的“王家坝精神”。

回顾历史，王家坝精神的形成和发展离不开淮河水患的系统治理

★王家坝闸第16次开闸蓄洪

和抗洪救灾中的牺牲奉献。淮河流域地处我国东中部、南北气候过渡带，沃野千里、气候温和，是传统农业生产基地。历史上，这里经济富庶、文化灿烂，是中华文明的重要发祥地，古语有“走千走万不如淮河两岸”之说。然而，由于地处中原腹地，战略地位突出，淮河流域自古以来为兵家必争之地，加之宋代黄河夺淮入海，使这个繁荣富足的地方水灾频发、兵荒马乱，演变为我国历史上最多灾多难的区域之一。淮河安徽段属中游平原地区，坡度陡然减缓，千里淮河走出桐柏山，抵达豫皖两省三县交界处的王家坝，360公里的河道落差是174米；自此而下淮河河道长640公里，落差仅为22米。特殊的地貌，使得上游洪水一泻而下，而下游因为高水位的顶托则排泄不畅，极易造成洪涝灾害。

阜南县的蒙洼地区位于淮河中上游流域的结合部，历史上蒙洼地区水利条件优越，农业灌溉发达。在12世纪中叶以后，黄河几次大的“夺淮入海”抢占了淮河的入海口，大量的黄河泥沙淤积其中，使得淮河的各支流也因淮河河床的淤高而在河口附近形成众多的湖泊和洼地，蒙洼地区就是其中之一。1950年，按照毛主席“一定要把淮河修好”的伟大号召，以蓄泄兼筹为总方针的治淮工程全面展开。为了缓解上下游的压力，蒙洼地区成为治淮蓄洪的首选之地。王家坝闸，全称为淮河蒙洼蓄洪区王家坝进水闸，是淮河蒙洼行蓄洪区的主要控制工程，始建于1953年，2003年拆除重建。重建后的新闸共13孔，每孔净宽8米，设计流量为每秒1334～1626立方米。王家坝闸位于淮河中上游分界处左岸安徽省阜南县境内淮河蒙洼蓄洪工程入口，地处河南与安徽两省三县（固始县、淮滨县、阜南县）三河（淮河、洪河、白鹭河）交汇处，因闸建在阜南县王家坝镇而得名。

自建成至2020年，王家坝闸开闸蓄洪16次，从王家坝闸进水的183平方公里的蒙洼蓄洪区，担负起了舍己为人的责任。每当淮北大堤、能源基地、工矿城市以及京九、京沪交通大动脉受到洪水威胁之际，每当淮河抗洪进入最危急的时刻，以蒙洼为代表的沿淮行蓄洪区人民就会用一次次开闸蓄洪的壮举诠释“舍小家为大家”的伟大意义。蓄洪区内18万亩耕地反复沦为一片汪洋，给蒙洼人民带来巨大的物质财产损失。面对灾难，蒙洼人民选择默默承受和勇敢担当，在一次次的抗灾自救中，铸就了王家坝的精神丰碑。王家坝人的无畏牺牲和无私奉献，换来了整个淮河流域的安澜。同时，也得到了来自党、政府和社会各界的关怀。习近平、江泽民、胡锦涛、李克强、温家宝等党和国家领导人都曾亲临王家坝，看望当地群众，并对他们作出的巨大贡献给予高度赞扬。

2010年7月24日，时任中共中央政治局常委、国务院总理的温家宝来到王家坝闸，检查指导淮河防汛抗洪工作。在王家坝镇保庄圩，他赞誉王家坝人民在长期的抗洪斗争中形成了王家坝精神，指出王家坝精神是王家坝几代人努力奋斗积累的宝贵财富，是淮河儿女精神风貌的真实写照。温家宝总理将王家坝精神的内涵进行了高度概括，就是舍小家、为大家的顾全大局精神，就是不畏艰险、不怕困难的自强不息精神，就是军民团结、干群同心的同舟共济精神，就是尊重规律、综合防治的科学治水精神。

2020年是人民治淮事业70周年。入夏后，安徽长江、淮河、巢湖流域全面进入紧急防汛期。7月20日，王家坝闸在时隔13年后第16次开启蓄洪，19万多蒙洼人民再一次用行动诠释了王家坝精神，再一次用感动铸就了新时代王家坝精神丰碑。8月18日至21日，习近平总书记第二次考察安徽，第一站就来到阜南县王家坝闸，听取安徽省防汛工作及王家坝开闸分洪情况介绍，详细了解淮河治理历史和淮河流域防汛抗洪工作情况，强调要把治理淮河的经验总结好，认真谋划“十四五”时期淮河治理方案。随后，习近平来到附近的红亮箱包有限公司，了解阜南县开展就业扶贫和防止因灾致贫返贫情况，并察看车间生产线，同职工亲切交流。离开扶贫车间，他又来到蒙洼蓄洪区曹集镇利民村，沿着田埂走进农田深处，向正在劳作的乡亲们了解生产恢复情况。他指出，要因地制宜、抢种补种，尽量把灾害损失降到最低，争取秋季仍然取得好的收成。要根据蓄洪区特点安排群众生产生活，扬长避短，同时引导和鼓励乡亲们逐步搬离出去，确保蓄洪区人口不再增多。[1] 总书记的谆谆教导和殷殷关切之情为王家坝精神注入了新的时代内涵。

---

① 中共安徽省委党史研究院：《中国共产党安徽简史（1921—2021）》，中共党史出版社2021年版，第317–318页。

二、王家坝精神的基本内涵

党和国家十分重视淮河流域蓄洪区发展问题，一代又一代的沿淮人民为践行“一定要把淮河修好”的伟大号召和落实“提高抗御灾害能力”的时代要求，艰苦奋斗、无私奉献，用智慧和汗水谱写了王家坝精神的壮丽篇章。

（一）舍小家、为大家的精神

在中华民族的文化宝库中，与“舍”相关的表述有许多都体现着高尚。舍生取义如此,舍己救人如此，舍小家、为大家亦如此——为了别人或集体的利益,去舍弃自己,无疑是超越一般人性标准的无私。“我们生活的这块土地，注定就是要舍己为人的地方。”对于抗洪期间的开闸蓄洪，王家坝人愿意用这样的表述来解释背后的原因。[①] 不计得失、顾全大局，面对历史上16次开闸蓄洪，王家坝人民背起行囊搬到庄台，眼看家园一次次变成泽国却毫无怨言，为淮河两岸的安宁默默地扛下了所有。几代人的奉献和坚守谱写了蒙洼人民“舍小家、为大家”的王家坝精神。

根据国务院的《淮河洪水调度方案》，当王家坝闸淮河水位达保障水位29.3米，且有继续上涨趋势时，国家防汛抗旱总指挥部会根据淮河水情、雨情、工程等情况决定是否开启王家坝闸分洪。王家坝闸建于1953年，自建成以来，先后于1954年、1956年、1960年、1968年、1969年、1971年、1975年、1982年、1983年、1991年、2003年、2007年、2020年经历了16次开闸蓄洪。

① 中共安徽省委党史研究室:《红皖撷英》,安徽人民出版社2016年版,第205页。

★蓄洪前群众连夜转移

“亲历过开闸蓄洪的人,无不感到一种震撼!”曾经写作了长篇报告文学《中国王家坝》的本土作家张守志长期关注蒙洼蓄洪区的变迁,对蓄洪区人民的舍己为人高尚情怀赞赏有加。他于1985年和1991年两次在现场目睹开闸,洪水奔涌的隆隆声让人感到的是物理震撼,而家园被毁的舍弃,则给人心灵的震撼。[①] 王家坝人之所以能够一次次忍看家园被淹,是因为他们更加看重的是淮河流域更多人的生命财产安全。王家坝闸的开启由国家防汛抗旱总指挥部统一调度,对有效地削减淮河洪峰、减轻淮河中游防洪压力起到决定性作用。每次在洪峰到来的紧要关头,王家坝人民都坚决执行蓄洪命令,听从指挥,按时分洪,每次

① 李陈续:《中国有座“王家坝”》,《光明日报》2010年7月28日第1版。

都能够在很短的时间内安全有序地撤离。这种舍小家、为大家的崇高品格，是王家坝精神的核心，也是中华民族生生不息、薪火相传，不断发展壮大的精神支撑。

治淮模范李秀英。在新中国轰轰烈烈的治理淮河战斗中，一位青年女性成为家喻户晓的“名人”，她就是共产党员、来自颍上县新集的李秀英。1951年，李秀英作为全国特级治淮劳模出席全国政协会议，毛主席欣然为其签名。70多年过去了，这个签名已成为李秀英家的“传家宝”，激励全家人薪火相传接续奋斗。1926年，李秀英出生在颍上县城一个小手工业者家庭。[①] 1951年响应毛主席“一定要把淮河修好”的号召，参与治淮工程建设。她不但自己去，还带领全村26名妇女一起去，并组成“女子突击队”，一条扁担一只筐，和男民工比着干。为了保证润河闸的工程质量，浇灌混凝土使用的黄沙和石子不能掺有任何杂质，李秀英的女子突击队主动承揽了全部淘洗沙石的任务。“这么粗的竹杠子，我一天压断了4根，直到累倒在工地，都没有请一天假。”李秀英回忆起1950年初在颍上县润河集分水闸工程工地上的经历，至今记忆犹新。刚开春，她和几个工友赤脚站在冰冷的河水里淘沙子，冰块从脚面上流过去，晚上回到工棚，两条腿都没有知觉。因为治淮，李秀英的家庭生活充满了传奇，她治淮中的片段在《一定要把淮河修好》纪录片中反复出现，正是这部影片让她与走散了近10年、当时正在部队服役的丈夫冯学永得以团聚。[②] 她和两位工友的合影还登上了《人民画报》和《治淮工农》（创刊号）封面。1951年底，她作为农业劳动模范代表到北京参加全国政协会议，受到了毛泽东、周恩来等党和国家领导人的接见。在李秀英的身上，能看到她舍

① 尚原野、王彪:《李秀英:毛主席给我签过名》,《阜阳日报》2021年7月1日第T23版。
② 资料来源王家坝抗洪纪念馆。

小家、为大家乐观向上的精神和不辱使命甘于奉献的思想境界，能看到她对党和人民事业的无限忠诚和大无畏的革命英雄主义气概。

王家坝闸建设者唐立全。新中国刚成立后，百废待兴，治淮工程资金和物资严重缺乏，水文资料不全，技术和施工力量都很薄弱。时任阜南县县长、王家坝闸工程指挥部总指挥的唐立全绝大部分时间都和广大干部民工、工程技术人员吃住在一起。为了确保工程质量，唐立全经常亲自带技术人员深入各个工段了解工程进度、工程质量和存在问题，现场办公，及时解决、处理问题。他对整个工程质量要求特别严格，他说："治淮是造福于人民的国家大计，如果不能保证质量，上对不起国家，下对不起人民，也对不起我们做人应有的良心。"为了工程建设，他没有时间在家陪伴刚生下孩子的妻子。一个多月后，唐立全才知道他儿子夭折的消息……[①]

刘克义，王家坝镇李郢村邢郢3组的一名中共党员。生于1935年的刘老很有名气，在王家坝只要提起"淮河老人"，没有不认识他的。这个雅号饱含着老人和淮河一样的沧桑，他是土生土长的王家坝人，经历了淮河洪水一次又一次的肆虐。每次王家坝闸开闸泄洪，这位被温家宝总理称为"淮河老人"的刘克义，深明大义，主动劝说家人，带头拆迁，为大家带了个好头。[②] 他一生共搬了7次家，但他不愿意远离故土，这片生育养育他的热土曾经给他带来一次又一次的希望。刘老很幸运，他在10年内4次受到了温家宝总理的接见，每一次温总理向他征求关于解决灾区人民生活困难的意见，后来都被列入了国家民生工程。刘老很热心公益，每一次架桥修路、捐款献物、执行国家政策，他都起到模范带头作用。他乐于助人，每逢邻里纠纷，群众有困

①《淮河蒙洼变奏曲》,《颍州晚报》2021年8月17日第4版。

② 张晓玲:《安澜之乡》,《阜阳日报》2019年1月5日第A3版。

难，他都热心帮助。

我们总会惊异于土地及其之上的人民，拥有无比顽强的生命力，尤其是在王家坝。2020年7月20日，王家坝闸第16次开闸蓄洪。滔滔洪水中，王家坝精神再次得以印证，也被赋予新的内涵。洪水见证了蒙洼人的自强不息，几乎听不到一句抱怨，偶尔还从田间传来阵阵欢歌。蒙洼种养殖大户任超令在3年前投下的鱼苗已经长成了全镇“最肥最大的”。蓄洪后，所有心血都被洪水卷走，损失高达百万元。夕阳下，这个皖北汉子望着水面，只说了一句“接着干！”在蒙洼，悲壮总与希望同在。草莓棚里，张云何灾后补种的草莓，将为他带来10多万元的收入；张配燕一针一线缝着笔袋，她的手要再快些，多给孩子挣点零食钱；杨春明计划做一个大床板，给快要回家的儿子儿媳用，从七尺一间的小破屋搬进宽敞明亮的安置房，阳光从此大大方方地照了进来。还有王今桂，习近平总书记到过他家，他“手舞足蹈”地回忆起总书记来到家里做客的场景，难掩激动。去年蓄洪后，王今桂的4亩芝麻地每亩得到了1300元补偿，后来补种的萝卜又卖了好价钱。春节前，“老王农庄”悄悄挂牌，他预备着新年里闹个“大动静”。“感恩党！”说这话时，王今桂的眼里洋溢着动人的光。是党的好政策，也只有党的好政策，能帮他拔掉穷根，重拾希望。①

“沧海横流方显英雄本色。”每当淮北大堤、能源基地、工矿城市以及京九、京沪交通大动脉受到洪水威胁之际，每当淮河抗洪进入最危急的时刻，无数个像刘克义这样的先人后已助人为乐的王家坝人用一次次开闸蓄洪的壮举诠释“舍小家为大家、舍局部顾全局”的伟大意义。王家坝闸13个年份16次开闸蓄洪，蓄洪区内18万亩耕地反复沦为一片汪洋，牺牲奉献的不仅仅是有形财产，更有王家坝人走上富

① 丁一鸣、常河：《王家坝，冲不垮的丰碑》，《光明日报》2021年2月27日第4版。

裕之路的梦想，但是他们却用自己博大的胸怀在滚滚洪水中筑起了一座坚不可摧的精神堤坝。正如温家宝总理所言，王家坝精神是王家坝几代人努力奋斗积累的宝贵财富，是淮河儿女精神风貌的真实写照，更是社会主义核心价值观在当代中国农村的生动体现。

（二）不畏艰难、自强不息的精神

谁不热爱自己的家园？谁不珍惜自己辛勤劳动的成果？在洪涝灾害面前，王家坝人无所畏惧，一次次作出巨大牺牲，灾后又立即振作起来，开展生产自救，顽强奋斗，重建家园。

人民的好公仆沈恩久。他是阜南县郜台乡桂庙人，1952年6月参加工作，次年3月加入中国共产党。对于蒙洼蓄洪区来说，洪水的出现屡见不鲜，在每次抗洪抢险中，沈恩久总是身先士卒，战斗在最危险的地方。1982年7月中旬，阜南县遭受特大洪涝灾害，县政府动员全县人民抗洪抢险。时任阜南县郜台公社党委副书记、公社管委会主任的沈恩久不顾身患重病，坚决请求去最险堤段——刘曹段担任护堤抢险任务，他向公社党委保证“人在堤在”。7月24日凌晨3时半，突然发现河堤内侧出现大漏洞，喷出的水柱高达2米多，沈恩久大吼一声：“快去堤外找洞口!”便领头查摸洞口，组织人员堵塞。查险途中，沈恩久连连跌倒，昏了过去，众人将他扶上堤，在昏迷中，沈恩久还断断续续发问：“洞堵上没有？”并叫人速向上级报告。当他听到人们说“洞堵住了”，便颤颤巍巍地连说：“好……好……”终因心力交瘁，以身殉职，倒在了抗洪抢险第一线，年仅49岁。沈恩久牺牲后，中共安徽省委、省人民政府授予他“优秀共产党员、人民的好干部”光荣称号，并追认他为革命烈士，号召全省人民向他学习。他用生命捍卫了他的“人在大堤在”的誓言，践行了一个共产党员的初心和使命。

优秀基层干部郭西魁。他是原阜南县曹集大区区委书记，1955年入党，1956年正式转干，一直都在蓄洪区工作。1991年的蓄洪持续时间长，从6月份一直到10月份，曹集区13万人口和2万多头牲畜没有发生一起非正常死亡事件。这在当时是从未有过的奇迹！鉴于郭西魁在这次抗洪救险中的突出贡献，1991年9月，他被安徽省总工会授予“抗灾救灾先进个人”称号和“五一劳动奖章”。同年10月，中华全国总工会授予他“抗灾救灾先进个人”称号和“五一劳动奖章”，他的先进事迹被收录到《中华创业功臣大典》。

王家坝人自有一种积极乐观的态度，面对痛苦，不折不弯，面对灾难，坚韧不屈。面对困难，不等不靠。无情的洪水并没有击垮王家坝人的意志，他们艰苦奋斗，努力创造，生产自救，谋求发展。水退人进，人进田绿，自强不息，不留一分白茬地。每遇抗洪，阜南县的机关干部都会到蒙洼蓄洪区里包村包点。一位包村干部曾回忆说：“记得有一年蓄洪后,一些地块被水淹了6次，群众就补种了7次。”与此同时，大力发展柳编、板鸭、蔬菜等特色产业。阜南柳编，历史悠久，杞柳种植可上溯千年，编织技艺有500多年历史，经过一代代人传承创新，形成了绚丽多彩的柳木文化产业。在县委、县政府的大力支持下，黄岗镇建成柳木文化产业园区，截至2020年，共入驻柳编企业57家，形成了百亿规模的产业集群，并获得多项专利及荣誉，走出了品牌发展之路，更是成了蓄洪区群众的“摇钱树”。2014年，“80后”姑娘刘晓妮辞去了银行职员工作，来到阜南县部台乡参与当地的扶贫工作。走村串户过程中，她发现家家户户用沿淮生长的杞柳编筐打篓，但只能用来养家糊口。在刘晓妮等扶贫干部的帮助下，村民们扩大生产，把柳编做成工艺品，卖向全国各地甚至远渡重洋，一个个小家业连成大产业 。如今，以蓄洪区群众为主要生产者的上万种柳编

★柳编工艺品远销海外，并成为带动蒙洼脱贫致富的第一产业

产品，远销北美、西欧、东亚、东南亚等60多个国家和地区,使阜南成为名副其实的“中国柳编之都”。

发展适应性现代农业是行蓄洪区群众减灾增收、实现脱贫的根本途径。位于蒙洼行蓄洪区内的阜南县老观乡，昔日易受洪涝灾害的耕地上不见了小麦，如今改成了水生作物。蓄洪区干部群众认定：“把劣势变成优势、把水患变成水利，需要我们调整思路，发展适应性农业。”老观乡耕地4.34万亩，已发展适应性农业1.5万亩，包括莲藕5000亩、芡实5000亩、龙虾3000亩和其他经济作物2100亩，加上流转的1万余亩土地，全乡过半数土地告别了传统种植模式。在康湖村芡实种植基地，连片5000亩芡实，每亩产量500斤左右，市场上品质最高的销售价格可达70元/斤，平均20元/斤，效益十分可观。从一下雨就要排涝、亩收不过几百元的小麦，到喜水耐水、效益翻了几番的经济作物，老观乡的农业发展开创了一片新天地。适应性农业的发展，给蓄洪区农民带来了多渠道增收的机会，最明显的是，很多年老体弱、无法外出的农民在家门口就有了收入。

2015年以来，阜南县出台《关于鼓励支持以莲藕为主的水生蔬菜发展意见》《关于支持蒙洪洼地区发展适应性农业的意见》《关于支持番鸭产业发展的实施意见》等振兴产业发展的政策文件，树立“搬出来的人比庄台上的人生活得好、留居庄台上的人比过去生活得好”的理念，从护生态、强扶持、兴产业、建项目、保民生方面，全面发力保障搬迁百姓安居乐业。在蒙洼蓄洪区流转土地12万亩，发展莲藕、芡实等水生蔬菜，亩均收益达4000元以上，农户收益达3000万元左右。发展适应性林业，利用蒙（洪）洼分洪道10万亩低洼地和10万亩坡洼地、滩涂地种植杞柳、牧草，蒙洼蓄洪区四个乡镇及周边张寨、黄岗、中岗三个乡镇柳木企业达156家，产值30亿元，带动从业人员10.2万人。在蒙洼蓄洪区扶持水禽养殖项目，发展水禽700万只，年产值达4亿元，解决蓄洪区剩余劳动力就业6000个；发展光伏发电项目，蒙（洪）洼地区光伏扶贫受益群众15626户，贫困村年均增收5.5万元，户均收益4000多元。

既要蓄洪，又要脱贫，还要发展，蒙洼人民如何破解困局、谋求振兴？蒙洼蓄洪区的水电路“三网”建设是防灾减灾、补短板、挖穷根、惠民生的民心工程、根基工程。为此，阜南县最大限度争取政策项目倾斜，完善蒙洼蓄洪区水利、迁建工程等基础设施建设。2015年以来，蒙洼地区农电网改造投入7.39亿元，新扩建变电站10座，建改变压器1290台；完成水利基础建设投资8.04亿元，沟塘清淤724口，庄台增绿20万平方米，包括新建改扩建农村饮用水安全工程14座；投资15亿元建设蒙（洪）洼路网项目957公里， 硬化、亮化、绿化、美化、净化“五化”整治投资6亿元，惠及19万多人。实施的小菜园、小果园、小花园、小竹园等“四小园”建设成果通过验收；实施安全建设工程，2018年至2021年四年总投资约60亿元，实施居民迁建14683户、55084人。根据行蓄洪区留居人口多少优化布局中小学，搬迁子女可以就近入学；推进乡镇卫生院、村卫生室改造升级；统筹考虑蓄洪区外安置搬迁户就业和子女就学问题，组织定向招工。

庄台，是蓄洪区特有的景观，是沿淮行蓄洪区的一种特殊防洪工程，它是行蓄洪区群众通过人工垒起台基，或者以天然形成的高地为基座，用泥土垒筑高台，再将村庄建于其上的防洪工程。它就如倒扣在地上的脸盆，盆口朝下。当洪涝灾害发生时，老百姓就住在凸出的盆底上面，洪水从四周流过，人们则安然无恙。从20世纪50年代至今，蓄洪区内已建成136个庄台，经过多次改进，庄台已从躲避水患的“安身老庄台”“蝶变”成了新时代宜居的新家园。[①]

可是，4年多前，“泥巴凳，泥巴墙，除了泥巴没家当”，说的是庄台经济发展严重滞后；“巷不过三尺，抬头一线天”，反映的是庄台生活居住的窘迫；“人均二十平，抬头一线天，污水靠蒸发，垃圾靠风刮”，道出了庄台群众卫生环境差的状况。根据《蓄滞洪区设计规范》，庄台人均居住面积为50平方米，而蒙洼蓄洪区内现有131座安全庄台的人均实际居住面积仅为22平方米，人均居住面积小于50平方米标准的庄台有117座。由于蒙洼蓄洪区人口密度大，平均1081人/平方公里，庄台面积狭窄，台顶居住拥挤，导致居民房屋越盖越高，超出庄台的安置容量。加之湖心庄台的配套公共基础设施，如连堤防洪撤退路和泵站涵闸技改项目尚未完成，且保庄圩居民迁建工程土地人口承载力有限，蓄洪区内“人地”矛盾很突出。

---

① 胡旭、王恺:《蒙洼巨变》,《安徽日报》2018年12月21日第5版。

在王家坝镇，一共有29个这样的庄台。现年70岁的郎健，在郎楼庄台居住多年，欣喜于庄台近年来的变化，也难以忘记曾经的不便：“以前住得太挤了，家家户户屋挨着屋、门对着门，白天连阳光都照不到，污水横流，垃圾满地。现在不仅通了水泥路、自来水，还建起了小广场、停车场、卫生公厕，我们蒙洼各个庄台现在已经建设得非常好了，我想将来必定更加美好，我们的日子将来会更幸福。”

郎健所说的变化，从2018年元月开始。在阜南县委、县政府领导下，王家坝镇党委以脱贫攻坚为统领，以改善庄台环境为突破口，加快打造宜居生态庄台。到2021年，全镇111个村民组29个庄台实施了“硬化、亮化、绿化、净化、美化”工程，户与庄台及村镇互通柏油路或水泥路，庄台都建有文化广场和停车场，8个村居都建有农家书屋和残疾人康复室，镇村和庄台及户都铺设了污水管网，双基建设日臻完善。庄台还配备了保洁员，定期开展“星级文明户”和“王家坝好人”评选，创建善美、向上、纯朴、清洁、文明良好的乡风，大大提升了文明创建和依法治理的水平。为了克服疫情灾情的影响，稳定贫困群众收入，建立了“三类户”重点监测帮扶防贫返贫致贫机制，成立了服务队，解决返岗就业122人，开发长期公益岗位92人、临时公益岗位608人，做到了问题整改、复工复产、农产品滞销全部“清零”。

2020年夏季，淮河流域再次遭受洪灾。8月，习近平总书记在蒙洼蓄洪区曹集镇利民村西田坡庄台考察调研时指出，要因地制宜、抢种补种，尽量把灾害损失降到最低，争取秋季仍然取得好的收成。要根据蓄洪区特点安排群众生产生活，扬长避短，同时引导和鼓励乡亲们逐步搬离出去，确保蓄洪区人口不再增多。[①] 王家坝人民牢记总书

①《习近平在安徽考察时强调：坚持改革开放坚持高质量发展 在加快建设美好安徽上取得新的更大进展》，《人民日报》2020年8月22日第1版。

记嘱托，广泛开展生产救灾，着力推行“夏季作物早秋补、粮食作物蔬菜补、牲畜损失家禽补、产业损失就业补”四补稳收入措施，使群众收入不降反增，贫困户年人均纯收入都在6020元以上。按照脱贫攻坚决战决胜阶段的目标要求，王家坝镇党委凝聚一切力量、采取一切措施，合力攻坚，高质量完成了郎湾、王家坝、和谐3个贫困村出列和全镇1524户5920人脱贫，实现了脱贫奔小康路上一人不落的目标。2021年2月25日，全国脱贫攻坚总结表彰大会上，中共王家坝镇委员会荣获“全国脱贫攻坚先进集体”荣誉称号。

（三）军民团结、风雨同舟的精神

中华民族向来就有一方有难、八方支援的优良传统。王家坝人的牺牲奉献，换来的不仅是他人的敬重和赞叹，更有社会各界的倾情帮助和支持。王家坝开闸蓄洪时，中共中央、国务院，各级党委、政府以及社会各界对于王家坝人的壮举给予了高度关注和重视，提供了全方位的帮助与支持。党和政府周密部署，各级领导靠前指挥；党员干部主动到抗洪一线，成立临时党支部，哪里汛情、险情、灾情最重，哪里最困难最艰苦，哪里人民最需要，哪里就有鲜红的党旗在飘扬，各级党组织是抗洪抢险斗争的中流砥柱和坚强基石；人民子弟兵冲锋陷阵，视灾情如命令，充分发挥突击队作用，用鲜血和汗水筑起了一道道坚不可摧的钢铁长城；社会各界捐款捐物，一批批体现各地人民深情的资金和物资源源不断地送到王家坝灾区，使王家坝人民感到了社会主义大家庭的温暖，激励着他们战胜洪灾、重建家园的信念信心。

压不垮的钢铁战士部登福。1991年淮河流域突发洪涝灾害，在一次夜间大规模转移群众途中，身为曹集湾区派出所副所长的部登福，根据其过人的救灾经验，先后从洪水中搜救出16名落水群众。他自己却多次路过家门而不入，家中三间房屋被冲倒，1000多斤粮食被冲跑。当年，他被中华全国总工会授予“抗灾救灾先进个人”称号和“五一劳动奖章”，公安部授予“一等功臣”荣誉。1991年以后，他曾30多次受到国家、省、市、县的表彰和嘉奖。1998年10月，由于长年累月过度劳累，病逝在工作岗位上。[①]

新时期最可爱的人周丽平。1991年6月，南京军区舟桥部队一个营派驻王家坝进行抗洪抢险。刚从石家庄装甲兵指挥学院毕业的见习排长周丽平主动放弃探亲假，请求奔赴抗洪第一线。7月19日下午，凤台县一艘满载救灾物资的民船，在淮河上遇滩搁浅，面临断裂危险，周丽平等80名官兵奉命赶赴现场救援。周丽平第一个跳进激流中，和战友们一起清理杂物，奋力推船。河面风大浪高，官兵们一次次被急流卷走，又一次次奋力游向船边。周丽平鼓励身边战友:“坚持着！坚持着！”当他最后一次接近船体的时候，不幸被河中一个鱼钩拖入水底。在场的营领导组织一部分官兵驱动货船，另一部分在急流中寻找周丽平。当货船渐渐脱离危险水域时，被战友们抢救上来的周丽平已停止了呼吸，年仅23岁。周丽平牺牲后，南京军区批准他为革命烈士，追认为中共正式党员，中央军委授予“抗洪抢险模范”称号，记一等功。[②]

2003年的一场特大洪水，使淮河两岸亿万人民的生命财产受到严重威胁。一个绿色方阵，在滔滔洪水中又一次写下共和国抗洪史上的光彩一页。7月3日，国家防汛抗旱总指挥部决定启用蒙洼蓄洪区，安徽省阜阳军分区在两个小时内就集结了3600名基干民兵会同安徽省军区水上抢险分队，于第一时间抵达蒙洼蓄洪区，连续奋战15小时，将

①陈华:《抗洪精神:搏击洪流众志成城》,《工人日报》2021年9月7日。
②资料来源王家坝抗洪纪念馆。

19200名群众转移到安全地带，保证了王家坝按时开闸蓄洪。与此同时，驻苏皖地区陆海空三军和武警部队出动兵力3.4万人，组织民兵预备役人员87万人次，共加固堤坝2200多公里，抢运物资110万吨，转移群众130多万人，并成功实施了唐垛湖、荆山湖等行洪区的爆破任务，筹措500多万元的应急生活物品送到灾民手中，派出14支医疗分队前往灾区送医送药，指导灾区做好卫生防疫工作。

在与肆虐洪水展开的殊死搏斗中，每一场硬仗、险仗、恶仗都是子弟兵冲锋打头阵。7月9日17时25分，安徽省凤阳县临淮关镇一段支流河堤突然决口90多米，西瓷窑段134米长的堤坝出现裂缝，底部严重外移。处于淮河与濠河交汇点上的临淮关，河道窄，弯道大，堤坝软，是千里淮河大堤的险中之险。一旦溃堤，临淮关镇5万居民及下游百万群众的生命财产将面临灭顶之灾，津浦铁路大动脉将被飞泻的洪流冲垮。险情就是命令。17时40分，南京军区某舟桥团500名官兵火速赶到现场，在倾盆大雨中展开了“临淮关保卫战”。副参谋长庄金海腰椎间盘突出，刚动过手术，一直坚持站在激流中传递沙包；新战士任斌扛着比他身体还要重20多公斤的沙袋来回奔跑，全然不顾手脚划出的道道血口；连长郭学忠带领60多名突击队员，用血肉之躯筑起一道阻挡洪水的人墙；5名战士累晕在大堤上……官兵们没喝一口水、没进一粒米，连续作战10多个小时，共挖土500多立方米，装填草袋15000个，植桩200余根，终于筑起一道长150余米、高9米的外围防护堤，使临淮关化险为夷。[1]

每逢蓄洪，庄台上最为醒目的颜色便是党旗红与军装绿。“一个庄台一个支部,一个支部一个堡垒。”2020年入汛以来，各级党组织在蒙

①李大伟、刘昕、梅世雄:《砥柱中流——人民子弟兵在淮河流域抗洪抢险中》,新华社2003年7月20日电。

★王家坝抗洪纪念馆

洼蓄洪区77个湖心庄台和94公里蒙堤防汛段，组建防汛救灾临时党支部128个，带领2878名党员群众，实行24小时3班循环不间断巡堤查险，为安全度汛提供坚强组织保障。7月19日晚，注定是一个不眠之夜。19时许，阜南县接到指令，蒙洼蓄洪区内四个乡镇非安全区的群众需要在20日凌晨3时全部转移，确保行蓄洪区能够随时使用。此时，距离凌晨3时仅7个多小时。蒙洼蓄洪区内，一场与洪水竞速的人员大转移进入倒计时。800多名阜南县直机关党员志愿者连夜集结，奔赴蒙洼四个乡镇，与镇村干部一起，组建1680人的搬家队伍，连夜转移群众681户2017人，实现了“四有一无”（有吃、有住、有医、有序、无伤亡）目标，确保了蓄洪区所有转移群众的生命财产安全，创造了仅用7小时完成群众全部安全转移的奇迹。经历过4次洪水的潘光辉感慨，以前庄台都是泥巴路，撤离的时候，全部家当用扁担挑板车拉得好几天。现在道路硬化了，开着电瓶车几小时就拉完了。而桂庙村的养鸡大户刘超却觉得时间不够用。“4万多只鸡，7个小时根本不够。”近年来蒙洼蓄洪区内将近七成的土地已经流转，像刘超这样的种植养殖承包大户不少。王家坝镇和谐村党支部书记刘杰一夜未眠，率领近70名镇村干部及志愿者帮助他们转移。离凌晨3点的转移期限越来越近，蓄洪区内依然无人入眠。动员群众尽快搬离的大喇叭仍然在广播，一辆辆满载物品的电瓶三轮车在庄台上下往返，从四面八方紧急驰援的武警部队、公安干警跑步前进……凌晨3时，阜南县王家坝蒙洼前线指挥部传来消息，非安全区人员转移基本完成。20日早晨7时，蒙洼蓄洪区内开始了最后一次拉网式排查。蓄洪区内非安全区域全部拉闸断电。8时32分，接国家防指命令，王家坝闸开闸泄洪，滚滚洪水奔腾着涌入蒙洼蓄洪区内，这个1953年建成的淮河干流中游的第一个行蓄洪区，第16次做出牺牲和奉献。①

（四）尊重规律、综合防治的精神

一部淮河流域发展史，就是一部人与水的抗争史。淮河流域旱涝灾害频发，“水”的问题是大自然对沿淮蓄洪区“人”的最大考验。“盼水水不来，恨水水不走”，是蒙洼群众发展生产矛盾心理的通俗表达。

奉献一生的水利人李西林。他是阜南县第一位水利工程师，江苏常州人，1951年调阜南县治淮总队主持工程科工作。新中国成立后，阜南县的水利建设大致经历了三个阶段：新中国成立初期的20世纪50年代，以大规模治淮为重点的防洪工程建设；60年代，以河道整治为重点的除涝工程建设；70年代至今的灌溉工程建设。李西林参加和领导了阜南水利建设的这三个阶段工作。作为总工程师，他总是身体力

①《“今夜不眠!”——蒙洼蓄洪区7小时生死转移》，新华社2020年7月20日电。

行，对工程质量的要求极其严格，尤其是防洪堤坝，标准很高。1968年大水期间，洪水漫过蒙堤，95公里的堤防安然无恙，有力地保证了人民群众的生命和财产安全，李西林作出了贡献。李西林在阜南工作了50年，一生致力于治淮工程，2001年，他走完了人生89个春秋，依照他生前的嘱咐，他的骨灰撒在了王家坝的淮河里。①

习近平总书记于2020年8月18日来到阜阳市阜南县王家坝闸，听取安徽省防汛工作及王家坝开闸分洪情况介绍。他强调，淮河是新中国成立后第一条全面系统治理的大河。70年来，淮河治理取得显著成效，防洪体系越来越完善，防汛抗洪、防灾减灾能力不断提高。要把治理淮河经验总结好，认真谋划“十四五”时期淮河治理方案。②治理淮河的经验是在尊重规律、综合防治实践中不断积累下来的，是淮河儿女70多年心血和智慧的结晶。“如果说20世纪50年代至80年代的筑堤、挖河、建闸、建站给蒙洼蓄洪区搭起了‘骨架’，90年代大规模的综合治理给蒙洼增加了‘血肉’，那么，2003年灾后的新一轮治淮工程则给蒙洼筑起了一道坚不可摧的防洪保安防线。”阜南县水利局的一位领导同志曾经这样说。王家坝处在淮河上游与中游的交汇处，是淮河流域易发水患之地。对水患的治理，可“泄”，可“蓄”，也可“蓄泄兼筹”。蒙洼蓄洪工程一开始就是为蓄水而设立的，进而对保障淮河全流域安全发挥作用。蒙河洼地，形状为一狭长地带，洪水易进而难出，犹如一个天然的储存口袋。新中国成立以来，王家坝人民在中共中央、各级党委政府的领导下，贯彻正确的治淮方针，不断探索、利用洪水运行规律，找到了科学调度、人为水引路的科学方法。

①资料来源王家坝抗洪纪念馆。

②《习近平在安徽考察时强调：坚持改革开放坚持高质量发展 在加快建设美好安徽上取得新的更大进展》，《人民日报》2020年8月22日第1版。

首先，建设圈堤，与进、退水闸配套，组成蓄洪区。按当时的设计，王家坝保证水位达28.66米时，由中央防汛总指挥部调度，开闸蓄洪。1951年冬至1953年，阜南、阜阳、颍上、临泉4县民工陆续施工完成了圈堤建设，1952年10月建成了部台退水闸，1953年6月建成了王家坝进水闸。因部台退水闸泄洪量小，后又建成了曹台退水闸。圈堤和进退水闸建成后，党和政府也多次进行维护，在2003年11月对王家坝闸进行拆除重建。其次，加强排涝工程建设。每当蒙洼蓄洪之后，蓄洪区内一片汪洋，经济损失巨大。但洪灾之后，却又会迎来大旱。应该如何趋利避害呢？建设排涝闸、站控制工程就是化水害为水利的科学治水之举，做到洪涝时期排水，干旱时期抽水。经过艰苦努力，在蒙洼蓄洪区，已建成上堵口排灌站、老观排灌站、曹台排涝站、姑嫂庙排涝站等，这些闸、站控制工程在防洪、排涝、抗旱中发挥了重要作用，保障了当地人民的生命财产安全。最后，建设蒙河分洪道、蓄洪大沟等工程，最终形成功能完备的蓄洪工程，既为从蓄洪区引水做好准备，又便于削减淮河洪峰，对确保淮河上下游的安全，起到重要的保障作用。

选准时机开闸泄洪至关重要。泄洪时既要保证淮河上下游的安全，又要最大限度地减少和降低蒙洼蓄洪区人民的财产损失。如果泄洪过早，就会导致蒙洼蓄洪区的人民深受灾难，造成不必要的损失；反之，则会给淮河全域，尤其是中下游的城市、矿产和人民生活带来深重灾难。要准确把握时机，就需要结合灾情、水情、雨情，同时还要根据蒙洼蓄洪区及进水闸、退水闸、大堤的自身状况进行综合判断，科学合理设置王家坝闸的保证水位。几十年来，随着党和政府对淮河的系统治理，以及科学防治水平的不断进步，王家坝闸的保证水位在不断提高。尤其是2003年淮河大洪水后，随着9月26日王家坝闸除险加固工程的开工，掀起了新一轮治淮的高潮，“节水优先、空间均衡、系统治理、两手发力”的治水思路得到进一步贯彻落实。如今，淮河已初步形成由上游水库、分洪河道、行蓄洪区、临淮岗洪水控制工程等组成的防洪减灾体系。蒙洼蓄洪区95公里的大堤得到加固，堤顶防汛通道打通了，防洪标准提高了，王家坝闸保证水位由29.00米提高到29.30米，降低了蒙洼蓄洪区进洪概率。

党的十八大以来，安徽省委、省政府立足于探索规律、尊重规律，综合防治、科学防治，从宏观角度和长远利益出发，开展淮河行蓄洪区的战略规划工作，在“十三五”时期，积极贯彻落实国务院批准的《淮河生态经济带发展规划》。2018年，省政府出台实施《安徽省行蓄洪区产业发展负面清单》《安徽省淮河行蓄洪区安全建设规划（2018—2025年）》和《安徽省淮河行蓄洪区基础设施建设总体规划（2018—2025年）》。按照规划指引，防洪减灾的科技含量不断提升。

突出表现在对淮河水情的科学监测方面。自1991年以来，国家投资修建了淮河水情自动监测系统，如今，流域已经建起5000多个监测站，采集信息完全由短波自动监测完成。淮河上空基本形成了卫星、雷达监测网络，可以全天候监测雨层分布和强度。依托国家防汛抗旱指挥系统，安徽建立了远程监控和会商系统，“足不出户”即可随时监测各重要闸坝情况，组织异地防汛会商。这些科技手段的运用，让防洪工作心中有数，把对开闸蓄洪时间和拦蓄洪水数量的判断建立在权威数据之上，盲目性降到了最低点。

除了通过卫星、雷达等进行监测外，防洪遥感信息系统还被运用于对王家坝附近洪水的监控。1991年6月汛期时，国家防总就使用遥感飞机，飞赴王家坝蓄洪现场执行监测任务。水情、雨情信息是各级防汛部门领导决策的依据，越早知道雨情，防汛工作就会越主动，流域内遭受洪涝灾害的损失就越小。一次监测显示，蒙洼蓄洪区虽然开闸放水一天一夜，但是蓄洪区内并未全部充水。进来的洪水与蓄洪区内下闸前的内涝积水还未汇合。国家防总和省水利部门第一时间准确掌握水情，为下一步决策提供了可靠依据。近年来，王家坝的汛情传播已从电报时代跃进到异地会商和远程图像监控时代，高科技成果得到广泛运用。

在各级党委、政府的正确决策下，通过统一规划，提供建房补助，行蓄洪区群众或移民迁建，或搬到“保庄圩”和“避水庄台”。蒙洼蓄洪区里加固了庄台，新修了6个保庄圩，庄台和保庄圩的水、电、路、桥等基础设施配套，还安装了有线电视、电话。蓄洪区启用时，再不怕也不用临时转移群众。“现在跷着二郎腿看着涨水，心里一

★王家坝镇保庄圩的淮上新居

点都不害怕了。”年近80的崔士信老人从2003年大水后就搬进了保庄圩生活，从他的幽默话语里折射出合理调度、科学抗洪的成效。

（五）顺应自然、人水共生的精神

2020年8月，习近平总书记在蒙洼考察时指出，愚公移山、大禹治水，中华民族同自然灾害斗了几千年，积累了宝贵经验，我们还要继续斗下去。这个斗，要尊重自然，顺应自然规律，与自然和谐相处。[①] 淮河充沛的水资源滋养了这片土地，也创造了人水和谐共生的生态环境。在经历了多次水灾之后，依托淮河和低洼地的自然优势，阜南县顺势而为，变水患为水利、变对抗为适应、变劣势为优势，逐渐找到了顺应自然规律、人与水和谐共生之路，构筑了人与自然和谐相处的新格局。

在王家坝镇，在党和政府的领导下，人们尊重自然、顺应自然、保护自然，逐渐摸索出了一条适应水规律的发展之路，那就是走水路、发水财、“反弹琵琶”念水经，种“淹不死的”，养“水上漂的”，不断寻求着化解洪水灾害的出路[②]。种“淹不死的”的，主要指种植芡实、莲藕、杞柳等。蓄洪区是一个“水袋子”，蓄洪是为了保障淮河的全域安全。王家坝人民是明事理的，明白并支持党和政府的决策；王家坝人民也是智慧的，在生存与发展面前，他们顺势而为，因地制宜，找到了人与水共存之道，种“淹不死的”作物。养“水上漂的”，主要指利用丰富的水资源，养殖鸭鹅等禽类。阜南县变“水患”为“水利”，大力发展畜牧、水禽、水产综合养殖等适应性农业；引进了一家集牧草种植、畜牧养殖、乳制品加工、销售为一体的中羊牧业，项目总投资8.8亿元，一期投入5亿元，用于牛舍、羊舍、加工厂

---

① 张晓松：《习近平：抗御自然灾害要达到现代化水平》，新华社2020年8月19日电。

②徐风光：《洪水中挺立精神丰碑》，《阜阳日报》2020年8月6日第A2版。

及附属设施建设；项目二期建设5栋羊舍，增加6条生产线和其他附属设施，建成后带动当地上千人就业。另一家黄氏番鸭科技产业园项目，总投资3.38亿元，围绕番鸭开展系列育种孵化、产品研发、市场推广、品牌打造，构建全产业链的番鸭生产加工企业。郜台板鸭，香飘万家，作为阜南特产美食之一，2010年，“郜台”商标就被认定为安徽省著名商标，特殊的地理位置、优越的自然条件、分明的四季、清洁的大气环境，共同造就了郜台板鸭。2017年6月启动番鸭生态养殖产业扶贫带动计划，通过“公司+贫困户”养殖带动、就业带动、合作养殖等方式，2020年公司实现收入1.7亿元，带动3600多个贫困户脱贫致富。

在老观乡、于集乡等乡镇，人们因地制宜，在低洼地发展莲藕、芡实和鱼虾等水产种养殖业。因种植技术先进，水体环境优良，产出的芡实个大、壳薄、味美，药用价值高，芡实干果通过深加工成米仁，70%产品出口韩国、日本和东南亚地区，其余远销到广东、福建等省份，有力促进了农业增效，带动超过2000个贫困户脱贫增收。田集镇充分利用黄巢墓、七十二眼古井等历史文化遗址和田集萝卜、养生温泉等特色旅游资源，打造了七彩大地·花海乐园生态旅游度假区。会龙镇地势平坦，交通便利，镇党委政府以“打好辣椒牌，唱好富民戏”为主线，坚持发展大棚辣椒生产，是闻名全国的“辣椒之乡”。新村镇靠近淮河，地势低洼，独特的地貌特征为芦蒿的生长提供了良好的自然条件。芦蒿具有丰富的营养价值和药用价值，市场需求量很大，在县委、县政府的正确领导下，新村镇种植青蒿和白蒿等，建成了以芦蒿为主要产业的“芦蒿名镇”。

从全县的整体情况看，阜南县作为全国重要的商品粮基地，大力强柳、扩菜、壮畜、增果、兴鱼、融产，如今已形成优质水稻、优质小麦、东柳西椒、南林北蒿、中部食用菌五大特色农业板块。从人水相争到人退水进，从与水对抗到与水共处，阜南人民从来没有逃避和消极等待，反而在不断地交流与碰撞间，抓住机遇，乘势而上，走上了产业振兴的康庄大道。

基于独特的水生态环境，中共阜阳市委提出了打造阜南滨淮大花园的战略，进一步提升王家坝乃至阜南全境的生态环境质量，增强人们的获得感和幸福感。王家坝拥有独特的“村、水、林、田”自然生态格局，既有大场景的河流湿地，也有小景观的林泉溪塘等，这些都是打造滨淮大花园的基础和保障；王家坝所在地域文化底蕴深厚，拥有嗨子戏、淮河琴书、柳编等非物质文化遗产，以及朱寨台家寺遗址、中岗清真寺、方集古镇、黄岗贺胜台遗址等古城古址，这些都是打造滨淮大花园的文化资源。阜南县已开启“百里蒙洼”旅游廊道建设，通过蒙洼旅游观光带上的王家坝国家水利风景区、庄台旅游、湿地旅游，让人们进一步享受人水和谐的幸福状态，提升顺应自然、人水共生的理念和精神。水是王家坝人民乃至淮河两岸儿女不可或缺的话语元素，但今天的“水”与以前的“水”已截然不同。以前的“水”是王家坝人民恐惧的对象，而今天的“水”已成为人们美好生活不可或缺的一部分。美丽的庄台和保庄圩、铺天盖地的蒙洼特色农业、悄然兴起的水旅游产业，都是王家坝人民自觉用“水”的结果，也是王家坝人民自觉实践人与水和谐共生理念的结晶。2003年以来，沿淮河南、安徽、江苏等地开展行蓄洪区及淮干滩区居民迁建，逐步将“水口袋”里的87万余人搬迁至安全地区，还行蓄洪区本该有的生态功能。

阜南县蒙洼行蓄洪区内老观乡，有一个废弃二三十年的庄台，通过农业招商进行综合整治，目前已打造成为一处垂钓训练休闲旅游

★西田坡庄台人家

区，并被安徽省钓鱼协会评为垂钓训练竞赛基地。淮河流域的“绿水青山”，正成为地方发展、群众致富的“金山银山”。老观乡坚持“以适应性农业开发为基础、以原生态旅游为支柱、以庄台人居文化为传承”的发展定位，着力在开发自然资源上做文章，引进实施了一批观光旅游、适应性农业项目，推动农村美起来、产业兴起来、农民富起来。

聚焦“十四五”，淮河流域将继续以防洪安全为安全发展底线，进一步优化水资源配置，逐步变“种地”为“种水”，并以骨干河道和输水干线为依托，谋划建设良好水生态、优美水环境，满足人民对高品质生活的需要，助力流域高质量发展。如今，按照统一规划，通过实施提供建房补助等措施，行蓄洪区群众陆续搬到新建的“保庄圩”和加固的“避水庄台”，而且“保庄圩”和“避水庄台”内水、电、路、桥等基础设施配套齐全，王家坝人民再也不用担心家园被毁了。“深水鱼、浅水藕，滩涂洼地栽杞柳，鸭鹅水上游，牛羊遍地走”的和谐愿景正在变为现实。

三、王家坝精神的时代价值

王家坝精神形成于新中国成立以来王家坝人民抗洪抢险救灾的伟大实践，却对新时代强化党的宗旨意识，厚植人民情怀，对推动大江大河治理、促进沿江沿淮地区高质量、可持续发展和生态文明建设，都具有重要的时代价值。

王家坝精神是淮河文化的重要组成部分，孕育于淮河文化，深深植根于淮河流域文明发展史，拥有深厚的历史文化底蕴，彰显了淮河的文化基因和人文个性，又凝结了淮河两岸儿女的时代使命、精神境界和价值追求，是淮河流域优秀历史文化传统与社会主义先进文化相结合的产物。继承和弘扬王家坝精神，必将正确引领淮河两岸儿女树立良好的道德情操、价值取向和精神品格，营造良好的社会风尚，有力提振淮河两岸民众的精神境界，凝聚起“中部崛起”“淮河生态经济带”高质量发展，以及全面建设社会主义现代化强国、实现中华民族伟大复兴中国梦的强大力量。

（一）为增强全国一盘棋的大局意识和全局观念树立光辉典范

每当淮河抗洪进入最危急的时刻，为削减淮河洪峰，确保两淮能源基地、京九和京沪交通大动脉、淮北大堤及沿淮大中城市的防洪安全，蒙洼蓄洪区的人民用开闸蓄洪的壮举诠释“舍小家为大家、舍局部顾全局”的伟大意义，把个人冷暖与国家安危融为一体。一代又一代的沿淮人民以奉献、坚守、不屈与乐观，谱写了“浴水重生”的治淮篇章，凝成了王家坝的“精神堤坝”。王家坝精神中的“舍小家、为大家”的精神实质就是无私奉献的精神，先国家后个人的精神，是社会主义核心价值观的重要体现，为始终坚持党中央的集中统一领导、增强全国一盘棋的大局意识和全局观念树立了光辉典范。

中国共产党自诞生之日起，就把为共产主义牺牲奉献鲜明地写在自己的旗帜上，党的全部奋斗史、发展史也就是一部奉献史。弘扬王家坝精神中的舍小家、为大家的精神，就是弘扬顾全大局的奉献精神，就要着眼于中华民族伟大复兴的战略全局和世界百年未有之大变局，不忘初心，牢记使命，为实现中华民族伟大复兴的中国梦奋斗一生，奉献一生；就要敢于担当作为，做到服从服务于发展大局不错位、满足人民美好生活需要不缺位，要树立整体、全面的观念，坚持在全局中定位、在大局下行动，克服单打一思想，切实拧成一股绳、下好一盘棋，形成同心扎实苦干、合力攻坚克难的生动局面。

2020年，我国抗击新冠疫情斗争取得重大战略成果，充分展现了中国共产党领导和我国社会主义制度的显著优势。伟大的抗疫精神和王家坝精神的共同特质都是爱国主义、集体主义、社会主义精神在新时代的传承和发展，是中国精神的生动诠释，丰富了民族精神和时代精神的内涵。习近平总书记在部署全国抗疫斗争时曾强调，疫情防控要坚持全国一盘棋。各级党委和政府坚决服从党中央统一指挥、统一协调、统一调度，做到令行禁止。坚持全国一盘棋，调动各方面积极性，集中力量办大事，是打赢疫情防控阻击战的有力保证。

有困难，不放弃、不抛弃，中共中央统一指挥、统一协调、统一调度，全国人民鼎力支援，中华民族不屈的灵魂、团结的伟力，是我们战胜任何艰难险阻的坚强支撑。全国一盘棋不是短暂的瞬时力量的爆发，而是中国特色社会主义制度优势的彰显、力量的体现。这样的制度和力量，总是让我们在一方有难时迅速形成全国一条心、一股绳的集体意志和行动，总是让我们在面对挑战考验时一次次转危为安、化险为夷，体现了社会主义大家庭的温暖和守望相助的精神。王家坝精神中“舍小家、为大家”体现的大局意识和全局观念，正是我们在新时代新征程中增强全国一盘棋思想，增强 “四个意识”、坚定“四个自信”、做到“两个维护”的强大动力。

（二）为新时代科学治水、治淮兴水提供历史借鉴和现实依据

中国这块土地上自古以来便多灾多难，频繁发生的洪涝、干旱、地震等自然灾害时时考验着中华儿女图生存、谋发展的勇气和智慧。当今的中国，也在一次次与自然灾害抗争中积蓄着伟大复兴的力量，升华着伟大民族精神，越是艰难困苦，越是挺起不屈的脊梁。

滔滔淮水，让淮河儿女爱恨交织。从淮河治理的实践来看，新中国成立后的73年来，中共中央、国务院多次召开治淮会议，对淮河治理作出一系列科学决策，从“约束洪水”“控制洪水”，到改革开放后“管理洪水”，再到新时代谋求“人水和谐”……淮河百姓安居乐业的美好夙愿，逐渐变成现实。在与淮河洪灾的搏斗中锻造形成的王家坝精神，体现了淮河儿女激流勇进、历经磨难而自强不息的精神风貌，更蕴含着丰富而弥足珍贵的经验和智慧，继承和弘扬王家坝精神，可以为我们统筹做好河流湖泊安全、生态环境安全、城市防洪安全提供现实依据，为新时代科学治水、治淮兴水，凸显蓄洪区主体功能定位提供历史借鉴。特别是中国特色社会主义进入新时代以来，安徽贯彻落实习近平总书记提出的“节水优先、空间均衡、系统治理、两手发力”的方针和有关系统治水的重要论述，从全局着眼，从细处着手，在洪水蓄泄、涵养水源、生态修复等方面逐步提升淮河流域蓄洪区防

洪减灾体系，包括坚持综合治理、改善淮河生态，让“蓄洪洼地”变“民生高地”，从抗击洪灾到人水共生等，进一步丰富和发展了王家坝精神的内涵，都对新时代科学治水、治淮兴水具有重要的实践意义。

（三）为沿江、沿淮地区脱贫攻坚和乡村振兴提供经验和智慧

“收了淮河弯，富甲半边天。”这是淮河儿女自豪的传唱，这是对淮河安澜的由衷向往。千里扬波的淮河正涌入“新航道”，奔腾不息、泽被万代。王家坝见证了淮河流域的兴衰与荣辱，流动着沿淮儿女的追求和梦想。进入新时代，王家坝人民牢记习近平总书记在考察安徽时的嘱托，坚持以人民为中心的发展思想，秉持“人给水出路、水给人活路”的理念，续写沿淮蓄洪区脱贫攻坚和乡村振兴的新篇章。

防灾减灾保民生，筑牢责任防守链。王家坝精神蕴含着独特的沿淮行蓄洪区脱贫攻坚和乡村振兴的智慧经验。阜南县按照“四带一自”产业扶贫模式，因地制宜发展莲藕、芡实等沿淮适应性水生蔬菜；种植杞柳、养殖稻虾和水禽，种植优质旱稻等，带动5000余人就业；建设就业扶贫车间34个，带动近千人就业，坚持蒙洼脱贫防贫一起发力，治标治本一体推进，下足绣花功、打好攻坚战。在“十四五”时期蓄洪区发展规划中，安徽大力弘扬王家坝精神，紧密结合长三角区域一体化国家发展战略和淮河生态经济带等重大战略，聚焦沿淮人民群众普遍关心关注的民生问题，靶向攻坚制约蓄洪区高质量发展的主要矛盾,研究制定了巩固脱贫攻坚成果与乡村振兴有效衔接的高质量、可持续发展的主要政策举措。目前，汲取王家坝精神力量，正在谋划建设一批基础性、枢纽性水利综治项目，建立健全淮河流域生态和蓄洪跨省联合补偿机制，进一步完善细化在蓄洪区扬长避短发展产业的“正面清单”，破解蓄洪区产业振兴难题，自力更生促进农业三产融合发展，推进蓄洪区城镇化建设，增强内生动力等，让王家坝精

神在新时代绽放更加绚丽的光彩。

（四）为沿淮蓄洪区以新发展理念推进生态文明建设指明方向

习近平总书记多次强调，要践行“绿水青山就是金山银山”的理念，正确处理好人与自然的关系，与自然和谐共生。水是大自然赋予人类的宝贵资源，习近平总书记在2018年4月考察长江途中强调，人与水的关系很重要。人离不开水，但水患又是人类的心腹大患。人类在与自然共处、共生和斗争的进程中不断进步。和谐是共处平衡的表现，但达成和谐需要有很多斗争。因此，总书记要求立足新发展理念，生态优先，构建高质量发展的绿水青山。

在淮河流域抗洪救灾中形成的王家坝精神，在新时代被赋予了顺应自然规律、人水和谐共生的生态文明新理念新思想；在王家坝精神的激励和鼓舞下，沿淮人民牢记总书记嘱托，坚持沿淮蓄洪区行蓄洪和生态保护两大主体功能定位，开启绿色发展新征程，探索积累了淮河流域生态文明建设的丰富经验。

2018年10月6日，淮河治理打开新篇章——《淮河生态经济带发展规划》获国务院批复，上升为区域重大发展战略，帆影苍茫、千里扬波的淮河,开辟了一体布局、绿色发展的“新航道”。规划赋予淮河生态经济带四个定位:流域生态文明建设示范带、特色产业创新发展带、新型城镇化示范带和中东部合作发展先行区。积极探索大河流域生态文明建设新模式，建设绿色生态廊道，探索跨流域水污染联防联控和横向生态补偿机制等。2020年10月，省政府印发《安徽省贯彻落实淮河生态经济带发展规划实施方案》，对推进淮河流域生态文明建设和高质量发展，加快构建美丽宜居、充满活力、和谐有序、绿色发展的淮河（安徽）生态经济带进行了规划。大力弘扬王家坝精神，将为沿淮蓄洪区以新发展理念推进生态文明建设指明正确方向，提供历史借鉴。

（五）为全面加强党的基层组织建设和作风建设提供精神滋养

在蒙洼蓄洪区，每当风雨来袭，“一个庄台一面旗帜”。各基层党组织团结带领王家坝人民抗洪抢险、灾后重建，既要蓄洪，又要脱贫，还要发展，勇于破解困局，谋求振兴，成为人民群众心目中可以信赖和依靠的主心骨。广大党员干部和群众同甘苦、共患难、心连心，构成了王家坝精神的动人篇章。近年来，以蒙洼蓄洪区为代表的沿淮基层党组织，抓党建促发展，围绕党建阵地达标升级，不断完善党建工作制度，全面加强党的基层组织建设，选育优化党员干部队伍，在脱贫攻坚和乡村振兴的实践中不断改进和锤炼党员作风，着力强化提升基层党组织政治引领和服务功能。深入挖掘和大力弘扬王家坝精神，创设有地方特色的红色旅游和实地参观考察等系列党性教育实践活动，将为全面加强党的基层组织建设和作风建设提供源源不断的精神滋养和智力支持，确保党组织成为新时代新征程上的坚强战斗堡垒。

王家坝精神是具有安徽地域特色的革命精神，是安徽人民共有精神家园。在当前新发展格局中，要大力弘扬王家坝精神，促进以蒙洼为代表的蓄洪区乡村振兴，办好各项民生事业、补齐民生领域短板，用实际行动擦亮王家坝精神底色，让人民群众获得感、幸福感、安全感更加充实、更有保障、更可持续，奋力谱写新时代王家坝精神新篇章。

小岗精神的基本内涵和时代价值

杨瑞毛　廖海业　林晓清

2016年4月25日，中共中央总书记、国家主席、中央军委主席习近平亲临凤阳县小岗村考察，了解当年农户们商量搞“大包干”在这里签字的场景，称赞小岗村当年的创举是我国改革开放的一声春雷，叮嘱要好好记住这段历史。①

在农村改革过程中孕育出的改革创新、敢为人先的小岗精神，是中国共产党人精神谱系的重要组成部分，具有丰富的内涵和重要的时代价值。

一、小岗精神孕育和发展的历史过程

（一）责任田——农村改革的“预演”

农业合作化以后，为加快发展农村社会主义经济，改善农民生活，党领导农民进行了艰辛的探索。人民公社建立初期，由于经验不足，片面追求提高公有化程度，脱离了农村生产力发展水平，产生了消极影响。20世纪60年代初，为探索建立符合农村生产力水平的经营管理体制，全党大兴调查研究之风，最终确立了人民公社以生产队为

①中共安徽省委组织部、中共安徽省委党史研究院：《红色安徽》，安徽人民出版社2021年版，第313页。

基础的三级所有制。农业政策的调整，推动了对实行农业生产责任制的大胆探索，到1962年7月，全国农村实行包产到户的地区超过20%。其中，安徽省在省委第一书记曾希圣大力倡导下，在全省范围内推行责任田。这一举措被后人视为中国农村改革的“预演”。

安徽省委于1960年下半年开始酝酿责任田，1961年2月进行试点，随即迅速在全省推广。3月，全省推行责任田的生产队达到总数的39.2%，10月增加到84.4%，到年底扩大到90.1%。1962年9月以后，责任田被强行改正过来。

责任田基本做法是在坚持生产队统一分配前提下，实行包产到队、定产到田、超产奖励、减产赔偿，其做法实质上就是包产到户。由于责任田把社员的生产与产量、收益联系起来，极大地调动了社员的生产积极性。

责任田在安徽的大范围实行，虽然只有近一年时间，但对安徽农村克服因自然灾害造成的严重经济困难、恢复和发展农业生产，发挥了重要作用。

责任田出现的年代，我国的社会主义建设正处于艰辛探索之中，对什么是社会主义，如何建设社会主义？在思想认识和实践上都缺乏足够的经验，主张在农村防止小生产的发展成为资本主义复辟的温床，强调建立单一所有制。在这样的时代背景下，大力倡导责任田，如果缺乏足够的政治勇气和为民请命精神，是难以做到的。责任田展现出安徽广大干部群众在探索发展社会主义农村经济中敢闯、敢干、敢为人先的精神。

责任田虽因指导思想上“左”的错误的发展而被强行改正，但在安徽广大干部群众心中留下深刻烙印，为今后农村改革的兴起打下深厚的思想和群众基础。

（二）大包干——农村改革率先突破

党的十一届三中全会重新确立马克思主义的思想路线、政治路线和组织路线，作出把党和国家的工作中心转移到社会主义现代化建设上来、实行改革开放的历史性决策，实现了新中国成立以来党的历史上具有深远意义的伟大转折。

1977年6月，中央调整安徽省委，万里担任安徽省委第一书记、省革委会主任。11月下旬，省委出台《关于当前农村经济政策几个问题的规定》，简称“省委六条”，规定尊重生产队自主权，实行生产责任制，增加农民收入，发还自留地，允许农民经营家庭副业，开放农村集市贸易。

1978年春，安徽农村一些地方出现包产到组、联产计酬责任制，个别地方出现包产到户责任制。针对农村出现的各种生产责任制形式，省委要求以实践是检验真理的唯一标准予以对待，组织联合调查组进行专门调查总结，予以肯定。到1978年秋季，包产到组在全省广大地区推行起来。

随着包产到组的发展，包干到组在凤阳县出现，并在滁州地区（现滁州市）快速推广。包干到组相较于包产到组，作业组有了更大的支配权，在完成上交任务后剩余归作业组支配，省去了作业组与生产队之间算不清的“糊涂账”。

1978年，安徽遭受历史罕见的旱灾。到了秋季，旱情更加严重，秋种无法进行。9月1日，省委作出“借地度荒”决定：凡集体无法耕种的土地，借给群众种麦子；鼓励社员多开荒，国家不征购统购粮、不分配统购任务。在“借地度荒”的鼓励下，农业生产责任制出现了突破。

肥西县山南区在“借地度荒”中公开出现了包产到户。先是在个别社队实行，很快影响到全区广大社队，引起很大反响。1979年2月初，省农委组织省、市、县联合工作队，到山南区宣讲党的农村政策，了解实行责任制情况，当地群众纷纷要求实行包产到户。针对这一情况，万里在省委常委会上指出：包产到户问题，过去批了十几年，许多干部批怕了，一讲到包产到户，就心有余悸，谈“包”色变。过去批过的东西，有的可能是批对了，有的也可能本来是正确的东西，却被当作错误的东西来批判。必须在实践中加以检验。2月6日，省委决定在山南区山南公社进行包产到户试验。

1978年冬的一个夜晚，凤阳县小岗村18户农民创立了包干到户，这是一种简便易行的新的责任制形式。

小岗村原先是一个自然村，即生产队。自1956年以后20多年里，小岗村没有向国家交纳一粒公粮，长期吃国家救济。生产队生产上不去，社员们生活很困难，家家户户都出门要过饭，是远近闻名的“讨饭队”。1978年秋天，小岗村实行了包产到组，但仍然搞不好生产、理不顺社员关系。在一个寒冷的冬夜，18户农民集中到一起开会，议论为何几十年来总是搞不好生产、怎样才能吃上一口温饱饭？最终得出要想吃饱饭只有分田单干的结论。大家达成协议：把田地分到各家各户耕种，对外隐瞒；粮食收获后首先完成交给国家和集体的任务，谁也不能装孬；如果生产队干部因为这件事坐牢，大家要负责帮助种好干部家的地、把小孩养到18岁。18户农民庄重地在协议上签名、按上红手印。

1979年，小岗生产队粮食总产达到13.2万多斤，相当于1966年至1970年5年粮食产量的总和；油料总产3.5万多斤，超过了过去20年的总和；生猪饲养量达135头，超过历史上任何一年。全年粮食征购任务2800斤，向国家交售粮食2.5万斤，超额任务7倍多，23年来第一次

★凤阳县梨园公社严岗大队小岗生产队18户社员按手印

向国家作出贡献；油料统购任务300斤，超额完成任务80多倍；第一次归还国家贷款800元，生产队留存储备粮1000多斤，留公积金150元；全队农副业总收入4.7万元，人均400多元。小岗这个远近闻名的“讨饭队”，实行包干到户，一年翻身！

1979年，是各种农业生产责任制，特别是家庭联产承包责任制在安徽快速发展的一年。1980年1月，省委召开全省农业会议。在这次会议上，有人提出应该承认包产到户是社会主义生产责任制形式之一，要求给包产到户上“户口”。万里在会议总结中指出：“社会主义制度最根本的标志，主要有两条，一是生产资料公有制；二是按劳分配。”“包产到户形式上与分田单干相似，而生产资料公有制并没有改变，而且坚持了生产队的统一分配。”“包产到户不是分田单干，分田单干也不等于资本主义，没有什么可怕。群众已经认可了，我们只能同意、批准，给它报个户口。” 至此，包产到户在安徽有了“户口”。

1980年5月31日，邓小平同中央书记处有关人员谈话时指出：“农村政策放宽以后，一些适宜搞包产到户的地方搞了包产到户，效果很好，变化很快。安徽肥西县绝大多数生产队搞了包产到户，增产幅度很大，‘凤阳花鼓’中唱的那个凤阳县，绝大多数生产队搞了大包干，也是一年翻身。有的同志担心，这样搞会不会影响集体经济，我看这种担心是不必要的。”[①] 邓小平关于农村政策的谈话，极大鼓舞了安徽广大干部群众。此后，以包产到户、包干到户为主要形式的家庭联产承包责任制，在安徽快速稳步推广。

1982年1月1日，中央批转《全国农村工作会议纪要》，指出包括包干到户、包产到户在内的各种形式的农业生产责任制，都是社会主义集体经济的生产责任制。在安徽率先突破的家庭联产承包责任制，在全国全面推广，推动了在全国建立起以家庭联产为主、统分结合的农村双层经营体制。

回顾安徽农村改革初期的艰辛历程，可以看到，“省委六条”是粉碎“四人帮”以后全国第一份允许生产队建立生产责任制的文件，在遵循 “三级所有，队为基础”农村基本经济制度的前提下，恢复了符合当前农村生产力发展水平的经济政策。此时，“普及大寨县”运动仍然在全国开展得轰轰烈烈，主张逐步向大队核算过渡，继续推进“一大二公”。“省委六条”的出台，突破了“农业学大寨”运动中“左”的条条框框，成为农村改革兴起的契机；包产（干）到组的出现，突破了“三级所有，队为基础”，使作业组有了一定的生产管理权和成果

①《邓小平文选》(第2卷)，人民出版社1995年版，第315页。

支配权，超产和完成国家及集体任务后，剩下的在作业组范围内分配，部分改变了生产“大呼隆”、分配“大锅饭”现象；包产（干）到户的出现，突破了长期以来“姓资姓社”的分界线，彻底改变了生产“大呼隆”、分配“大锅饭”弊端。通过实践的检验，使越来越多的人认识到家庭联产是农村社会主义集体经济的生产责任制形式之一，推动了在农村建立起以家庭联产为主、统分结合的双层经营体制。

在各种形式的生产责任制中，小岗农民创立的包干到户，因为“直来直去不拐弯”“保证国家的，留足集体的，剩下都是自己的”的分配方式，在克服过去生产和分配方面所存在的弊端上，最为彻底，简便易行，深受农民欢迎。但是，小岗农民的创造，在当时人们的心目中，就是“分田单干”，其所冒风险是实行任何其他形式的责任制所不能比拟的。小岗人的壮举，历史地成为中国改革的一声惊雷，变成中国改革的标志！

（三）税费改革——农村改革的推进

20世纪90年代中后期，农民负担过重问题引起中共中央高度关注。1998年9月22日至26日，时任中共中央总书记、国家主席、中央军委主席的江泽民到安徽考察，着重就农业和农村工作进行调研，在强调要长期稳定以家庭联产承包经营为基础的双层经营体制的同时，指出要改革和规范农村税费制度，探索减轻农民负担的治本之策。①

作为农业大省的安徽，农民负担过重问题成为一段时间里困扰各级党委和政府一个突出问题。90年代中后期，安徽一些地方开始进行农村税费改革的探索。1992年10月，中共涡阳县新兴镇党委、政府制定《关于切实减轻农民负担、建立土地承包税（费）制度的决定》，决定从1993年起，实行“税费统筹，合并征收”的办法，率先开始了农

①中共安徽省委党史研究室:《安徽农村改革之路》,中共党史出版社2006年版,第262页。

业税费改革的探索。1993年11月，省政府办公厅批复《太和县农业税费改革试点实施方案》，确定农民在完成县里统一规定的公粮任务后，不再交纳农业税、农林特产税和“村提留乡统筹”，有权拒绝一切不合理负担。1994年起，农村税费改革的探索在阜阳地区各县推开。1998年，五河县开展对农村公益事业建设税征收办法进行改革的试点工作。1999年，省政府成立以省长为组长的农村税费改革领导小组，加强对农村税费改革试点工作的领导，同时确定在怀远、濉溪、来安、望江4县开展以“取消乡统筹、改革村提留、调整农业税”为内容的农村税费改革试点工作。

2000年3月，党中央、国务院决定在安徽以省为单位，开展农村税费改革试点工作，取得经验后，全面推广。安徽成为全国唯一进行农村税费改革试点的省份。

4月26日，省委、省政府发出《关于在全省范围内开展农村税费改革试点工作的通知》，下发《安徽省农村税费改革试点方案》，要求全省各级党委、政府充分认识党和国家决定进行农村税费改革的重大意义，积极稳妥地做好农村税费改革试点工作。同时发出《致全省广大农民群众的一封信》，把农村税费改革的根本目的和主要内容向农民群众说明白，号召广大农民群众积极参与、共同做好农村税费改革试点工作。

农村税费改革试点前期围绕着正税清费、减免农民负担进行，后期朝着取消农民负担、加大向农村投入发展。2004年12月，省政府宣布从2005年起，安徽在全省范围内全面免征农业税。为巩固农村税费改革成果，自2005年起，安徽又开始进行以乡镇机构、农村义务教育和县乡财政管理体制为主的农村综合改革试点，启动建设社会主义新农村。

农村税费改革在安徽率先试点，不久在全国推开。2001年，国务院决定扩大试点范围，2003年，农村税费改革在全国展开。2005年12月29日，十届全国人大常委会第十九次会议决定，自2006年1月1日起《中华人民共和国农业税条例》废止。自此，国家不再针对农业单独征税，在中国存在两千多年的“皇粮国税”宣告终结。2006年，农村综合改革在全国启动。

中国社会经济的发展因历史的原因，长期存在城乡“二元”结构的局面，城乡经济差距拉得较大，农村经济的发展远远落后于城市经济。随着工业化进程的快速推进和国家总体经济力量的大幅增强，消除城乡经济“二元”结构、实现城乡经济共同发展，成为社会发展的必然要求。农村税费改革不仅推动了在中国实行2000多年“皇粮国税”的历史的结束，更重要的是，使全党、全社会形成对农村实行“多予、少取、放活”政策的共识，从此，中国进入“工业反哺农业、城市支持农村”的新的城乡一体化发展阶段。

（四）“三权”“三变”——新时代农村改革的深化

2016年10月，中办、国办印发的《关于完善农村土地所有权承包权经营权分置办法的意见》，明确农村土地所有权、承包权、经营权“三权”分置，强调坚持农村土地集体所有制根本地位，严格保护农民承包权，加快放活土地经营权。这是继家庭联产承包责任制和农村税费改革后农村改革的又一重大制度创新。

家庭联产承包责任制的实行，农村土地形成所有权和承包经营权“两权”分置格局，所有权归集体，承包经营权归农户。随着大量农民进城务工和农业规模经营的需要，农村土地流转成为推进农村经济发展的必然要求。但由于农村长期分散经营的现状，农民的承包地确权不明，四至不清，界限模糊，制约了土地流转，困扰着现代农业的发展。

安徽率先推行家庭联产承包责任制，随着工业化和城镇化的发展，农村土地承包经营权流转也很早就出现了萌芽，但在一段时间里属于农民的零星自发行为，缺乏组织性和规模化。2008年7月，安徽省以村为单位，在全国率先开展农村土地确权登记颁证试点工作。同年9月30日，时任中共中央总书记、国家主席、中央军委主席胡锦涛到小岗村考察，指出不仅现有土地承包关系要保持稳定并长久不变，还要赋予农民更加充分而有保障的土地承包经营权。[①] 10月召开的党的十七届三中全会提出要加强农村土地承包经营权的流转工作，发展多种形式的农村适度规模经营。

党的十八大以后，安徽进一步加强了农村土地承包经营权流转工作。2014年，安徽被农业部确定为全国3个整省推进的试点省份，当年在全省20个农村综合改革试点县整县推进，第二年增加65个试点县。

2016年4月25日，习近平总书记考察小岗村，主持召开农村改革座谈会，指出新形势下深化农村改革，主线仍然是处理好农民与土地的关系，要加大农村改革力度，加强城乡统筹，全面落实强农惠农富农政策。[②]

总书记的指示极大鼓舞了新时代安徽深化农村改革的决心和信心。按照总书记的指示精神和中央的统一部署，安徽加快推进农村“三权”分置改革工作。截至2016年底，全省提前一年完成土地确权登记颁证试点任务。

---

①《江淮金秋话农事——胡锦涛总书记在安徽农村考察纪实》,《经济日报》2008年10月1日第1版。

②《习近平主持农村改革座谈会:加大推进新形势下农村改革力度》,《人民日报》2016年4月29日第1版。

"三权"分置，确权颁证，有效解决了农村土地承包实践中长期存在的地块面积不准、四至不清、空间位置不明、登记簿不健全、档案管理不规范等问题，让农民吃上"定心丸"，种上"放心地"；同时活化土地权能，推动农村产权制度改革。2016年7月，安徽启动"资源变资产，资金变股金，农民变股东"的"三变"改革试点，农民手上的土地变成"活资源"，可以广泛参与市场经济发展，实现多途径增收。至2017年底，全省承包耕地流转面积达3700多万亩，流转率达46%，高出全国平均水平8个百分点。

2018年，安徽农村"三权""三变"改革试点向纵深推进。旌德县在全国率先进行农村宅基地"三权"分置试点，对宅基地所有权、资格权、使用权进行分置，给予不动产确权颁证，放活农村宅基地和房屋使用权。

"三权""三变"改革，盘活农村土地和产权资源，推动土地规模经营，加快现代农业发展，丰富农民增收方式，使强农惠农富农政策落到实处，进一步夯实了农村实现全面小康的基础。

二、小岗精神的基本内涵

改革为了人民，改革才有意义；改革依靠人民，改革才有力量。坚持以人民为中心，是改革深入推进的动力源泉。2016年4月，习近平总书记亲临安徽小岗村考察调研，作出了"唯改革才有出路，改革要常讲常新""希望小岗村继续在深化农村改革中发挥示范作用"等重大论断和重要指示。① 1978年冬，在凤阳县小岗村，18户农民为改变

①《习近平在安徽调研时强调 全面落实"十二五"规划纲要 加强改革创新开创发展新局面》，《人民日报》2016年4月28日第1版。

贫困现状和自身命运，贴着身家性命拼力一搏，冲破了束缚生产力发展的旧体制，成为中国改革的一声惊雷，化作浩荡东风，掀起了波澜壮阔的改革大潮，其孕育形成的小岗精神，为推进安徽改革发展稳定和党的建设各项事业提供了丰厚滋养和强大动力。小岗精神以改革创新、敢为人先为内核，具体表现在以下5个方面：

（一）敢闯敢试的改革担当

中国共产党从诞生之日起就扛起前人难以肩负的历史重任，走着前人从未走过的崭新道路。“在中国这样的社会历史条件下建设社会主义，没有先例，犹如攀登一座人迹未至的高山，一切攀登者都要披荆斩棘、开通道路。”①

改革开放之前，特别是在“文化大革命”十年里，小岗农民处在极左思想的影响下，年年抓“纲”抓“线”，乱批乱斗，“轮流坐庄”。人心斗散了，土地斗荒了，粮食斗少了，农民斗穷了，集体斗空了。小岗从未向国家交过一斤粮食，成为远近闻名的“吃粮靠返销，生活靠救济，生产靠借款”的“三靠队”，还是“不论户大户小，户户外流；不论男人女人，只要能蹦跳的都讨过饭”的“乞讨队”。穷极则大变，在这里得到真实验证。小岗人当然明白，搞大包干是有极大政治风险的，但是，不搞大包干，不能自主种地，就要继续受穷，甚至靠乞讨为生。小岗人正是凭着敢为天下先的勇气，贴着身家性命，下定决心搞起了大包干，争得了自主权。那种抛弃生死、谋求发展的创新之举，正是敢闯敢试、敢于担当的真实写照，成为中国农村改革的标杆。小岗村因此成为“中国农村改革第一村”。

大包干改革，面临着严峻的政治风险，甚至坐牢杀头的危险，也遭遇到了种种压力和围攻，但其能够改革成功，得益于小岗人的大无

①习近平《论中国共产党历史》，中央文献出版社 2021年版，第56页。

畏精神。萌生改革想法时，严宏昌说："我就不信这个邪！这么厚的黄土还养活不了几个人?"严俊昌下决心：管它倒霉不倒霉，只要大家能吃饱饭就行[①]。尽管当时已是改革暗流涌动，出现了包产到组、包产到户等，但是小岗的改革最彻底，直接实行了包干到户，又称为大包干。1978年冬，小岗18户户主按下红手印、立下生死状："如不成，我们干部作（坐）牢刹（杀）头也干（甘）心，大家社员也保证把我们的小孩养活到十八岁。"小岗通过大包干，将以生产队为单位调配农民集中劳动，改变为农民自己支配、以家庭为单位的分散劳动；将劳酬脱节的按工分分配，改变为劳酬结合的实物分配；将集体分配的烦琐计算方法，改变为"交足国家的，留够集体的，剩下都是自己的"简便办法；将由生产队统一制定种植计划，改变为在国家计划指导下由农民自主经营。实行改革后，严宏昌面对着来自各方面的威胁、打压，坚忍不拔、据理力争，"我需要向县委书记汇报意见""你们有权利对我一个小小的农民这样做，但是你们要给我一个申诉的机会，要讲不赢了，我自己来，坐牢、杀头，任你们发落。""国家是不是共产党领导的？你们是不是共产党员？"[②] 小岗农民集体按手印，表示抚养干部的孩子，在改革过程中均表现出了一种大无畏精神。

小岗敢闯敢试的创举，破除了脱离实际的生产经营体制，使生产关系更好地适应了生产力的发展，极大地释放了农民生产积极性和创造力，迅速解决了国家长期未能解决的温饱问题。从更深远的意义来看，以大包干为基础的家庭联产承包责任制突破了高度集中统一的计划经济体制的旧模式，向市场经济迈出了关键性的一步。

小岗的改革推动了人民公社体制退出历史舞台。尽管1982年、

①严俊昌:《小岗村30年的改革历程》,《今日中国论坛》2008年第2-3期,第148-151页。
②俞劲松:《小岗人大包干的经历》,《文史精华》1999年第2期,第12-20页。

1983年两个中央“一号文件”没有公开否定人民公社，但实际工作中，是一步步否定了人民公社。1983年10月，中共中央通知实行政社分开，建立乡政权，农村设立自治性质的村民委员会。到1985年，全国有6万多个乡镇人民政府取代了人民公社，92万多个村民委员会取代了生产大队和生产队，长达27年的农村人民公社完全退出了中国农村社会舞台。

小岗的改革开启了市场化改革的历史进程。家庭联产承包责任制，实质上是使农民变成了相对独立的自负盈亏的商品生产者和经营者，为商品经济的发展创造了最重要的前提条件，使农产品的商品化程度大大提高。由此开始，农村乡镇企业异军突起，城镇化全面开花，亿万农民的创造热情被激发出来。农产品的极大丰富，促进了商品经济的发展。农民通过承包，使土地的所有权与经营权分离，自己决定生产什么和生产多少；自己支配劳动时间和剩余产品；专长之发挥，身份之改变，经营项目之选择，可以不受限制而由自己决定。这就为劳动力资源更有效地被利用，为生产要素的流动和优化组合，为农村产业结构和产品结构的合理调整，创造了前所未有的条件。

（二）攻坚克难的拼搏意志

以小岗改革为代表的安徽农村改革，就是一个在党的领导下改天换地、赢得广大群众欢天喜地的过程。

新中国成立以后，安徽的农业生产改革全国闻名。1953年随着农村集体组织力量的壮大，安徽大面积推广农业“三改”，提高了农业生产水平。1955年，安徽探索实行农业生产责任制，克服集体经营条件下出现的平均主义倾向。20世纪60年代初，全国农村很多地方实行过把劳动报酬同产量联系起来的责任制，如广西的包产到户、湖南的“田间管理包产到户责任制”，尤其是安徽的“责任田”。在不到一年的时间里，安徽全省90%以上的生产队推行了“责任田”，调动了农民的积极性，使粮食增了产，被干部群众称为“救命田”，被后人誉为农村改革的“预演”。然而，由于1962年秋批判“单干风”，“救命田”被当作资本主义“毒草”遭排斥。安徽省委主要负责人因推行“责任田”，被撤职、批判。仅安徽一省，因支持和参加过责任田的干部和农民数十万人被打成走资派、走资户。改革开放前，类似“责任田”的包产到户经历了三起三落，每一次起落，都有一批支持者被批斗、抄家、罢官、“戴帽”、坐牢。谈“包”谈“户”色变已是人人皆知，这些都成了改革起步阶段所面临的一个严重的政治、理论和思想障碍。这绝不是耸人听闻，有前车之鉴，也有现身说法：大包干带头人之一严金昌就因在房前屋后种了点生姜、辣椒、大葱，喂养了两头肥猪，却成了“暴发户”，其“暴发”程度充其量是不外出逃荒要饭的水平，居然被揪到公社批判了三四场，甚至被《皖东通讯》点了名。

到粉碎“四人帮”、结束“文化大革命”后，安徽仍然被捂了8个月阶级斗争的盖子，直到中央改组安徽省委班子，派万里、顾卓新、赵守一加强安徽省委的领导，安徽的形势才被彻底扭转过来。到1977年11月，省委召开了以落实农村经济政策为中心议题的全省农村工作会议，一致通过了《关于当前农村经济政策几个问题的规定》（简称“省委六条”），并作为省委正式文件下发各地执行。各地基层干部和广大农民由于深受“瞎指挥”之苦，对于规定的内容十分欢迎，都动员起来落实省委的新政策。很多地方都搞起了包产到组、包干到组、包产到户等不同形式的生产责任制。1978年凤阳县马湖公社10个生产队，实行“分组作业、定产到组、以产记工、超产奖励、减产赔偿、费用包干、节约归组”的责任制，取得在大旱之年8个平产、2个增产的好收成，成为全县唯一粮食没有减产的公社。除了马湖公社外，来安县烟陈公社姜渡大队魏郢生产队、天长县新街公社、肥西县山南区也进行了类似探索。这些改革探索的历程，体现了安徽人民顽强的斗争精神和拼搏意志，彰显了打破现状，不断自我革新、自我提高的优秀品质。

今天看来习以为常的包干到户，在当时来说，不仅事关经营方式的变革，更事关“是否与社会主义制度有根本性抵触”的敏感问题。人民公社“三级所有，队为基础”的制度被认为是农村不可动摇的“金科玉律”。面对农村长期贫困的现实问题，是迎难而上还是因循守旧？面对发展难题，是善于破题还是裹足不前？包产到户是将集体的土地承包给农户，从生产上，由原来的集体统一劳动、集中管理变为农户个体承担相应地块的劳动和管理；从分配上，整个生产的经济核算和收益分配仍然由集体统一进行。也就是说农民承包土地之后，生产的粮、油、棉等要全部交到生产队，由队里统一上缴国家征购任务，提留集体储备，然后按户交上来的产量计算出工分，再实行统一分配。这种办法是先承包，后算账，承包户收入的多少既取决于自己对承包任务的完成情况，也取决于整个生产队的经营情况，而且还要到年终结算时才能兑现。而小岗人则作出了具有彻底性的“质变”——包干到户的探索。这种办法是先算账，后承包。农民在承包土地之时，就和生产队订好承包合同，秋收后按规定完成上缴国家的征购任务、集体提留，剩下都归自己。包产与包干的区别主要在于，有无生产收益的分配权，以及这种权力的大小程度如何。“大包干、大包干，直来直去不拐弯，保证国家的，留足集体的，剩下的都是自己的”，大包干包得更彻底，利益更直接，责任更明确，方法更简便，一步到位。它的最大好处就是让农民清楚了自己与土地的关系，自己的劳动与自己生存发展的关系，自己能干什么和怎样干。对农民来说，没有别的什么能比这些清清楚楚的事实更能激发生产积极性了。

小岗实行了大包干，1979年就喜获大丰收，终于摆脱了“三靠队”的困扰，扔掉了讨饭的花鼓。这种生产责任制不仅结束了凤阳六百年来讨饭的历史，更是在社会主义建设历尽艰辛、农村经济缺乏活力、农业生产裹足不前的情况下，农民自发组织起来进行的一场具有突破性意义的改革。小岗的改革是在当时中央政策明确规定“不许”的情况下，瞒上不瞒下，偷偷搞起来的。搞了一年，大见成效，吸引周围群众的纷纷仿效。影响大了，也就瞒不住了，引起很大的争论，给自己带来了“麻烦”。正在激烈斗争的关键时刻，省委第一书记万里到了小岗。他不但没有批评，而且予以支持和表扬。“我就想这样干，就怕没人敢干。你们这样干了，我支持你们。”[①] 万里冒着巨大政治风险支持小岗人的惊世创举，体现了党的领导干部担当为民精神。于是小岗改革这颗星星火种，势若燎原，在江淮大地迅速燃烧，进而燃遍神州大地，为中国农村改革开辟了新纪元。

历史表明，任何一项改革措施，都会遭到保守思想和习惯势力的抵制和反对。包干到户之火，不是哪一个领导点燃的，而是农民自己点燃的。这种形式，马克思主义经典上没有记载，政府“红头文件”中没有规定。这充分表现了小岗人攻坚克难、勇于拼搏的勇气和精神。小岗大包干的成功实践充分证明，中国共产党始终和人民心连心，是人民的主心骨。我们要始终坚持党的领导，弘扬攻坚克难的拼搏精神，落实好党中央作出的建设社会主义现代化国家的战略部署，就一定能够创造出一个又一个人间奇迹。

（三）实事求是的思想路线

实事求是是马克思主义活的灵魂。中国化的马克思主义是从书本

①张广友:《改革风云中的万里》，人民出版社 1995年版，第201页。

上“抄”不来的，来源于中国人民遵循实事求是的思想路线所进行的伟大创造。小岗的18户农民在“小茅屋”里找到了家庭联产承包为主体、统分结合的农村经营体制，找到了改革的突破口。他们穷则思变、风险共担，勇于探索、敢想敢干，正是实事求是精神的生动体现。

1977年11月，中央召开了普及大寨县工作座谈会，要求当年冬季和1978年春季选择10%左右的大队“先行过渡”。会议形成一个汇报提纲，即《普及大寨县工作座谈会讨论的若干问题》，党中央随即转发了这个汇报提纲，在全国掀起新一轮“农业学大寨”运动，将已经严重偏左的党的农村工作路线又一次推向了极端。如此这般，农村基层群众的生产自主权再一次被严重剥夺。

安徽省委立足农业生产落后、农民生活艰难的最大实际，坚持实事求是，尊重群众意愿，在广泛调研的基础上，确立了“以生产为中心”的方针，开始了工作重心的转移，为大包干的萌发准备了必要条件。11月15日至21日，安徽省委召开全省农村工作会议。会议期间，万里等人力排众议，最终以省委决定的方式出台了“省委六条”。万里在会上说：“最重要的生产力是人，调动人的积极性主要靠政策，凡是阻碍生产力发展的做法和政策都是错误的，农村的中心问题是把农业生产搞好。”安徽省委坚持实事求是思想路线，从安徽农村的实际出发，彻底否定了“穷过渡”的发展方向，切切实实解决了农村面临的严重问题。

1978年，党的十一届三中全会为农村改革提供了重要的思想基础，创造了良好的政治环境。真理标准问题的大讨论推动了全党思想大解放，逐步恢复了一切从实际出发、实事求是的正确思想路线。当年，安徽省遭受百年未遇的特大干旱，到了秋季，麦子种不下去，大片大片的耕地抛荒。农民眼看生产生活无指望，非常恐慌。省委认为，与其抛荒，不如借给农民个人耕种，渡过灾荒，于是采取了“借地度荒”的非常举措：凡集体无法耕种的土地，可以借给社员种麦、种油菜，每人借三分地，谁种谁收谁有，国家不征粮，不分统购任务。由此，引发了肥西县山南公社黄花大队搞起了包产到户试点，并向周边蔓延。省委对此进行认真研究，万里在省委常委会上说：“要准确完整地理解毛泽东思想，要解放思想，大胆工作。省委没有决定的，只要符合客观情况的就去办，将来省委追认，不要都等我这个第一把手来决定。根据作物情况，可以包产到人、到组，联产计酬，也可以奖励到人、到组。所有制不变，出不了资本主义，没有什么可怕的。”后来干脆把肥西山南公社作为省委试点，进行包产到户试验。与此同时，在皖东的滁县地区，受“借地度荒”政策的启发，出现了三个典型：来安县烟陈公社杨渡大队魏郢生产队，偷着搞了包产到组，在大旱之年粮食由原来的8万多斤增长到12万多斤；天长县新街公社，当棉苗即将枯死的时候，公社把地“借”给农民，超产奖励，减产赔偿，结果当年棉花增产89.6%；来安县广大公社，搞了干部岗位责任制，年终时按各项生产指标奖罚，结果公社粮食棉花全面增产。省委在经过实地调查后，同意在滁县地区进行这三种模式的试点。

安徽省委及时总结实践经验并向党中央报告，对中央农业政策的调整起到重要推动作用。1979年9月，党的十一届四中全会的两个新规：其一，“可以按定额记工分，可以按时记工分加评议，也可以在生产队统一核算和分配的前提下，包工到作业组，联系产量计算劳动报酬，实行超产奖励。”这个“可以，可以，也可以”，肯定了包产到组，肯定了联产计酬。其二，将原来的“不许分田单干，不许包产到户”改为“不许分田单干。除某些副业生产的特殊需要和边远山区、交通不便的单家独户外，也不要包产到户”。由“两个不许”变为“一个不许，一个不要”，口气缓和了，有了更大的政策空间。1980年，《关于进一步加强和完善农业生产责任制的几个问题》的会议纪要，以中央75号文件形式下发至党内。文件的最大成果是对包产到户的性质作出了新的解释，认为它“是依存于社会主义经济，而不会脱离社会主义轨道的，没有什么复辟资本主义的危险”。该文件允许边远山区和贫困落后地区搞包产到户，促使包产到户逐步走向全国。1981年12月21日，中共中央政治局会议讨论通过了《全国农村工作会议纪要》。这个会议纪要在1982年1月1日以中央“一号文件”的名义下发全党。这就是第一个关于“三农”问题的中央“一号文件”。文件明确指出，到1981年底，全国农村有90%以上的生产队建立了不同形式的农业生产责任制，“目前实行的各种责任制，包括小段包工定额计酬，专业承包联产计酬，联产到劳，包产到户、到组，包干到组，等等，都是社会主义集体经济的生产责任制”。这一决定得到了中国农民发自肺腑的热烈拥戴。

1983年1月1日出台的中央“一号文件”《当前农村经济政策若干问题》，再一次明确指出：联产承包制“是马克思列宁主义农业合作化理论在我国实践中的新发展”“是我国农民的伟大创造”。这是对农民首创精神的高度肯定和尊重。1984年1月1日出台的“一号文件”《中共中央关于1984年农村工作的通知》，第一次明确提出“土地承包期一般应在15年以上”。对于上述政策，用农民的话说，就是吃了定心丸，致富开了窍、有了道、顾虑消。到1986年，连续五个指导“三农”工作的中央“一号文件”为中国农村带来了翻天覆地的变化，它通过对家庭联产承包的肯定，初步构筑了适应发展社会主义市场经济要求的农村新经济体制框架，并为中国城市经济体制改革，提供了坚实的物质基础和可借鉴的模式。1992年10月修改宪法时，把家庭联产承包责任制写了进去。

在党中央的正确领导下，坚持从实际出发，以小岗村大包干为主要发源地，最终形成了我国社会主义初级阶段农村基本经营制度——以家庭联产承包经营为基础、统分结合的双层经营体制。这是对社会主义公有制实现形式的实践探索，从一定意义上也是对马克思主义中国化的实践探索，是我们党团结带领人民群众对中国特色社会主义道路的实践探索。

（四）人民至上的价值取向

习近平总书记指出："人民是我们党执政的最深厚基础和最大底气。人民是历史的创造者，群众是真正的英雄。"[①]作为马克思主义政党，中国共产党把人民立场作为根本政治立场，坚持人民至上的价值取向。

"文化大革命"结束时，全国还有2.5亿人没有解决温饱问题[②]，1977年安徽全省28万多个生产队，只有10%的生产队能维持温饱。1977年到安徽赴任的万里三个月时间在全省各地农村调研，他为人民群众贫困的状况而落泪，下定决心要让农民把肚子吃饱，要想尽办法把农业生产搞上去。在省委常委会会议上，万里表示："我们的各级领导干部都是为人民服务的，做任何工作都必须有群众观点。"为了人民而改革，改革才有意义。中国共产党坚持人民至上的价值宗旨，团结带领人民群众实现从温饱不足到总体小康，再到全面小康的目标，就是改革始终得到人民群众衷心拥护和积极参与的最根本原因。

从小岗40多年的改革发展历程来看，坚持人民至上的价值取向，以人民为中心的发展思想引领推动小岗发生了历史性变革、取得了历

①习近平：《习近平谈治国理政》（第一卷），外文出版社2018年版，第5页。
②《改革开放简史》，人民出版社、中国社会科学出版社2021年版，第21页。

史性成就。

小岗实行大包干后，很快就甩掉了“三靠队”的穷帽子，实现了一年大翻身、越过温饱线，交够了国家的，留足了集体的，也让农民吃饱了肚子。1983年大年初一，滁州日报记者汪强在小岗村实地采访，欣喜地看到：“‘泰山’（拖拉机）躺在院里，‘凤凰’（自行车）停在厅堂，‘飞人’（缝纫机）立在闺房，‘熊猫’（收音机）响在桌上，‘钻石’（手表）戴在腕上，那块块猪肉横在梁上，鸡鸭飞进厨房……处处抬头见喜，家家福禄满门。”[①] 生动展现了大包干后家家户户生活好转、吃饱穿暖、开始追求更高的物质和精神文化享受的情景。凤阳全县推行大包干后的5年，每年粮食增产5000万斤，解决了农民梦寐以求的温饱问题。

然而，随着改革开放带来的社会生产力快速发展，以家庭为单位的分散经营逐渐难以适应现代农业发展的需要，小岗村这样的“老先进”遇到了“新问题”，可谓“一夜越过温饱线，20年未进富裕门”。千家万户的小生产如何对接千变万化的大市场，农民如何参与工业化、城市化的进程？如何加快推进农业现代化，成为小岗村需要面对的又一道改革难题。

“村看村，户看户，群众看干部”“小岗要致富，关键有个好支部”。安徽省委将选派优秀干部担任村第一书记作为深化农村改革的着力点，有力提升了农村基层组织带动力和影响力。2004年，省委选派省财政厅干部沈浩到小岗村担任第一书记时，他明确表示：小岗村是大包干的发源地，去了后一定好好干，对得起组织和人民。

沈浩刚到小岗，看到的比想象的还差：人均收入低，村里还有外债，村里环境差，柴垛垃圾遍地，交通不便，土路成泥，更为重要的

①石仲泉：《力量的源泉——改革开放以来群众的首创精神》，人民出版社2019年版，第21页。

是人心离散，村两委班子形同虚设。沈浩知难而上，1个月就把全村108户走了两遍，拉家常，解民忧，不嫌脏，不怕苦，和村民同吃同住同干活，很快与大家打成了一片，以实实在在的成绩赢得了大家的信任。沈浩在日记中写道："要得到群众的信任和支持，就必须融入小岗，了解民意，踏踏实实干几件事，让村民了解自己、认识自己。"正是这种"不怕""不退缩""必须融入"的信念和精神，使得沈浩由一个"省城领导"变成了真正的"基层干部"。为修路，他跑贷款，和大伙一块扛水泥、拌泥浆；和大家一块干农活，人变得黑瘦，满手老茧；村民的剩茶剩饭，端起来就喝就吃；他的房门从不上锁，村民只要找他，随时可以走进他的房间……2006年，沈浩挂职一届期满，小岗人按下红手印挽留他。尽管很矛盾、有困难，但沈浩依然留了下来，因为大家离不开他，他也已经离不开小岗。沈浩走进了小岗群众的心里，从小岗村的"庄稼人"转变成群众致富的"带头人"。

小岗村因改革闻名天下，因继续改革发家致富。"小岗为什么落后？""小岗该怎么发展？""小岗希望在哪里？"肩负党和人民的重托，沈浩一直在苦苦求索。他团结带领村两委和大包干带头人参观学习、拓宽视野，开展"小岗怎样快发展"大讨论，增强大家的责任心和紧迫感，形成"二次改革"的共识。从2006年开始，在他的带领下，小岗村探索土地流转，实行规模经营。面对各种议论，沈浩坚定地说："当年的大包干是改革，现在的土地承包经营权流转也是改革，改革总是要承担风险的。只要能使小岗村富裕起来，别说这点儿误解和委屈，就是献出生命，我也愿意！"他和村两委班子带领群众研究制定发展规划，确立了发展现代农业、旅游产业和招商引资的"三步走"发展思路，着力打造"现代农业示范村、城乡统筹先行村、制度创新实验村、文明和谐新农村"的"四型村"，给小岗村的发展注入了新的活力。

★沈浩(右一)与大包干带头人交流小岗村的改革发展情况

2008年9月30日，时任中共中央总书记胡锦涛考察小岗，热情地鼓励沈浩说："群众拥护你，这是对你最大的褒奖!"[①] 在沈浩的带领下，小岗村驶入发展快车道，各项事业欣欣向荣，村容村貌焕然一新。群众腰包渐鼓，沈浩两袖清风。小岗村民人均纯收入6年增加近两倍，沈浩的私家车在村里公事上也用了6年，救济困难群众、垫付村里的经费搭上6年工资，一分都没有拿回家。2009年，沈浩挂职二届期满，小岗人又按下红手印挽留他。

沈浩是中国共产党的优秀代表，以"我将无我，不负人民"的初心品格，以"功成必定有我"的使命担当，团结带领小岗人民继续改

①《农民群众的贴心人(时代先锋)——记鞠躬尽瘁一心为民的安徽小岗村党委第一书记沈浩》，《人民日报》2010年1月4日第1版。

革、再闯新路，实现了从温饱到小康的跨越，被群众称为“离不开的好干部”。人民群众需要他，他就留下努力工作，直到把生命交给了小岗村，实现了以生命赴使命、以挚爱护苍生的誓言。群众再一次以“红手印”把他们心中的好干部沈浩永远留在小岗村。继大包干精神之后，沈浩精神续写新的篇章，共同成为新时代小岗精神的重要部分。

乘着习近平总书记亲临考察的东风，小岗村在全省率先实行土地确权登记颁证，推行资源变资产、资金变股金、农民变股东“三变”改革，盘活集体资产，推动耕地有序流转，初步形成以龙头企业为引领、以农民合作社和家庭农场为纽带、以农户经营为基础的农业发展新格局；加大基础设施建设投入力度，深入推进农村厕所、垃圾、污水专项整治“三大革命”，村容村貌显著变化；社会事业长足进步，成功入选农业部美丽乡村创建试点，先后荣获全国生态文化村、全国旅游名村和安徽省美丽宜居村等称号，小岗人的获得感、幸福感、安全感不断提升，呈现出改革不断深化、发展持续优化、面貌深刻变化、党建切实强化的喜人局面。可以说，新时代全面深化改革的浩荡东风，进一步提升了小岗精神的内质和品格，推动小岗村发展取得历史性成就、发生历史性变化。

小岗故事的每一篇、每一人、每一事，无不是党带领人民、依靠人民，为人民创造而书写、为人民利益而奉献、为人民幸福而奋斗。由小岗到凤阳，从安徽到全国，经过40多年改革开放，实现了由温饱到总体小康，再到全面小康的飞跃，在中华大地上全面建成了小康社会，历史性地解决了绝对贫困问题，创造了又一个彪炳史册的人间奇迹。今天的小岗村，按照“现代农业的示范村、城乡统筹的先行村、制度创新的实验村、文明和谐的新农村”四型村战略目标，逐渐闯出一条创新跨越之路。今天的小岗村，高标准农业产业园集中连片，一排排二层小楼青砖黛瓦，村民广场前三五个老人围坐着拉家常，俨然一幅城市社区的景象。

（五）改革不停步的永恒主题

2016年4月25日，站在“中国农村改革第一村”的土地上，习近平总书记强调：“雄关漫道真如铁，而今迈步从头越。今天在这里重温改革，就是要坚持党的基本路线一百年不动摇，改革开放不停步，续写新的篇章。”① 2018年12月18日，党中央、国务院授予农村改革先行者——小岗村大包干带头人改革先锋称号，颁授改革先锋奖章。小岗精神起源于改革，在改革的伟大实践中丰富发展，随着改革的不断向前而历久弥新，具有与时俱进的精神品格，体现了中国共产党人“将改革进行到底”的坚定信念。

改革只有进行时，没有完成时。小岗在实行包干到户、迅速解决吃饭问题上带了头，在农村改革初期实施家庭联产承包责任制上作出了重要贡献。此后，小岗村也在不断扩大。1993年与相邻的大严合并，2008年与相邻的石马、严岗村合并，仍称小岗村，下辖849户、3823人，耕地面积8713亩。小岗人一直在探索。1983年严宏昌办起了第一家工厂，1993年成立小岗村农工商联合公司，1994年新建一个年产能100吨的粮食加工厂和一个镀锡铜线厂，1995年建立了小岗石英加工工业区，1996年创办了安徽长江矿业有限公司等。② 尽管大多因为经营不善而倒闭，但为进一步发展积累了经验。新世纪以来，安徽在农村改革中勇于探索、先行先试，创造了许多可借鉴、可复制、可推广的安徽经验。2000年率先开展农村税费改革，安徽是全国唯一整

①《总书记来到我们身边》，《人民日报》2016年4月28日第2版。

②赵伟峰、刘菊：《“新小岗模式”的演进历程、路径分析及启迪》，《现代经济探讨》2012年第11期，第51–54页。

省试点的省份，催生了免征“皇粮国税”的千古变革。2014年率先开展农村土地确权登记颁证试点，对稳定土地承包关系，完善农村基本经营制度，具有重要的标志性意义。2015年率先开展农村集体资产股份权能改革首批试点，2016年在全国第二个开展农村“三变”改革试点，推动了农村集体经济改革重大制度创新。2017年率先探索开展林长制改革，以“五绿共进”守护绿水青山，建设全国首个林长制改革示范区，2020年林长制写入“十四五”规划建议，中办、国办印发《关于全面推行林长制的意见》，林长制改革从安徽推向全国。这些重大改革，不断探索，勇于创新，闯出新路，体现出的正是安徽人民在新时代的赶考路上，大力弘扬小岗精神，改革开放不停步，重整行装再出发，将改革进行到底的智慧和勇气。

三、小岗精神的时代价值

40多年前的大包干是改革开放历程中的一件对全中国影响深远的事件。其时全国各地涌现了多种不同形式的生产责任制：包产到组、包产到户、包干到组、包干到户等等,小岗村的大包干专指包干到户，大包干是当时中国农村改革的一个缩影。在农村改革历程中孕育和发展的小岗精神，是亿万中国农民的实践探索结晶，它为发扬红色传统、传承红色基因、夺取乡村振兴新胜利、踏上共同富裕新征程，积累了宝贵经验，提供了重要启迪。

（一）小岗精神昭示了坚持党的领导是改革成功的最根本保证，坚定了坚持党的领导的意志和信心

习近平总书记指出：“中国共产党一经诞生，就把为中国人民谋幸福、为中华民族谋复兴确立为自己的初心使命。一百年来，中国共产

党团结带领中国人民进行的一切奋斗、一切牺牲、一切创造，归结起来就是一个主题：实现中华民族伟大复兴。”[①]

“我国革命、建设、改革的历史反复证明，只有符合实际的政策措施，采取符合实际的工作方法，党和人民事业才能走上正确轨道，才能取得人民满意的成效。”[②]党的十一届三中全会后，中国共产党团结带领中国人民，实现了新中国成立以来党的历史上具有深远意义的伟大转折，确立了党在社会主义初级阶段的基本路线，开启了改革开放和社会主义现代化建设的伟大征程，实现中华民族伟大复兴的历史事业迈上了新台阶。

历史的进程总是在曲折中不断前进，一种新生事物的出现并得到承认，也总是需要在实践中不断得到验证。“省委六条”出台之后，安徽停止了一切学大寨的实际行动，而是积极贯彻“六条”，尊重生产队自主权，允许社员经营家庭副业，将“大寨经验”撇在一边，激起了积极推行“大寨经验”的一帮人的极大反感，并进行了反击。对于来自“左”倾错误路线的指责，万里指出：“我们干我们的，人家爱说什么说什么，让群众去做结论，让历史去做结论吧！大队核算、‘穷过渡’‘大概分’，你这些东西我们没法学，学不了，难道还要强迫学？”[③]

1980年3月，万里离开安徽，调中央工作。在外部面临强大压力的同时，省委有关负责人对包产到户也出现了不同看法。省委先后在蚌埠和芜湖分南北两片召开会议，试图扭转包产到户的发展趋势，由此导致了反对包产到户的声音增多，忧虑者增多，积极倡导者遭到严厉批评。针对安徽出现的情况，万里多次向邓小平汇报安徽实行的联

①习近平:《习近平谈治国理政》(第四卷),外文出版社2022年版,第4页。
②习近平:《习近平谈治国理政》(第二卷),外文出版社2017年版,第7页。
③张广友:《改革风云中的万里》,人民出版社1995年版,第206页。

★小岗新貌

产承包责任制情况及其所引起的争论。在这场伟大的改革遇到重重阻力的关键时刻，邓小平及时发表谈话，表明自己的态度，给中国农村改革指明了发展的方向。4月2日，邓小平找胡耀邦、万里、姚依林、邓力群等领导谈话时说：农村地广人稀，经济落后，生活穷困的地区，像贵州、云南，西北的甘肃等省份中的这类地区，我赞成政策要放宽，使他们真正做到因地制宜，发展自己的特点。他强调：政策一定要放宽，使每家每户都自己想办法，多找门路，增加生产，增加收入。有的可包产到组，有的可包给个人，这个不用怕，这不会影响我们的制度的社会主义性质。[①] 5月31日，邓小平再次就农村改革发表重要谈话，对包产到户予以充分的肯定和支持。他说："农村政策放宽以后，一些适宜搞包产到户的地方搞了包产到户，效果很好，变化很快。安徽肥西县绝大多数生产队搞了包产到户，增产幅度很大。'凤阳

①张广友：《改革风云中的万里》，人民出版社1995年版，第226-227页。

花鼓’中唱的那个凤阳县，绝大多数生产队搞了大包干，也是一年翻身，改变面貌。有的同志担心，这样搞会不会影响集体经济。我看这种担心是不必要的。实行包产到户的地方，经济的主体现在也还是生产队。”[①] 邓小平以马克思主义实事求是的精神，深刻总结历史的经验教训，肯定了联产承包责任制的生命力，肯定了人民群众在寻求各具特色的农业发展道路中表现出来的伟大创造精神，为中国农村改革指明了方向。

在此前后，陈云、胡耀邦等中央领导也在不同场合对改革明确表明了支持态度。陈云曾高兴地合拳抱掌对万里说：“万里同志，我完全赞成你在农村政策方面的那些做法。”

在改革的关键时刻，正是从中央到地方各级领导人坚持实事求是的原则，发挥党总揽全局、协调各方的领导核心作用，对包产到户、大包干采取了正确、客观、公正的态度，使得这场刚刚掀起大幕一角的改革，越走越稳、越走越远，并逐渐形成燎原之势。1980年9月，中共中央印发《关于进一步加强和完善农业生产责任制的几个问题》的通知，1982年起，中共中央连续5年发出有关农业和农村问题的“一号文件”，正式给包产到户、包干到户报上了“户口”，明确包产到户、包干到户是社会主义集体经济的生产责任制，使其迅速在全国推广开来。1991年，党的十三届八中全会通过了《中共中央关于进一步加强农业和农村工作的决定》，高度评价了家庭联产承包责任制，强调将其“作为我国乡村集体经济组织一项基本制度长期稳定下来，并不断充实完善。”[②] 1993年3月，全国人大通过决议，把家庭联产承包责任

①《邓小平文选》(第2卷)，人民出版社1993年版，第315页。

②中共中央文献研究室：《改革开放三十年重要文献选编》(上)，中央文献出版社2008年版，第608页。

任制正式载入我国宪法。

2016年4月25日，习近平总书记专程到小岗村考察并召开农村改革座谈会。他强调，改革开放以来农村改革的伟大实践，推动我国农业生产、农民生活、农村面貌发生了巨大变化，为我国改革开放和社会主义现代化建设作出了重大贡献。这些巨大变化，使广大农民看到了走向富裕的光明前景，坚定了跟着我们党走中国特色社会主义道路的信心。对农村改革的成功实践和经验，要长期坚持、不断完善。[①] 总书记的重要讲话为推进以小岗为代表的广大农村进行改革发展指明了前进方向、提供了根本遵循。

小岗改革的成功实践充分证明，要办好中国的事情，关键在党。中国共产党的领导关系全国各族人民的利益、命运，也是实现中华民族伟大复兴的命运所系、大势所趋。从当年风起云涌的包产到户、大包干创新，到如今农业、农村蓬勃发展的新时代，党始终把握方向、谋划大局、制定政策、促进改革，是当之无愧的主心骨和领路人，是改革开放成功的最根本保证。

（二）小岗精神彰显了改革开放是实现中华民族伟大复兴的关键一招，坚定了将改革开放进行到底的信心和决心

习近平总书记指出："改革开放是我们党的历史上一次伟大觉醒，正是这个伟大觉醒孕育了新时期从理论到实践的伟大创造。"改革开放发展了中国，发展了社会主义，发展了马克思主义。

改革开放40多年的实践得出的重要启示是，创新是改革开放生生不息、持续不止的动力源泉，是推进中国特色社会主义伟大事业、实现中华民族伟大复兴的关键一招。"小岗精神"蕴含的"创新"因子，

①《习近平主持农村改革座谈会：加大推进新形势下农村改革力度》，《人民日报》2016年4月29日第1版。

创造了中国特色社会主义农村生产责任制的新形式，推动了中国农村改革的起步，启动了中国改革开放的伟大征程。

1982年9月，党的十二大提出了建设有中国特色的社会主义命题，制定了开创社会主义现代化建设新局面的纲领，确立了20世纪末实现工农业总产值翻两番的战略目标，并把农业放在现代化建设战略重点的首位，要求进一步巩固和完善农业生产责任制，继续调整农村生产关系，充分调动农村集体经济和广大群众的积极性。在党的十二大精神指引下，安徽农村改革再一次发挥创新活力，不断走向深化。

1982年12月20日，省委发出《关于进一步稳定、完善联产承包责任制的意见》，号召要在十二大精神指引下，进一步解放思想，大胆创新，做好农业生产责任制的稳定完善工作，促进全省农业生产更加快速发展。同时，要求把联产承包责任制推广到农村经济的各个领域；积极扶持专业户、重点户，发展各种形式的合作经济；积极鼓励、适当发展劳动者个体经济。此举极大地调动了农民的生产积极性，促进了农业生产的快速发展。1984年的中央“一号文件”明确指出：土地承包期一般应在15年以上。按照中央指示精神，安徽全省很快完成了土地的第一轮承包工作，并于1994年秋将土地二轮承包推广到了全省各地，进一步强化了土地的所有权，稳定了承包权，放活了使用权，明确了发包权。

在家庭联产承包责任制推行后出现的农村生产专业户，对农村经济乃至整个国民经济的发展具有重要的意义。专业户改“小而全”的小农经济发展模式为“小而专”，推动了农业生产向专业化、社会化方向发展。专业户生产不仅提高了生产率，而且提高了商品率。专业户的出现依托于以土地为主的自然资源，在有了一定的积累后，便逐步脱离土地，转向兴办实业，直接为乡镇企业的崛起和个体私营经济的产生与发展提供了条件，进而带动了城市改革和经济体制等方面改革的启动。1984年10月，中共十二届三中全会做出的《中共中央关于经济体制改革的决定》，标志着中国经济改革的全面推开。2016年4月，习近平总书记考察安徽期间，在小岗村的大包干签字室感慨道："当年贴着身家性命干的事，变成中国改革的一声惊雷，成为中国改革的标志。"并强调，要坚持党的基本路线不动摇，改革开放不停步，续写新的篇章。

实施乡村振兴战略，是以习近平同志为核心的党中央，从党和国家事业发展全局出发，着眼于实现"两个一百年"奋斗目标，顺应亿万农民对美好生活的向往做出的重大决策。高质量乡村振兴是我国立足新发展阶段、贯彻新发展理念、构建新发展格局的必然要求。因而，"三农"工作仍需牢牢抓住、紧紧抓好。解决农业农村发展面临的各种矛盾和问题，根本还是靠深化改革。

党的十八大以来，小岗村不断深化土地制度等关键领域改革，农村集体资产股份权能改革、现代农业体系改革、农业供给侧结构性改革同步推进，"三年大提升"逐步由目标变为现实。2012年，小岗村开展农村土地承包经营权确权登记颁证试点工作，为"三权分置"迈开了第一步；在全省率先完成承包土地确权颁证，率先启动农村"三变"改革省级试点，加快推动集体产权制度改革，成立了小岗集体资产股份合作社，从"户户包地"变为"人人持股"，小岗改革再次走在中国前列。当年的农村改革第一村在新时代焕发出新活力。小岗用土地"由分到合"到"由合到分"再到"由分到合"的历史进程，印证了安徽农村改革的不断深化。

小岗是中国千万农村的缩影，小岗的改革是中国改革开放的缩影。由小岗而放眼全国，40余年改革开放的成功实践，推动了中国特色社会主义事业的伟大飞跃，证明了在迈向中华民族伟大复兴的征途上，改革开放是不可或缺的关键一招。唯改革者进，唯创新者强，唯改革创新者胜。

（三）小岗精神体现了“以人民为中心”的发展思想，坚定了新时代深化改革开放的价值取向

习近平总书记深刻总结党和人民的血肉联系说：“江山就是人民、人民就是江山，打江山、守江山，守的是人民的心。”[①] 人民是党的根基与血脉，更是党百年奋斗的力量源泉。人民立场是中国共产党的根本政治立场，是马克思主义政党区别于其他政党的显著标志。在中国革命、建设、改革的历史进程中，人民主体地位、为人民利益而奋斗，始终是贯穿其中的一条主线。

改革开放的这场伟大觉醒来自人民群众发挥的历史作用，风起云涌的农村改革最直接的来自人民群众的大胆探索和伟大实践。人民群众是改革的实践者、推动者、参与者。小岗精神中同样蕴含着人民群众创造历史的唯物史观。党的十四大报告指出：“实行家庭联产承包，是中国农民的伟大创造。党中央尊重群众愿望，积极支持试验，几年工夫在全国推开。废除人民公社，又不走土地私有化道路，而是实行家庭联产承包为主，统分结合、双层经营，解决了我国社会主义农村体制的重大问题。”[②]

农民是农村改革与发展的直接参与者和推动者，他们身上蕴藏着巨大的创造力。邓小平说：“改革首先是从农村做起的，农村改革的内容总的说就是搞责任制，抛弃吃大锅饭的办法，调动农民的积极

①习近平：《在庆祝中国共产党成立100周年大会上的讲话》，《人民日报》2021年7月2日第2版。

②中共中央文献研究室：《改革开放三十年重要文献选编》（上），中央文献出版社2008年版，第652页。

性。”[①] 广大农村地域广阔，存在着经济发展水平、自然地理条件、社会文化环境不均衡的客观实际，仅仅依靠政府的宏观调控，是不能从根本上使农民脱贫致富的。只有放开农民手脚，鼓励农民大胆实践，大胆创造，才能找到适合当地情况、各具特色的发展路子，找到解决农业和农村发展中各种问题的有效办法。

1977年底，安徽省委转变指导思想，遵循解放思想、实事求是的正确思想路线，根据安徽农村实际情况，形成了《关于当前农场经济政策几个问题的决定（试行草案）》，确立了“以生产为中心”的方针，率先在全国开始了工作重点的转移（从阶级斗争转移到农业生产上来），与当时“抓纲治国”的战略决策背道而驰，体现了改革者的政治勇气和魄力。1978年12月，时任安徽省委第一书记的万里在党的十一届三中全会上，根据安徽的实践经验，明确向党中央建议：能否考虑在今后若干年内，在农场不搞政治运动，把主要注意力转到生产建设和技术革命上来。十一届三中全会停止使用“以阶级斗争为纲”的口号，及时地、果断地作出了把全党的工作重点和全国人民的注意力转移到社会主义现代化建设上来。安徽人民在党和国家的工作重点的转移中发挥了自己的重要作用。

人民主体地位体现在首创精神上。小岗人民发明的大包干这一新的生产模式源于农民的自发创造，体现了人民群众在改革发展中的主体地位作用，是对人民群众创造历史的历史唯物主义基本原理作的实践注解。“省委六条”颁布后，虽然与当时农业学大寨的“左”的一套政策相比，前进了一大步，然而其“不许包产到组、包工到户”“不要搞联系产量的责任制”等内容，仍不能满足农民在生产、生活中的需要，很快被农民在实践中所突破，集体联产蓬勃发展起来。以万里为

①《邓小平文选》(第3卷)，人民出版社1993年版，第117页。

代表的安徽各级领导干部认识到要想充分调动农民的生产积极性，在农村政策问题上不能墨守成规，对包括包产到户在内的各种形式的责任制，只要能够调动农民的生产积极性，有利于提高农业生产，都可以实行，最终确立了省委对包产到户、包干到户的肯定和支持态度。

人民主体地位体现在担当奉献中。18位小岗农民在大包干契约上按下红手印，以“托孤”形式签下“生死状”，这是敢于担当与甘于奉献精神的体现；在大包干遭受质疑、面临取缔危机时，从中央到地方，主张改革的领导干部肯定、支持大包干，这是敢于担当与甘于奉献精神的体现；在新时期，为了改变小岗村的面貌，使农村改革第一村重现当年的辉煌，以沈浩为代表的党员干部情系群众、勤政为民，不计个人得失，鞠躬尽瘁，这是敢于担当与甘于奉献精神的体现。正如沈浩在读高中时就在日记写到的：“任劳任怨其实是两层含义，一个人能做到任劳不难，难的是还能做到任怨。任劳是一种品格，常人通过努力是能够做到的；任怨是一种境界，非一般人所能做到的，需要有共产主义理想信念才能做到。” 担当奉献以另一种方式体现了人民的主体地位。

1979年3月15日，《人民日报》头版头条发表署名张浩的《“三级所有、队为基础”应当稳定》的读者来信，并配发编者按。张浩来信指责包产到组“搞乱干部和群众的思想”，编者按指出“应当正确贯彻执行党的政策，坚决纠正错误做法”。来信及编者按一度引起了农民的恐慌，面对突如其来的风波，在安徽省委的正确领导下，全省上下同心同德，顶住强大精神压力，化解了风波。省委及时发出代电，指示各地无论实行什么样的责任制，都要加以稳定；万里深入基层，鼓励干部群众，表示不管哪种形式的责任制，只要能够增产增收，对国家有利，对集体有利，对农民有利，群众愿意，就要坚持下去，淡化

“张浩来信”的冲击力；在推行责任制比较普遍的地方，干部们纷纷表态要坚决干下去。嘉山县委书记贾长志说：“就是刀架在脖子上我们也要坚决干下去。”凤阳县委书记陈庭元说：“我是王小二盖猪圈，一心门朝南，坚决不变！”滁县县委书记冯峻说：“党的政策不能随便变来变去，要尊重民意。”

1980年春节前夕，万里来到小岗，看到粮食丰收的情况，非常高兴，当生产队反映有人指责小岗是“开倒车”时，万里当即对小岗人表示：“地委能批准你们干三年，我批准你们干五年。只要能对国家多贡献，对集体能够多提留，社员生活能有改善，干一辈子也不能算开倒车。”[①]

在全面建设社会主义现代化国家的新征程上，尊重人民主体地位，发扬人民首创精神，增强人民主人翁意识，在为广大人民群众服务的生动实践中砥砺前行，仍然是必须坚守的立场与方向。

（四）小岗精神体现了中国农民的伟大创造，提供了实现乡村振兴、共同富裕的精神力量

1953年，中共中央通过的《关于发展农业生产合作社的决议》中即提出“共同富裕”的概念。1992年，邓小平强调了共同富裕问题，指出“社会主义的本质，是解放生产力，发展生产力，消灭剥削，消除两极分化，最终达到共同富裕”。[②]党的十八大以来，习近平总书记在多个场合发表了有关“共同富裕”的重要论述，为在新时代准确把握共同富裕的内涵、推进共同富裕取得实质性进展提供了根本遵循。“共同富裕”是社会主义的本质要求，是中国式现代化的重要特征。

习近平总书记强调，脱贫攻坚战的全面胜利，标志着我们党在团

①安徽省政协文史资料委员会:《农村改革的兴起》,中国文史出版社1993年版,第24页。
②《邓小平文选》(第3卷),人民出版社1995年版,第373页。

结带领人民创造美好生活、实现共同富裕的道路上迈出了坚实的一大步。[①] 要巩固脱贫成果，必须毫不放松抓好农业生产，将巩固拓展脱贫攻坚成果同乡村振兴有效衔接。乡村振兴是实现共同富裕的一条重要路径。

2016年，习近平总书记在小岗农村改革座谈会上强调，中国要强农业必须强，中国要美农村必须美，中国要富农民必须富。要坚持把解决好“三农”问题作为全党工作重中之重，加大推进新形势下农村改革力度，加强城乡统筹，全面落实强农惠农富农政策，促进农业基础稳固、农村和谐稳定、农民安居乐业。[②]

改革开放40多年来，特别是党的十八大以来，我国农业获得了巨大的发展，农村发生了翻天覆地的变化，农民的精神面貌、物质生活得到了极大改善。但我们也应该清醒地认识到，同其他领域取得的发展成果相比，当前我国农村基础差、底子薄、发展滞后的状况并没有根本改变，城乡差距依然明显，现代化建设中最明显的短板依然是农业、依然在农村。乡村振兴所涉及的农村经济、文化、社会、政治、生态等方面，依然面临着前所未有的挑战和困难。

党的十九大作出实施乡村振兴的重大战略部署，提出：农业农村农民问题是关系国计民生的根本性问题，必须始终把解决好“三农”问题作为全党工作重中之重。这是决胜全面建成小康社会、全面建设社会主义现代化国家的重大历史任务，是新时代“三农”工作的总抓手。

小岗精神蕴含着改革开放、敢为人先的科学内涵，坚持和弘扬小

①《习近平著作选读》(第2卷)，人民出版社2023年版，第443页。

②《习近平主持农村改革座谈会：加大推进新形势下农村改革力度》，《人民日报》2016年4月29日第1版。

岗精神有利于在习近平新时代中国特色社会主义思想指导下理性分析和深刻揭示乡村振兴所面临的深层次矛盾与问题，进一步厘清乡村振兴的战略思路，明确乡村振兴的目标任务和战略重点，坚定不移地贯彻落实新发展理念，规划好乡村振兴的蓝图，以科学的态度实施农业农村改革，从“摸着石头过河”走向科学发展、高质量发展。

实施乡村振兴战略，一要坚持创新引领、科学谋划、精准施策。大包干开辟了中国农村改革的先河，实现了小岗跨越式发展，体现了小岗人善于创新、勇于开拓的精神品质。在新时代实施乡村振兴过程中，需要进一步解放思想、深化改革、开拓创新。首先，需要进一步以农业供给侧结构性改革为指引，推动建设现代农业产业体系、生产体系与经营体系，使农村新业态、新产业成为农民增收新渠道。其次，要深化农业供给侧结构性改革，推动农业三产融合发展。第三，通过推动农村集体产权制度改革，实行农村集体经济运行新机制，盘活农村资产资源，使农民变股东，资源变资产，增加农民收入。如今，小岗村结合本地实际，从土地流转、大力发展现代农业、乡村工业、红色旅游业等路径出发，加快建设步伐，先后入选中国幸福村、中国乡村红色遗产名村、全国生态文化村、全国旅游名村、全国特色景观旅游名镇名村、全国民主法制示范村。在实施乡村振兴过程中，小岗村从当地实际出发，找准自身特色，形成亮点，求创新谋突破，稳步推进乡村振兴。小岗的经验可资借鉴。

二要重视人才建设，打造新型职业农民队伍。乡村振兴，关键在人。按照推进乡村人才振兴的实施意见要求，弘扬小岗精神中敢想敢干、敢为人先的创新精神，激发农民作为主体的农民的积极性、主动性、创造性，鼓励、支持农民创新创业，为农民创新创业创造条件，加快培养农业生产经营、农村二三产业发展、乡村公共服务、乡村治理、农业农村科技“五类人才”，大力开展农业农村领域招才引智，实行更加积极、开放、有效的人才政策，吸引促进各类人才投身乡村建设，建设一支强大的乡村振兴人才队伍，为打造乡村全面振兴安徽样板提供有力人才支撑。同时，强化财政、金融、土地等政策保障，搭建乡村引才聚才平台，完善扶持乡村产业发展的政策体系，建好农村基础设施和公共服务设施，改善农村发展条件，选树一批乡村人才先进典型，对作出突出贡献的各类人才，按照有关规定给予表彰和奖励，营造乡村人才振兴的良好环境。

三要充分发挥科技先锋作用。创新是引领发展的第一动力，是乡村全面振兴的重要支撑。全面实施乡村振兴战略要走城乡融合发展之路、质量兴农之路、共同富裕之路、人与自然和谐共生的绿色发展之路，则必然要走科技创新之路。农业的出路在现代化，农业现代化的关键在科技进步。因此，当前的农业农村发展比以往任何时候都更需要创新，更需要科技引领。小岗精神在新时代的农业农村科技发展中依然是积极的推动力量。

小岗精神是中国共产党人精神谱系的重要组成部分。改革开放以来小岗人所创立的小岗精神是激励我们争当改革先锋、加快建设现代化美好安徽的强大精神力量。立足新发展阶段、贯彻新发展理念、构建新发展格局、推进高质量发展，还有许多“硬骨头”要啃，更要大力弘扬小岗精神，通过改革把各方面的积极性主动性创造性调动起来、激发出来，达到守正创新、开拓新局的目标。要坚持顶层设计和基层探索有机结合，精准对接发展所需、基层所盼、民心所向，统筹推进重要领域和关键环节改革，只争朝夕，埋头苦干，为加快建设经济强、格局新、环境优、活力足、百姓富的现代化美好安徽勇毅前行。

老区精神的基本要旨和时代价值

鲁　敏　章慧丽　唐晴晴　杨云翠

老区是指中国共产党在土地革命战争时期、抗日战争时期创建过根据地的地方，是新中国的摇篮。老区和老区人民，为我们党领导的中国革命作出了重大牺牲和贡献。这些牺牲和贡献永远镌刻在中国共产党、中国人民解放军、中华人民共和国的历史丰碑上。习近平总书记在2016年4月考察金寨时指出："无论是革命战争年代还是改革开放新时期，老区人民为党和国家作出了巨大贡献。老区人民对党无限忠诚、无比热爱。老区精神积淀着红色基因。在今天奔小康的路上，老区人民同样展现出了强烈的奉献奋斗精神。"[①]一百年来，老区精神是一面鲜红旗帜，是一种强大力量，在中国革命、建设、改革历程中，在团结人民、战胜敌人、克服困难、取得胜利的斗争中发挥着不可替代的作用。2021年9月，老区精神被正式纳入第一批中国共产党人精神谱系。

一、老区精神在安徽形成的历史背景

老区精神是在老区革命实践中形成的。安徽是全国著名的革命老

①《习近平总书记心中的中国精神》，共产党员网2017年10月31日。

区，现有104个县（市、区）中有68个老区县（市、区），是中国革命的重要策源地、人民军队的重要发源地，从这里走出了中国共产党主要创始人陈独秀、新民主主义革命时期党的重要领导人王稼祥等，涌现了陈延年、陈乔年、曹渊、许继慎等一大批革命先驱者和革命烈士。在中国共产党领导下，土地革命战争时期，安徽创建了皖西苏区、皖南苏区，抗日战争时期创建了淮南、淮北、皖江抗日根据地等。艰苦卓绝的革命斗争，时刻考验着安徽共产党人和老区人民的信仰、信念和信心，也为老区精神的形成创造了坚实而深厚的实践基础。

（一）安徽老区是建党之初和大革命时期党组织创建和开展革命活动较早的地方

五四运动前后，马克思主义在安徽得到了较早和较广泛的传播，包括桐城、郎溪、霍邱、涡阳、芜湖、泗县、寿县、六安、宣城、广德、旌德、泾县等在内的革命老区，基本都是马克思主义传播较早、革命思想萌芽较早、党团组织建立较早的地方。中国共产党成立后，马克思主义在安徽得到了进一步传播，介绍马克思主义的书籍也日益增多。安庆、芜湖乃至皖西山区于1921至1923年间，先后成立了“马克思主义研究会”“马氏研究会”“马克思主义学习小组”和“社会科学研究会”等学习、宣传马克思主义的组织，使一大批年轻的知识分子和青年学生由反帝、反封建的民主主义者，开始成为马克思主义者。①

1921年10月，安徽（安庆）社会主义青年团成立，成为全国较早成立的17个地方团组织之一。1923年1月，芜湖社会主义青年团地方

①中共安徽省委党史研究院:《中国共产党安徽历史第一卷(1923—1949)》,中共党史出版社2021年版,第27页。

执行委员会成立。此后，寿县、宿县等地也建立了团组织。各地社会主义青年团组织率领青年学生开展了各种形式的反帝反封建斗争，在斗争中发展壮大，为安徽地方党组织的建立做了思想和组织上的准备。

1923年冬，柯庆施在安庆北门万安局1号濮家老屋召开会议，正式成立中共安庆支部，柯庆施任书记，直属中共中央领导；曹蕴真、薛卓汉、徐梦秋等人在寿县小甸集小学召开会议，宣布成立中共小甸集特别支部，直属中共中央领导。从此，地方党组织如雨后春笋般在江淮大地涌现，安徽的革命斗争开始有了中国共产党这个主心骨、领路人，群众运动也由自发斗争发展到自觉斗争的新阶段。

第一次国共合作后，安徽的党团组织遵照中共中央的指示，动员党团员以个人身份加入国民党，帮助改造国民党地方组织，投身大革命的洪流之中。安庆三二三事变后，安徽革命事业遭受重大损失。在革命暂时处于低潮时，中共安徽省临时委员会成立，带领安徽人民接续奋斗。在整个建党之初和大革命时期，凡是马克思主义传播和党组织创建较早、革命活动开展较活跃的地方，后来都逐步发展为革命老区，老区精神最先在这些地方得到萌芽。

（二）安徽老区是土地革命战争时期红军开展苏区建设和发展较好的地区

开辟苏区的进程，也是老区精神形成的过程。大革命失败后，安徽党组织贯彻八七会议精神，决定在六安等农民运动基础较好的地区发动农民起义，比较著名的有立夏节（商南）起义、六霍起义、请水寨起义等。六霍起义后，各级新生的苏维埃政权机构相继诞生，以六安、霍山为中心区域的皖西革命根据地开始形成，逐步发展成为鄂豫皖革命根据地的重要组成部分。1934年11月主力红军长征后，皖西苏区红军游击队坚持了三年艰苦卓绝的游击战争，让革命的红旗始终高高飘扬在安徽大地上。

皖西苏区的创建。六霍起义后，旧政权被摧毁，六安中心县委立即着手组建红军武装，创建以工农兵为主体的乡、区、县苏维埃政府，建立劳动人民自己的新政权，进行土地改革，为创建皖西苏维埃区域加紧工作。为了巩固新生的苏维埃政权，抵御国民党军队的“围剿”，苏区政府把发展地方红军武装作为一项重要工作。1930年5月，红三十三师和红三十一、三十二师统一组编为红一军，由鄂豫皖特委指挥。皖西苏区的一项重要任务是发展赤卫队。赤卫队在保卫苏区、维护苏区治安、肃清反革命分子方面起了重要作用。1930年7月，在赤卫队的基础上组建了红军中央独立第一师，辖5个团，兵力3000多人，担负保卫六霍苏区的重任。六安六区苏维埃第一次代表大会通过了《土地政纲实施细则》，这是安徽第一个改变农村封建所有制的政治纲领，该项细则的基本条款也被六霍苏区各区苏维埃政府采纳实施。会议还通过了《债务办法》《森林办法》《雇农工资办法》和《手工业工人办法》等4项法规。为了迅速恢复苏区的经济，恢复生产，苏维埃政府还制定了一系列政策，鼓励私人经商，鼓励中小商人营业自由，鼓励群众集资开设米行、药材行、茶行、麻行等，并允许苏区和白区通商，以苏区的山货土特产交换白区的生活必需品。在六安中心县委的指导下，随着皖西各县、区、乡苏维埃政府的建立和土地改革的完成，到1930年初夏，以六安、霍山为中心包括周边部分地区的皖西苏维埃区域基本形成。皖西苏区建立后，广大贫苦农民立即得到实惠。除广泛推行土地改革外，还颁布《雇农工资办法》，规定雇农与雇主一律平等，雇主不得打骂虐待雇工，雇主应承担雇农疾病的医药费，并增加雇农工资等。[①]

皖西北苏区的形成。1930年7月之后，皖西苏区因为执行李立三“左”倾冒险主义的攻占武汉的军事计划，军力空虚，国民党军队乘虚而入，苏区几乎全部被敌军占领。在立三路线得到纠正之后，红军立即着手恢复失去的苏区。为了统一鄂豫皖根据地党政军建制，1931年1月20日，鄂豫皖特委召开会议，决定成立鄂豫皖特委皖西分特委，指导六安、霍山、合肥、英山、霍邱、寿县、舒城、桐城、潜山9个县委。1931年4月，皖西分特委撤销，成立皖西北特委，除直接指导六安、霍山、潜山、霍邱和河南商城苏区县外，还指导皖西北苏区邻近的两个中心县委即皖北（寿县）中心县委和皖西（合肥）中心县委所辖的15个县，以及河南的息县、固始、新蔡3县。5月1日，皖西北特区工农兵代表大会正式召开，会上成立了皖西北苏维埃政府。从此，皖西苏区改称皖西北苏区。皖西北特委成立后，颁布了《组织工作决议案》《政治决议案》《妇女工作决议案》等一系列决议，使刚恢复不久的苏区工作有了很大的转变和发展。到1931年6月，苏区地域有很大发展，六安、霍山、霍邱、赤城县苏维埃政府得到巩固，固始县开始建立革命委员会。随着鄂豫皖革命根据地第二次和第三次反“围剿”斗争的胜利，苏区地域范围进一步扩大，苏维埃政权更加完善。

皖南苏区的创建。遵照闽浙赣省委建立新苏区的指示，1934年7月，太平中心县委决定在领导抗租平债斗争的基础上，发动农民武装暴动，创建皖南新的苏区。8月22日，3200多名农民揭竿而起，参加柯村暴动，摧毁了当地国民党的基层政权，取得初步胜利。在红军游

①中共安徽省委党史研究院:《中国共产党安徽历史第一卷(1923—1949)》,中共党史出版社2021年版,第122页。

击大队的支援下，农民开仓分粮，烧毁地契债据，张贴革命标语口号，庆祝暴动胜利。在暴动浪潮的推动下，许多青年农民踊跃报名参加红军，红军游击大队迅速扩大为4个中队，地方游击队发展到600余人，正式公开成立有300多人的柯村农民团，太平中心县委机关迁至柯村。至此，东起黟县方家岭，西至祁门赤岭，南至祁门历口，北抵石台七都方圆百余里的苏维埃区域诞生。党和群众组织也得到进一步发展，中心县委建立了6个县委、18个区委，党员数超过300人，农民团、妇女、儿童组织也有了很大发展。根据闽浙赣省委的指示，1934年10月正式在柯村成立皖南苏维埃政府，设财政、供给、土地、裁判、交通、印刷、文教、修枪8个部。各县、区、乡也相继建立或筹备建立苏维埃政府机构。皖南苏维埃政府成立后，着重加强地方武装建设，以红军游击大队为基础，吸收一批当地游击队员，扩编为中国工农红军皖南游击队，各县分设游击大队，区设分队，并加强各乡赤卫队的建设。同时，着手筹备土地分配，先举办土地分配培训班，学习毛泽东《怎样分析农村阶级》和赣东北苏区的有关土地法令和分配实施规则，讨论以村为单位制定土地分配的具体方法等。[①] 皖南苏区的创建和发展标志着皖南土地革命进入高潮。

（三）安徽老区是全民族抗日战争时期新四军开辟的稳固的抗日民主根据地

全民族抗日战争时期，日军在安徽大地上疯狂掳掠，老区军民在党的领导下英勇奋战，取得了一个又一个重大胜利。五次繁昌保卫战、三打来安城、淮北33天反“扫荡”……老区人民用鲜血浇灌了自由解放之花。

①中共安徽省委党史研究院:《中国共产党安徽历史第一卷(1923—1949)》,中共党史出版社2021年版,第179页。

淮南抗日根据地的建立。淮南抗日根据地位于江淮之间的安徽省东部和江苏省西部，东临大运河，西接大别山，南抵长江，北濒淮河。抗日战争时期，这里因日军侵占津浦铁路淮南段，被分割为路东、路西两大片。1939年12月，刘少奇率中原局进入皖东敌后，直接领导皖东的抗日斗争。为了适应斗争形势需要，1940年1月，成立皖东津浦路东省委和津浦路西省委。1940年3月，淮南地区第一个抗日民主政权定远县抗日民主政府成立，津浦路东第一个抗日民主政府来安县抗日民主政府成立。至7月底，在13个县建立了抗日民主政权，其中路东有8县，路西有5县，基本实现中共中央和中央军委关于将皖东全部、江苏一部化为根据地的任务。从1941年起，淮南抗日根据地进入新的发展阶段。5月，中共中央华中局决定将皖东津浦路东和路西两个省委改为路东、路西两个区委，由皖东党政军委员会统一领导。

淮北抗日根据地的建立。淮北抗日根据地位于豫皖苏鲁4省交界地区，东临运河，西达商亳公路，南濒淮河（含淮河以南一个县），北抵陇海铁路（含陇海铁路以北一个县）。包括豫皖苏、皖东北、邳睢铜3块地区。豫皖苏抗日根据地自1938年9月起开始创建，到1940年9月正式形成，辖区为东起津浦铁路，西至新黄河，南跨涡河，北达陇海铁路的广大地区，面积为1万多平方公里，人口约300万。1941年2月至5月，新四军作战失利，豫皖苏抗日根据地大部分地区被国民党顽固派占据，1944年8月，彭雪枫率部收复了豫皖苏边部分失地。皖东北抗日根据地位于淮河以北，津浦路以东、海郑公路以南、洪泽湖以西的安徽省东北部（包括苏北一部分）地区，总面积1万平方公里，约200万人口，是抗日战争时期中国共产党在华中建立较早的一块敌后抗日根据地。于1938年10月开始创建，1940年3月24日，皖东北抗日民主政权正式成立。为了打通与邳睢铜地区的联系，开拓新区，新四军西进作战，开辟了邳睢铜抗日根据地。随着军事斗争的胜利，新区的开辟，以及淮宝和邳睢铜地区的划入，1941年8月23日，华中局决定，划淮河以北、陇海路以南、运河以西、津浦铁路以东的广大地区，为淮北苏皖边区。1942年11月，淮北抗日根据地实现了集中统一领导。

皖江抗日根据地的建立。皖江抗日根据地位于安徽省长江两侧地区，东起江浦、当涂，西至怀宁、彭泽，北临滁河、合肥，南抵宣城、南陵，有20多个县，面积近3万平方公里，人口300余万。其中巢无、和含、皖南、沿江4块较为完整的地区是皖江抗日根据地的基本区域。在基本区域的周围，分布着小块抗日游击根据地和大块游击区。自1938年春新四军第四支队东进皖中抗日开始，皖中抗日游击区进入开辟时期。皖南事变发生后，中原局和新四军军部决定，由无为游击纵队、原第三支队挺进团及散布在皖南和抵达皖中的皖南突围部队组成新四军第七师，以无巢地区和桐庐无地区为中心，待机转移至皖南活动，执行中央提出的恢复皖南的战略任务。在党政军民的共同努力下，到1942年初，初步建立了巢湖以南，白湖以东，淮南路以西，长江以北，以无为北部、盛家桥东部为中心的巢无中心区。向西发展的第七师挺进团经过努力，到1941年底，建立和发展了自无巢庐以西经桐东、桐怀潜、宿望太3个重要战略支点的广大游击根据地。1941年粉碎国民党顽固派第二次反共高潮之后，皖南的斗争得到逐步恢复和发展，开辟了包括繁昌、何家湾、石炮台西北、芜湖至大通段长江东南的敌后抗日游击根据地，建立皖南地区抗日民主政权铜繁行政办事处，经过艰苦斗争，铜繁敌后游击根据地形成。1941年10月起，新四军第七师派遣部队到达和含地区，恢复和含游击区，1942年9月和含行政办事处成立，具有一定规模的和含根据地初步形成。1943年2月，和含地委成立，组建和含支队，建立了独立、江全、含巢、和含4个大队，共3000多人枪，转战整个和含地区，和含抗日根据地基本形成。1944年初，中共沿江中心县委成立，在之后的两年多时间里，在池州沿江两岸地区建立起大批区、乡三三制抗日民主政权，形成了桐贵青、贵桐、彭东至等几块游击根据地连成一片的沿江敌后抗日游击根据地，控制了沿江两岸广大地区。1943年3月，重新组建了皖中区党委，新四军第七师部队地方化，改编为新四军皖中军区，实现了皖江抗日根据地和各地区党的集中统一领导。

综上所述，安徽老区是一片红色沃土，具有光荣革命传统。从马克思主义在安徽的传播，到皖西皖南苏区的建立，再到淮南、淮北、皖江抗日根据地的创建，面对十分强大的反革命势力和异常艰苦的斗争环境，老区人民始终坚信只有共产党才能救中国，革命力量一定会由弱到强，革命事业一定会取得胜利。在建立红色政权、探索革命道路的实践中，老区人民给予高度赞扬、衷心拥护和全力支持。仅金寨县境内先后就有10万英雄儿女参军参战，绝大多数为国捐躯。可谓村村有烈士，户户有红军，山山埋忠骨，岭岭铸忠魂。这些在革命斗争实践中形成的观念和行为模式等，铸就了特色鲜明的老区精神，积淀成为老区代代相传的红色基因。

二、老区精神的基本要旨

关于老区精神基本内涵，目前学术界尚未形成一个比较统一的认识，一般是采用中国老区建设促进会所提“坚定不移、矢志不渝的革命理想信念；不怕牺牲、勇往直前的革命英雄主义精神；自力更生、艰苦奋斗的实干精神；勇于实践、勇于开拓的创新精神；依靠群众、忠诚为民，全心全意为人民谋利益的奉献精神”。结合安徽革命斗争特点和新中国成立后革命老区的建设与发展，课题组经过反复研究论证，博取众家之长，拟将老区精神的基本内涵表述为：信念坚定，永跟党走；不怕牺牲、无私奉献；军民团结、生死与共；求真务实、自强不息。

（一）信念坚定、永跟党走

理想信念是动力源泉，无论是在革命运动的初始阶段，还是在革命发展的高潮时期，无论顺境还是逆境，老区人民始终怀揣着坚定的共产主义信念，坚决贯彻落实党的主张和决策，始终自觉地将中国共产党看作是自己的“主心骨”和“领路人”，紧跟紧随，绝不动摇。土地革命战争时期，皖西皖南星火燎原。安徽老区人民凭借坚定的信仰，百折不挠的信念，始终拥护和支持党和红军，使皖西苏区、皖西北苏区和皖南苏区得以创建并发展。在极端困苦的环境下，皖西大别山区军民坚贞不渝，顽强斗争，誓死跟党干革命，创造了“28年红旗不倒”的奇迹。红二十五军两次重建，红二十八军三次重建，老区人民把自己的优秀子弟源源不断地输送到红军队伍中，充分展现了永跟党走、一往无前的大无畏精神。红二十五军长征后，国民党反动派更加疯狂地对鄂豫皖根据地进行“清剿”。为坚持斗争，1934年12月底，中共皖西北道委将分散的红军队伍集中整编成红二一八团，后扩编为红二十八军，坚持了艰苦卓绝的三年游击战争。敌人对鄂豫皖革命根据地组织实施了多次残酷“清剿”，根据地大部区域接连丧失，但老区人民没有屈服，在党的领导下继续坚持革命斗争，豫东南和皖西北根据地依然保存着以金寨县境为中心的长100公里、宽25公里的游击区域，使革命的红旗始终飘扬在大别山上。

皖西苏区军民始终坚守共产主义的远大理想不动摇，一大批血性儿女为此献出了自己的生命。金寨县党组织创始人之一的詹谷堂被捕后，面对敌人的拷打，他的回答是："天上有多少星星，地上就有多少共产党员。"出身地主阶级家庭的西镇暴动领导人之一刘仁辅，1930年在一次战斗中受伤被俘。面对敌人的威逼利诱，他痛斥敌人："我们共产党不为名誉地位，不图升官发财，信仰的是共产主义，为的是天下穷苦人民得解放，我们舍得一切，甘愿奉献一切。"敌人将他活活钉死在六安城门上，时年45岁。正是这种信念，使安徽老区人民在长期艰苦的奋战中，历经曲折而不畏艰险，屡受磨难而不改初心，推动革命老区由小到大，由弱变强，逐步发展壮大。

皖南苏区建立后，国民党地方武装疯狂地进行反扑。皖南苏维埃政府主席宁春生等率领的皖南红军游击大队，在农民团、赤卫队的密切配合下，先后同国民党几个县的地方武装在木子岭、打鼓岭、方家岭、朗坑、杨家墩进行10余次的战斗，共毙敌70多人，俘敌60多人，缴获各种武器600多件，粉碎了敌人的多次进攻。1935年3月25日，中共皖南特委书记王弼被捕叛变，一批党的优秀干部惨遭敌人杀害。宁春生在此紧急关头，临危不惧，毅然决定由刘毓标率领独立团主力转战开化、婺源、德兴等县找省委，他自己冒险留在柯村周围的崇山密林中领导群众，继续坚持艰苦的游击斗争。同年4月2日，宁春生率领的几十人武装在太平地里溪附近被国民党七十八师五二三团包围，激战1小时，终因寡不敌众，在突围中不幸被俘。宁春生被押到屯溪以后，国民党的军政头目亲自出马，软硬兼施，威逼利诱，妄图从宁春生口中得到党组织的情况，被宁春生严词痛斥。在敌人的法庭上，他大义凛然，慷慨陈词："我深信欲解除中国人民的痛苦，非实行共产主义不可。""严冬过去是春天，共产主义一定要实现。"敌人一无所获，将其残忍杀害，牺牲时年仅37岁。正是凭着这样坚定的政治信仰和共产主义的信念，皖南的党组织和红军游击队在同中央失去联系的情况下，依靠皖南人民的支持，坚持了艰苦卓绝的三年游击战争，保存了革命的火种，坚持到了全民族抗日战争爆发，进而走向敌后抗日的战场。

全民族抗日战争时期，无数江淮儿女在中国共产党的领导下，英勇抗击外敌，用鲜血书写了安徽历史上空前壮烈的一页。在江淮大地上浴血奋战的新四军坚持党的绝对领导始终不变，人民军队的本质不变，始终坚持以党的旗帜为旗帜，以党的意志为意志，全心全意为人民服务。战斗在安徽大江南北的共产党人以自己的政治主张、坚定意志、模范行动，成为坚持安徽地区抗战的中坚力量、夺取抗日战争胜利的民族先锋。而老区的人民群众则是党和新四军坚不可摧的力量源泉。主要在安徽开展抗日斗争的第二师、第四师、第七师的大量兵员就是安徽的父老乡亲，安徽人民本着对党和新四军的信任，积极参军拥军，各根据地都出现了父母送子、妻送郎、姐妹送兄弟参军的动人景象。皖江地区流行着这样一首参军歌谣：“吃菜要吃白菜心，当兵要当新四军。”道出了江淮儿女永跟党走的心声。天长县铜城镇医生、开明绅士李济生，不仅为新四军将士治病，而且他的5个儿子、2个儿媳、1个女儿和女婿，全家共9人参加了新四军。云岭的张素莲担任妇抗会主任后，她全家11口人，除80岁的婆婆和婴儿外，有8人跟随新四军参加革命。从苏区人民的积极参军，到革命路上的百折不回，再到抗日敌后战场的全民皆兵，靠的就是坚定不移的理想信念和永跟党走的革命意志。

（二）不怕牺牲、无私奉献

安徽各个革命根据地、抗日根据地的存在、发展，从某种意义上说，就是根据地党政军民不怕牺牲、一往无前、同心同德、无私奉献的结果。

在血与火的革命斗争岁月，安徽老区军民始终保持不屈不挠的顽强斗志，为了理想信念不惜抛头颅、洒热血，全省有名可查的烈士就有8.8万多人。“真金不怕烈火烧，革命不怕坐监牢。砍头只当风吹帽，革命鲜花用血浇。”这首流传安徽革命老区的红色歌谣，生动反映了革命先烈的伟大斗争精神。“四年转战五湖边，烽火连天异昔年。山河破碎丹心碎，我将热血荐轩辕。”“忍看山河碎，愿将赤血流。烟尘开敌后，扰攘展民猷。八载坚心志，忠贞为国酬。且喜天破晓，竟死我何求？”等烈士诗歌真切抒发了革命先烈不怕牺牲、英勇斗争的情怀和壮志。六霍赤卫师师长车厚桥与敌作战时不幸被俘，在被押送六安沿途，他高喊：“不投降，不自首，不叛党。”敌人对他施以酷刑，丝毫不能动摇他的意志，便恼羞成怒，残忍地将他钉在六安北城门上。“头颅抛千斛，风雨撼孤舟。宁为革命死，不作阶下囚。”这是中共六安中心县委常委兼宣传部长周狷之烈士就义前写下的千古绝唱。

全民族抗日战争时期，新四军所处的华中敌后抗日根据地，处在前面打“狼”、后面拒“虎”的日、伪、顽夹击中，处在无大山依托、无丛林隐蔽的平原水网环境中。广大新四军指战员不畏艰险，迎难而上，浴血奋战，视死如归，涌现了一大批为国捐躯的革命烈士，表现了中国军人的民族血性和大无畏的革命英雄主义气概，令敌人胆寒，令天地动容。谢继书、谢继祥、谢继良三兄弟是安徽涡阳县谢庄人，他们与敌作战非常勇敢，并立下汗马功劳。三兄弟在同一年先后牺牲，彭雪枫亲笔给他们的母亲写信，称赞谢家“满门忠烈，留下无上的光荣，全国军民莫不钦敬”。彭雪枫说：“他们能够如此深明大义，为国牺牲，都是由于老太太平日教育之功。”老太太则对送信人说：“你回去告诉彭将军，就说继书、继祥、继良是为国而死的，死得值得！我老了，不能为国尽忠，但我和儿媳要把孙子培养成人，让他们

★彭雪枫和他写给谢老太太的亲笔信

长大后精忠报国！”朱立群烈士是含山县仙踪镇六衖村朱老棚自然村人。在他的带领下，家乡走出了一批热血男儿，其中包括他的堂兄弟、表弟和侄子朱显惠、朱显芳、叶碧、朱鲁生、杨树等10多人，他们参加共产党领导的抗日武装，抛头颅，洒热血，为抗击日军，建立新中国，做出了不可磨灭的贡献，其表弟叶碧，堂弟朱显惠、朱显芳都壮烈牺牲。全民族抗战中，新四军和安徽军民共进行大小战斗7300多次，歼灭敌军10多万人，光复国土面积12万平方公里，无数安徽人民的优秀儿女献出了宝贵的生命。

（三）军民团结、生死与共

革命战争年代，安徽各级党组织、党领导的军队和地方政权始终践行初心，不负人民，在革命斗争和政权建设中紧紧依靠人民群众，真心实意为民服务，着力解决群众的生产和生活问题，赢得了安徽广大人民群众的拥护。苏区通过打土豪分田地，为穷人翻身求解放；抗日根据地通过减租减息、大生产运动等减轻人民负担。此外，我们党一心为民、清正廉洁的优良传统，也是赢得人民支持的法宝。战争年代，安徽各级领导干部省吃俭用，勤俭节约，反对一切贪污浪费行为，干部和普通群众一样住旧房、穿布衣、吃粗粮，下乡开会自带干粮。抗日战争时期，面对地瘠民贫的恶劣环境和日、伪、顽围堵封锁，根据地军民一手拿枪杆，一手拿锄头，开展大生产运动，自己解决衣食等问题。各级干部与人民群众同甘苦、共患难，创建了经济、文化、教育、卫生等事业，初步保障了人民群众生活和革命战争的基本需求，进一步赢得了人民的拥护。

安徽老区人民从自身经历中切实感受到中国共产党的英明正确，从内心深处形成了坚定的爱党拥军的政治自觉，并将这种感情转化为实际行动，积极参军参战，赴汤蹈火，在所不惜。“军民团结如一人，试看天下谁能敌？”[①]党、政、军、民形成的这种血肉联系，铸成了反动势力打不破的铜墙铁壁。“战争的伟力之最深厚的根源，存在于民众之中。”[②]军民同心同德、生死与共，奏出了一曲曲胜利的凯歌。

土地革命战争时期，大别山区党和红军深深植根于人民群众之中，与人民群众同舟共济、生死相依。在开创和坚持大别山根据地的斗争中，大别山军民万众一心，同心同德，保证了战争的胜利。在大别山区20多年的革命武装斗争中，发生大小战役战斗数千次，每次都有人民群众的参与，展现了一幅幅军民共赴疆场、并肩作战的动人情景。苏家埠战役中，六安、霍邱两县组织两万多群众运送粮草、服务战场，呈现出两万多红军作战、两万多群众支援的人民战争的壮阔场

①毛泽东:《杂言诗·八连颂》,《解放军报》1982年12月26日。

②毛泽东:《论持久战》,《毛泽东选集》(第2卷),人民出版社1991年版,第511页。

面。霍邱保卫战中，敌人在飞机、大炮的配合下，炸开了城墙垛口、用机枪封住西门，并从其他三面包抄围攻。守城军民与敌人展开巷战、逐屋争夺、浴血拼杀，子弹打光了拼刺刀，刺刀拼弯了用枪托砸、用牙咬。有的为了不当俘虏而投井自杀，有的把武器砸坏不让敌人得去，有的负伤被俘时高呼："共产党万岁！""红军万岁！"高唱《国际歌》，宁死不屈。

抗日战争时期，在民族矛盾上升为主要矛盾的形势下，新四军高举抗日民族统一战线的大旗，广泛团结一切拥护和支持抗日的友党友军、民主人士、海外侨胞和国际友人，众志成城，形成了共同抗日的巨大洪流。由于新四军的真诚和真心，磁铁般地吸引着亿万人心，同仇敌忾打击侵略者，大批爱国青年和知识分子冒死参加新四军，大批爱国人士和国际友人竭力支援新四军，许多爱国华侨漂洋过海投奔新四军，不少中间派转而支持新四军。新四军特别尊重民众利益，严守群众纪律，除严格遵守三大纪律八项注意外，还专门作出了《关于拥政爱民运动的指示》，颁布拥政爱民公约，在部队上下广泛进行拥政爱民教育，开展拥政爱民月活动。由于新四军处处体贴民众、关心民众、帮助民众，所以得到了民众的广泛拥护与支持，使新四军获得了克敌制胜的力量源泉，在自身不断发展壮大的同时，取得了反"扫荡"、反"清乡"等战斗乃至抗日战争的最后胜利。

2020年8月，习近平总书记在安徽考察时指出，党在安徽的革命实践充分证明：鄂豫皖苏区能够28年红旗不倒，新四军能够在江淮大地同敌人奋战到底，刘邓大军千里跃进大别山能够站住脚、扎下根，淮海战役能够势如破竹，百万雄师过大江能够气吞万里如虎，根本原因是我们党同人民一条心、军民团结如一人。[1]

（四）求真务实、自强不息

求真务实，即在实事求是思想路线指引下，正确把握规律，办实事求实效，这是老区精神的精髓。安徽各根据地既是实事求是、求真务实的产物，也是崇尚实事求是、求真务实的光辉典范。安徽老区丰富的革命实践充分证明：坚持实事求是、求真务实，根据地就不断发展壮大，革命就能走向胜利；违背实事求是、求真务实，根据地的发展就会出现波折，革命就会遭受挫折。革命战争年代，安徽老区军民在党的领导下，坚持实事求是、求真务实，及时顺应形势变化，不断调整战略和策略，创造性地贯彻党的路线方针政策，积累了丰富的实践经验，推动了安徽根据地的巩固和发展。可以说，一切从实际出发，求真务实，是贯穿安徽老区革命事业发展的一条红线。

皖西苏区建立后，苏维埃政府坚持实事求是，求真务实地抓好法规制度建设，颁布《苏维埃选举条例》《苏维埃政府土地政纲实施细则》等众多法规，制定《雇农工资办法》《手工业工人办法》《债务办法》等许多相配套的制度。此外，还结合皖西苏区实际颁布《森林办法》，首次提出全民护林、义务植树的思想，规定分到山林的农民不得乱砍乱伐，要保护森林，因为森林有保护雨量的环保作用。这一法规是当时一部保护和发展林业的好法规，至今仍具有重要的借鉴意义。皖西三年游击战争期间，高敬亭领导的红二十八军认真总结游击战的经验，实事求是地制定了适应新环境的“四不打”原则：敌情不明不打，地形不利不打，伤亡过大不打，缴获不多不打。这一原则有效地保存了红军的有生力量，保障了三年游击战争的顺利进行。全民族抗

①《下好先手棋，开创发展新局面——记习近平总书记在安徽考察》，《人民日报》2020年8月24日第1版。

日战争初期，红二十八军审时度势，主动与国民党地方当局进行谈判并取得成功，进行的岳西谈判是地方上国共两党较早举行的一次非常成功的和平谈判。

抗日战争时期，安徽各抗日根据地在开展整风运动时，认真贯彻落实整风文件的精神，联系实际批判主观主义和教条主义，大兴调查研究之风，改进工作作风，进一步传承了求真务实的精神。1943年下半年，淮南区党委派出方毅、刘顺元、张劲夫、李世农4位负责同志，率领38名对县乡工作较有经验的干部深入基层，一边帮助县委工作，一边深入殿发乡、安乐乡、七贤乡、桑园乡进行调查，整理了30余万字的调查材料，于同年12月撰写了各具特色的调查报告，如刘顺元、冯定的《安乐、殿发两乡乡选调查》、方毅的《安乐乡调查》、张劲夫的《东庙乡七贤乡的让息斗争》、李世农的《对乡村雇工工作的几点意见》等。1944年华中局将《安乐乡调查》《安乐、殿发两乡乡选调查》铅印成小册子分发华中各地，进一步推动了淮南抗日根据地工作作风的转变。

淮南抗日根据地发达的公营商业和私营商业是根据地党政军民求真务实地推进经济建设的产物。建立公营商业始于1942年初，新四军第二师供给部开办了永丰祥商号，通过爱国商人将收购的农副产品运往敌占区，换回军需物资，交给抗日部队。同年末，永丰祥商号并入利华商行。私营商业方面，津浦路东天长的铜城、六合的竹镇成为根据地的商业中心，津浦路西定远的藕塘和朱家湾，私商云集，成为当地的商业中心。其中天长的铜城镇尤为突出，该镇拥有私商100多家，招徕了他乡四方的行商客贩，流动人口每天在1000人以上，当时号称“小上海”。特别是食盐商业，凤（阳）定（远）嘉（山）县为扩大盐运，保证军民生活供应，在燃灯寺南、红心东北、庄许附近的山洼里，设立以盐业为主的商品集散地，民众称之为“地图上找不到的抗日街”。皖江抗日根据地和新四军第七师在贸易方面坚持求真务实，创造性地开展了各项工作，取得了突出的成就，第七师由此在新四军中获得了“富七师”的称誉。皖江根据地紧邻南京、芜湖、安庆等大中城市，与敌占区、国统区犬牙交错，而且这一带物资丰富，工商业比较发达，抗日民主政府从实际出发，利用这一优势，在对外贸易上大做文章，借此筹集到许多资金和紧缺物资。据新四军参谋长赖传珠日记的不完全记录：1942年底至1945年春，仅七师支持给军部及通过军部转交新四军五师的现款，约达5300万元法币（按当时价，折黄金26.5万两）。其中，1944年1月至1945年1月的一年间，上交现款高达4400万元。按当时国民党军队的供给标准，可供20个甲级师的一年供养。

自强不息，即自觉地努力向上，永不懈怠，这是老区精神的重要特质。革命战争年代，安徽老区人民在党的领导下，不畏艰苦，自强不息，书写了根据地建设的辉煌篇章。新四军所依托的包括安徽在内的敌后抗日根据地，都处于交通闭塞、经济落后的农村环境。这种实际状况，就决定了坚持长期战争，在物质上必然会发生困难。安徽各抗日根据地人民在党的领导下，坚持自强不息，创造性地开展了互助合作和大生产运动，工农业生产和商业、财经、对外贸易都取得了很大成就，有力地解决了根据地的困难，推动了根据地的发展。尤其是在大力兴修水利上，全民族抗日战争时期，安徽各抗日根据地在物资短缺、工具简陋的艰难条件下，在对敌斗争的间隙中，积极组织人民群众大修水利工程，取得了显著成就。在淮北苏皖边区，9个直属县共修大小河沟193条，计长563.5公里，起土30万方，受益土地7000顷。在皖江根据地，从1942年到1944年，先后修建的大型水利工程有无为的惠生堤、黄树闸、陈家闸、季家闸，和含地区的牛屯河白渡闸水利工程及繁昌县高安闸和九连圩水利工程等，其中惠生堤是当时最大的水利工程。惠生堤原是无为县东乡黄丝滩段的江堤，由于年久失修，抗战期间多次出现险情。在皖江行署主任吕惠生领导下，于1943年12月1日动工修建，次年5月3日竣工，共投入民工21万人次，用工100余万个，完成土方40.4万方，修筑江堤全长6.5公里，保护了几百万人口的生命财产安全，使几百万亩良田受益。为了表彰吕惠生为新堤工程所做的贡献，上级党委根据人民群众意愿，将该堤命名为“惠生堤”。淮南抗日根据地民主政府也十分重视农村水利基本建设，高邮县抗日民主政府为解决旱涝问题，曾组织万余农民，从黎城到天长的龙岗，开挖一条15公里的农抗河，解决了两岸农业生产的灌溉问题。水利工程的广泛兴修，大大便利和促进了根据地农业生产的发展，为根据地的壮大和抗日事业的推进奠定了坚实的物质基础。

延续这种求真务实、自强不息的精神，新中国成立后，安徽老区人民兴修了举世闻名的淠史杭水利灌溉工程。当时淠史杭工程并未纳入国家计划，在长达14年的建设岁月中，皖西人民自带工具、自备口粮，近百万民工、干部和职工以公社为单位，成立了近万个水利团和6400多个突击队、战斗队，自制土炸药，自建水泥厂，自筹石木材，用十字镐、独轮车等简单工具，肩挑手抬，完成了近6亿立方米的土方工程。皖西人民以“党指向哪里，就打到哪里，就是脱掉两层皮，掉上几斤肉，也要切开平岗岭”的拼搏精神，胜利实现了“叫高山低头，要平岗让路”的目标。1959年3月龙河口大坝施工时，连降大雨，水位陡涨，施工难度加大，舒城县以8万人大会战的态势，夺取了“水涨一寸，坝高一尺”的赫赫战果。淠史杭工程完全是白手起家建造，面对种种困难，广大建设者土法上马，顽强拼搏，创造了专攻切岭工程的“洞室爆破法”、专攻黄礓土的“劈土法”，研制了垂直运输土工具“倒拉器”；淠史杭工程渠道设计，根据皖西地形特点，打破传统5000分之一比降，创造性地采用20000分之一比降，沿高线布置渠道，实现了灌区80%自流灌溉，节水节能，并采用长藤结瓜式的工程体系，蓄、引、提三种水源相互调剂，实现了水资源的高效利用。1986年，安徽省人民政府授予淠史杭工程总体设计为首届科技进步一等奖。刘伯承为淠史杭题词“科学态度、革命精神”。应该说，作为百年安徽精神谱系的重要组成部分，老区精神在新中国成立后治理淮河、脱贫攻坚、全面建成小康社会的实践中得到传承和弘扬，成为淠史杭精神、王家坝精神、脱贫攻坚精神的重要来源。

三、老区精神的时代价值

“我们要永远珍惜、永远铭记老区和老区人民的这些牺牲和贡献，继承和发扬老区和老区人民的光荣传统。”① 老区精神跨越时空、历久弥新，凝聚着中国共产党人艰苦奋斗、牺牲奉献、开拓进取的伟大品格，是我们党的优良传统和宝贵的精神财富，是中国革命精神建设史上的一座不朽丰碑，具有非常重大的历史意义和时代价值。建功新时代、奋进新征程，我们要继承和发扬老区和老区人民的光荣传统，大力弘扬老区精神，争当老区精神的传承者和践行者，勇于战胜来自国内外的各种风险挑战，为建设现代化美好安徽，实现第二个百年奋斗目标、实现中华民族伟大复兴的中国梦而顽强奋斗、艰苦奋斗、不懈奋斗！

（一）老区精神是坚定理想信念的“活教材”

一百年来，革命老区的一代代军民用自己的奉献牺牲，践行对远

①习近平:《论中国共产党历史》,中央文献出版社2021年版,第45页。

大理想的崇高追求，为共产党人树起了一座座丰碑。在艰苦严峻的斗争中，在血与火的历练中，老区军民增强了对马克思主义的认识，逐渐树立了坚定的革命理想信念。无论是革命顺利发展阶段还是遭受严重挫折阶段，他们都义无反顾地追随中国共产党，甚至不惜抛头颅、洒热血。习近平总书记强调："要坚持学而信、学而思、学而行，把学习成果转化为不可撼动的理想信念，转化为正确的世界观、人生观、价值观，用理想之光照亮奋斗之路，用信仰之力开创美好未来。"① 新时代，面对错综复杂的国际和国内环境，中国共产党人更要从老区军民奋斗历程中汲取精神力量，感悟为什么要坚定理想信念、如何以先烈为镜坚定理想信念，自觉做共产主义远大理想和中国特色社会主义共同理想的坚定信仰者和忠实实践者，在任何时候任何情况下理想信念不动摇、革命意志不涣散、奋斗精神不懈怠。

弘扬老区精神，坚定理想信念，拧紧思想"总开关"。"求木之长者，必固其根本。"拧紧思想"总开关"是共产党人永恒的主题和终生的修养。革命根据地的创建过程充满艰辛曲折甚至多次遭遇严重挫折。但是，中国共产党人历经曲折而不畏艰险，屡受考验而不改初心，根本就在于始终坚守对马克思主义的坚定信仰和对共产主义的共同理想。对马克思主义的信仰、对共产主义和中国特色社会主义的共同理想，是共产党人的政治灵魂，是共产党人经受住任何考验的精神支柱，也是我们党历经挫折而战无不胜的力量之源。在"两个一百年"的历史交汇点上，我们要从老区精神中深刻领悟红色政权来之不易、新中国来之不易、中国特色社会主义来之不易，了解党的光辉历程、感悟党的伟大成就；弄清楚我们从哪里来、现在在哪里、将向何处去。在新的历史条件下，弘扬老区精神，就是要把稳思想之舵，筑

①习近平:《论中国共产党历史》,中央文献出版社2021年版,第149页。

牢信仰之基，时刻拧紧理想信念这个人生“总开关”，练就共产党人的“金刚不坏之身”；只有这样，才能以只争朝夕、竭尽全力的状态，书写新时代的精彩篇章。

弘扬老区精神，坚定理想信念，补足精神之“钙”。在党领导人民进行革命、建设和改革的各个历史时期，老区军民不怕牺牲、英勇奋斗，支撑他们的就是“革命理想高于天”的精神力量和对党的绝对忠诚。“对马克思主义、共产主义的信仰，对社会主义的信念，是共产党人精神上的‘钙’。没有理想信念，理想信念不坚定，精神上就会得‘软骨病’，就会在风雨面前东摇西摆。”① 古今中外的历史和现实都表明，理想信念坚定，政党就拥有无比强大力量；理想信念淡薄，政党就会成为乌合之众，一击即垮。20世纪80年代以来，苏联解体、苏共垮台、东欧剧变等一系列大事变，把这个逻辑展现得清清楚楚、明明白白。所以，习近平总书记强调：“一个政党的衰落，往往从理想信念的丧失或缺失开始。我们党是否坚强有力，既要看全党在理想信念上是否坚定不移，更要看每一位党员在理想信念上是否坚定不移。”② 在现实生活中，有的党员干部精神空虚，“不问苍生问鬼神”；有的信奉享乐至上、名利至上，心无敬畏、行无底线，这都是理想信念动摇滑坡的表现，最终可能导致政治上变质、道德上堕落、经济上贪婪、生活上腐化。把坚定理想信念作为终身课题，就要以先辈先烈为镜、以反面典型为戒，以坚定的理想信念砥砺对党的赤胆忠心。弘扬老区精神，首要的就是坚定理想信念，用科学理论武装头脑，不断培植共产党人精神家园，不断掸去思想上的灰尘，保持政治上的定力，不被错误言论所左右，在大是大非面前站稳立场，始终坚持正确的政治方

①习近平:《在纪念陈云同志诞辰110周年座谈会上的讲话》，《人民日报》2015年6月13日第2版。
②习近平:《论中国共产党历史》，中央文献出版社2021年版，第123页。

向，对党的事业忠贞不渝。

弘扬老区精神，坚定理想信念，把握胜利之“钥”。坚定的理想信念是共产党人战胜一切艰难险阻的强大精神支柱和力量源泉，正是怀着对革命事业必胜的信念，我们党才能克服一切困难，经得起生与死的考验，才会在异常困苦的岁月中充满勇气，绝处逢生。1934年10月，皖西红军主力长征后，敌人妄图对留在根据地的党和红军、游击队“限期剿绝”，实行灭绝人性的烧光、杀光、抢光政策，以达到“民尽匪尽”之目的。所到之处，火光烛天，屋舍成墟，尸骨遍野，田园荒芜，满目疮痍。六安县西北乡大地主袁敬夫自任“铲共义勇队”队长，一次就捕杀红军家属50多人，又纵火烧毁单家埠、郭家店、钱集、花园一带的民房8740多间，烧死农民100多人。刘镇华第六十四师在皖西大肆屠杀共产党员和革命群众，为向上级报功领赏，割下死难者耳朵达七担之多，残暴到了极点。在敌人残酷“清剿”下，皖西苏区形势十分险恶。尽管如此，久经考验的苏区党和军民没有被敌人的气势汹汹所吓倒，没有向重重困难屈服，而是敢于斗争，敢于胜利。在中共皖西北道委领导下，各红军部队、地方武装、便衣队利用深山密林和地形熟悉的有利条件，避开敌人的“清剿”，积极活动于敌人的据点之间，袭击敌人，破袭交通线；人民群众踊跃参军，积极为部队侦察带路、送信、运输、筹集粮草和收容、掩护伤病员。时值冬季，逃到山上的群众挨饿受冻，宁死也不愿下山当国民党的“顺民”，很多人饿死在山上。当时苏区流传着这样一首歌谣：“红军都是英雄汉，白匪再多干瞪眼；总有一日天要红，人民定要坐江山。”[1]在苏区军民心中都有这样一个坚定的信念：红军一定能胜利，革命一定会成

①中共河南省委党史研究室、中共安徽省委党史研究室：《鄂豫皖革命根据地史》，安徽人民出版社1998年版，第640页。

功。心中有信仰，脚下有力量。在革命战争年代，老区人民坚信跟着共产党一定能够翻身得解放。今天，中华民族跨入一个伟大的时代，在习近平新时代中国特色社会主义思想指引下，开启了实现中华民族伟大复兴的新征程。这条道路会面临各种挑战，我们党面临的“赶考”远未结束。在新的时代条件下，我们要以老区精神凝聚老区振兴发展的强大动力，坚定必胜信念，勇毅前行。

（二）老区精神是永葆革命本色的“营养剂”

老区精神是对共产党人革命本色的生动实践。老区的每一个故事、每一封家书、每一段誓言都是红色文化资源的重要组成部分，为我们展现着诸如勇于自我革命、奉献牺牲、艰苦奋斗等党的光荣传统和优良作风。中国共产党在百年历史长河中所培育锻炼而成的光荣传统和优良作风，正是我们今天走好新时代长征路可资利用的珍贵滋养。习近平总书记在西柏坡主持召开群众路线教育实践活动座谈会上指出：“对我们共产党人来说，中国革命历史是最好的营养剂。多重温我们党领导人民进行革命的伟大历史，心中就会增加很多正能量。”① 立足新发展阶段，结合新的时代条件，教育引导广大党员群众从红色资源中感悟信仰的力量十分必要，我们要让红色基因在不断创造历史伟业的生动实践中发扬光大，让老区精神放射出新的时代光芒。

弘扬老区精神，不断推进党的自我革命。勇于自我革命，是我们党最鲜明的品格和最大的优势。回顾党的百年历史，党从成立起便高度重视自我革命问题，在推动社会革命的同时，勇于推动自我革命，始终坚持真理、修正错误，敢于刮骨疗毒、猛药去疴。老区精神蕴含丰富的自我革命的滋养。抗战期间，淮南抗日根据地党和抗日民主政

①习近平:《党面临的“赶考”远未结束——再访西柏坡侧记》,《人民日报》2013年7月14日第1版。

府在艰苦卓绝的斗争环境里，始终高度重视党风廉政建设，制定有关法规制度，严惩贪腐分子。在根据地从1942年秋起开始进入的整风学习中，彭雪枫带头自我批评。1945年陈毅在延安《解放日报》上著文，特别提到彭雪枫勇于剖析自己的崇高品德："我认为不怕自我批评，不怕反省，不怕揭露自己的弱点，是我们党员和干部改造自己提高自己必须具备的革命精神。多年在革命斗争中有功劳的人，如雪枫同志，他敢于揭露自己，批判自己，这种勇猛精进的革命精神，正是我们同志应向他学习的，连我自己在内。……这正是雪枫同志对人民事业的无限忠诚的具体表现。"① 中国共产党成立百年来，经受了革命性锻造，实现了自我超越，但是各种影响党的先进性、弱化党的纯洁性的因素依然存在。如今，中国特色社会主义进入了新时代，同样面临着一系列新的矛盾和挑战，需要进行许多具有新的历史特点的伟大斗争，革命的内涵从未像今天这样向纵深延展，革命的任务也从未像今天这样艰巨。面向未来，中国共产党更要弘扬老区精神，以信仰信念铸就自我革命的意志、以浩然正气涵养自我革命的勇气，成为永远打不倒、压不垮的马克思主义政党，让理想信念之光始终照耀奋勇前行之路。

弘扬老区精神，继续保持艰苦奋斗作风。艰苦奋斗是中华民族的优良传统，是中国共产党人的优良作风，也是团结人民、战胜强敌的法宝。艰难困苦，玉汝于成。一切伟大事业和伟大成就，都不可能唾手可得，都离不开筚路蓝缕、胼手胝足的艰苦奋斗，都离不开埋头苦干、攻坚克难的顽强拼搏。老区精神体现了艰苦奋斗的优良传统和作风。"两膺上将"洪学智"一床毛巾被盖三代、两双皮鞋穿三十载、一只柳条箱用十七年"，始终坚守"八条铁令"，并继续在建设和改革时

①陈毅：《追忆彭雪枫同志》，《解放日报》1945年1月28日。

期传承优良作风。革命战争时期，根据地交通不畅、物资匮乏，尤其是敌人反复“会剿”“围剿”，并在经济上进行严密封锁，环境异常艰苦。部队官兵和地方机关吃不饱、穿不暖，医药和日用品均匮乏至极，广大人民群众也是缺衣少食，生活极端困苦。老区军民依靠艰苦奋斗，顽强坚持斗争，力保革命红旗高高飘扬。在社会主义建设时期和改革开放时期，老区人民同样以党和国家利益为重，宁愿牺牲小家也要顾全大家，充分体现了老区人民崇高的思想境界。历史和现实都证明，一个没有艰苦奋斗精神作支撑的民族，是难以自立自强的；一个没有艰苦奋斗精神作支撑的国家，是难以发展进步的；一个没有艰苦奋斗精神作支撑的政党，是难以兴旺发达的。在我们党百年历程中，艰苦奋斗的精神始终激励着我们顽强进取、百折不挠，在各种困难和考验面前巍然屹立、敢于胜利。习近平总书记指出：“在实现中华民族伟大复兴的新征程上，必然会有艰巨繁重的任务，必然会有艰难险阻甚至惊涛骇浪，特别需要我们发扬艰苦奋斗精神。”①在过去革命战争年代，老区人民形成了自力更生、艰苦奋斗的优良传统；在今天老区建设过程中，艰苦奋斗精神永远不会过时，更要弘扬老区精神，继续保持艰苦奋斗作风，依托老区优势资源和后发优势，发展特色产业，大力推进新时代老区振兴发展。

弘扬老区精神，甘于牺牲和奉献。“最后一尺布用来缝军装，最后一碗米用来做军粮，最后的老棉袄盖在了担架上，最后的亲骨肉送他到战场……”老区人民为了革命事业，倾其所有，甘于牺牲和奉献。新四军第四支队东进到达皖东地区的部队不过4000余人，加上从大别山区撤退到皖东的党政干部和知识青年千余人，总计不过5000人。而到抗战胜利时，由第四支队演变而来的新四军第二师发展到5万余

①习近平：《在纪念五四运动100周年大会上的讲话》，《人民日报》2019年5月1日第2版。

人，其中主力部队3.5万人、地方武装1.5万人。约4.5万淮南苏皖边区热血儿女参加了新四军或从事地方党、政工作。另外还有10余万人参加了民兵组织。金寨被誉为红军的故里、将军的摇篮，是全国著名的革命老区。金寨的“三个十万”[①]体现出革命老区自我牺牲、无私奉献的高贵品质。党的百年奋斗历程中，无论是革命战争年代，还是社会主义建设和改革开放时期，老区军民为了民族解放、国家富强和人民幸福，不惧牺牲、无私奉献，用智慧和汗水、热血和生命，书写了中华民族伟大复兴的奋斗史诗，构筑了共产党人跨越时空的精神丰碑。一代人有一代人的长征路，一代人有一代人的历史担当。在实现中华民族伟大复兴的征途上，我们还要继续跨越许多“雪山”“草地”，还要继续征服许多“娄山关”“腊子口”，我们要弘扬老区精神，赋予牺牲奉献以新的时代内涵，以事不避难、义不逃责的决心和以身许国、无私奉献的行动，支撑我们向着一个又一个目标奋勇前行。

（三）老区精神是恪守为民宗旨的“对标尺”

群众路线是我们党的生命线和根本工作路线。自成立之日起，我们党就把为中国人民谋幸福、为中华民族谋复兴作为自己的初心和使命。从提出全心全意为人民服务的根本宗旨，到把人民拥护不拥护、赞成不赞成、高兴不高兴、答应不答应作为衡量事业成败的根本标准，再到提出“江山就是人民，人民就是江山”理论，我们党的根本宗旨和为民情怀在一代代共产党人中不断得到传承和升华。而老区精神正是对党的群众路线的生动诠释，是我们党恪守为民宗旨的对标尺。始终把人民放在心中最高的位置，始终把人民对美好生活的向往作为奋斗目标，始终全心全意为人民服务，是老区精神的题中之义，

①“三个十万”：为中国革命事业奉献十万优秀儿女，为建设梅山水库淹没十万亩良田，迁移十万居民。

更是新时代弘扬老区精神的必然要求。

弘扬老区精神，不忘“我们是谁”。党的十八大以来，习近平总书记多次强调，要从中国革命历史、革命传统中汲取养分，接受红色精神的洗礼，发扬革命精神。习近平总书记指出：“我们党来自于人民，党的根基和血脉在人民。为人民而生，因人民而兴，始终同人民在一起，为人民利益而奋斗，是我们党立党兴党强党的根本出发点和落脚点。”[①] 人民立场是中国共产党的根本政治立场，是马克思主义政党区别于其他政党的显著标志。安徽革命老区党政军民水乳交融、生死与共铸就的老区精神，是对党的群众路线、人民立场的生动诠释。“时代是出卷人，我们是答卷人，人民是阅卷人。”一百年来，我们党从创建农村根据地开始，从农村走向城市，建立了新中国。今天的“我们”，实现了从一个领导人民为夺取全国政权而奋斗的党转变成为在全国执政并长期执政的党，任务变了，但初心和承诺没变。正是因为我们始终站稳人民立场，紧紧依靠人民，不断造福人民，始终与人民心连心、同呼吸、共命运，才能团结带领人民前赴后继、顽强斗争，从小到大，由弱到强。弘扬老区精神，以之涵养初心使命，能够使共产党人永远不要忘了“我们是谁”，始终铭记党的性质宗旨、理想信念和奋斗目标，牢记作为人民勤务员和时代答卷人的政治立场和价值取向。不忘自己是谁、从哪里来，只有这样，才能凝魂聚气，百炼成钢，守护好共产党员的精神家园。

弘扬老区精神，不忘“我们为了谁”。不忘初心，方得始终。中国共产党从诞生那天起，就以全心全意为人民谋福利为根本宗旨，把老百姓的冷暖时刻挂在心头，把人民的利益放在首位，时刻以人民利益衡量自己的行为举措，把人民群众高兴不高兴、满意不满意、答应不

①习近平:《在党史学习教育动员大会上的讲话》,《求是》2021年第7期。

答应作为检验工作的标准，出发为人民，落脚到人民。依水行舟、忠诚为民，成为贯穿中国革命和建设、改革全过程的一条红线。为了让苏区群众生活得更好，在汤家汇成立的豫东南道委、道区苏维埃政府，除了组建造枪局、兵工厂、被服厂等军工厂，还成立了传统的炼铁厂、木业厂、造纸厂、榨油厂，开办了报社、邮局、学校等，努力解决群众的实际生活困难。由于根据地劳动力缺乏，党领导农民群众创造性地建立起劳动互助社、耕田队、换工队、耕牛站、耕牛合作社等互助合作组织，帮助群众攻坚克难，发展生产。根据地文化教育事业也蓬勃发展，列宁小学和夜校遍地开花。根据地军民的生活得到很大改善。在涡阳县新兴镇有条‘新四沟’，当地老百姓都叫它雪枫沟，还立了德政碑来纪念。当时新兴地势低洼，水排不出去，经常闹水灾，在彭雪枫的倡导下，军民联合奋战20多个昼夜，修成一条从河南永城经涡阳新兴集流入北淝河的大沟，让群众远离了水患之苦。“新四军，彭师长，谁提起来谁夸奖。你种田，他帮忙，你打麦子他扬场。日本鬼子来扫荡，抗敌拿起冲锋枪。军民合作一条心，打跑鬼子保家乡。”至今在新兴镇还流传着赞颂他和新四军的民谣。时代在变，使命任务在变，对人民的赤子之心不能变。弘扬老区精神，牢记“我们为了谁”，树立以人民为中心的发展理念，才能增进同人民群众的感情，自觉同人民想在一起、站在一起、干在一起，风雨同舟、携手同行。

弘扬老区精神，不忘“我们依靠谁”。毛泽东曾指出：“革命的战争是群众的战争，只有动员群众才能进行战争，只有依靠群众才能进行战争。”[①] 早在1929年，他就告诫广大党员干部“要像和尚念阿弥陀佛那样，时刻叨念争取群众，密切联系群众，一刻也不能脱离群众”。

①毛泽东：《关心群众生活，注意工作方法（一九四三年一月二十七日）》，《毛泽东选集》（第1卷），人民出版社1991年版，第136页。

在艰苦的反“围剿”斗争中，皖西北地区的各级地方干部和人民群众积极配合，多方支援红军。游击队为防止附近敌人奔袭，白天不能住在村子里，一到了晚上，当地群众把煮好的饭、烧好的水、洗净的衣服，统统拿了出来，给指战员们吃饱了饭，洗好了澡，穿上干干净净的衣服，天天如此。其中很多贫苦农民宁愿自己喝稀饭甚至饿肚子，节省下粮食给红军做饭。“村村寨寨铜锣响，山山岭岭红旗扬。家家户户忙打仗，男女老少齐武装。”这首民谣体现了老区百姓无私支援革命的真实景象。红军行动到一地，地方党组织和苏维埃政府一召唤，群众就立即行动起来，送情报，当向导，抬担架，运粮草，掩护伤员，动员青少年参军参战，表现了深厚的阶级感情和坚强的革命意志。习近平总书记指出：“我们党的百年历史，就是一部践行党的初心使命的历史，就是一部党与人民心连心、同呼吸、共命运的历史。大革命失败后，30多万牺牲的革命者中大部分是跟随我们党闹革命的人民群众；红军时期，人民群众就是党和人民军队的铜墙铁壁；抗日战争时期，我们党广泛发动群众，使日本侵略者陷入了人民战争的汪洋大海；淮海战役胜利是靠老百姓用小车推出来的，渡江战役胜利是靠老百姓用小船划出来的；社会主义革命和建设的成就是人民群众干出来的；改革开放的历史伟剧是亿万人民群众主演的。历史充分证明，江山就是人民，人民就是江山，人心向背关系党的生死存亡。赢得人民信任，得到人民支持，党就能够克服任何困难，就能够无往而不胜。反之，我们将一事无成，甚至走向衰败。”① 正是依靠人民力量的支持，我们党才能够从小到大、从弱到强、从苦难走向辉煌，团结和带领中国人民不断夺取中国革命、建设、改革的胜利，作出“三个伟大历史贡献”，实现“三次伟大飞跃”。今天，我们比历史上任何时期都

①习近平:《在党史学习教育动员大会上的讲话》,《求是》2021年第7期。

更接近中华民族伟大复兴，弘扬老区精神，始终尊重人民的主体地位和首创精神，始终依靠最广大人民群众，撸起袖子苦干实干，方能创造历史伟业。

（四）老区精神是革命老区振兴发展的“动力源”

革命老区是党和人民军队的根，是中国人民选择中国共产党的历史见证。新中国成立后，党和政府一直关心支持革命老区发展，特别是党的十八大以来，习近平总书记多次赴革命老区视察指导。加快老区发展，使老区人民共享改革发展成果，是我们永远不能忘记的历史责任，是我们党的庄严承诺。安徽是一块具有光荣革命传统和深厚红色基因的热土，安徽老区人民为中国革命和社会主义建设事业作出了重大牺牲和贡献。在这块红色热土上孕育的安徽老区精神，丰满而厚重，庄严而博大，永远是激励江淮儿女战胜各种困难挑战、不断夺取胜利的宝贵精神财富。由于历史、自然等方面原因，一些革命老区发展相对滞后。省委、省政府始终高度重视革命老区扶贫开发，始终将脱贫攻坚作为重大政治任务和最大民生工程，坚持高位推动、加大投入、补齐短板，坚持精准方略、分类施策、创新突破，坚持问题导向、质量为先、志智双扶，革命老区脱贫攻坚工作成效显著，千百年来的绝对贫困问题历史性得到解决，与全国人民一道，同步全面建成小康社会。在迈向第二个百年奋斗目标的新征程中，我们要进一步弘扬老区精神，并使之转化为推动老区振兴的强大动力源，促进革命老区繁荣发展，更好满足老区人民对美好生活的新期待。

弘扬老区精神，凝聚老区振兴发展合力。弘扬老区精神，增强政治认同、思想认同、情感认同，涵养家国情怀、激发使命担当，对于实现老区高质量发展至关重要。一方面，实现老区振兴发展，要充分发挥各级党委（党组）领导核心作用，提高党组织把方向、谋大局、定政策、促改革的能力，强化政治引领，完善上下贯通、执行有力的组织体系，团结带领广大人民群众把党中央和省委的决策部署落到实处。安徽始终积极构建革命老区大扶贫格局，统筹革命老区振兴发展规划，形成政策合力；安排经济强县与革命老区中的15个国家级贫困县“一对一”、打造县域结对帮扶“升级版”，凝聚攻坚合力，从而有效地推动了革命老区脱贫攻坚进程。2020年，安徽省如期完成脱贫目标任务。贫困革命老区县243.4万贫困人口稳定脱贫、1494个贫困村出列，23个革命贫困老区县退出贫困县序列。2021年9月27日，安徽省第十三届人大常委会第二十九次会议审议了《安徽省促进大别山等革命老区发展条例（草案）》，通过立法进一步打造全省上下共同支持老区发展的强大合力。另一方面，加快老区振兴发展，离不开人民群众的参与和支持。新时代，实现老区振兴发展，要坚持走群众路线，坚持问题导向、需求导向，深入群众，倾听群众呼声，直面群众关切，从而调动广大人民群众的积极性，拓展汇聚民智的方式方法，凝聚思想共识、汇聚振兴发展合力。

弘扬老区精神，拓宽老区振兴发展新路径。抗日战争时期，皖江抗日民主根据地根据自身独特的条件，坚持“发展为先、民生为本、革新为大”，创造性地开展经济工作，后来居上，取得了突出的成绩，创造了“富甲全军的经济奇迹”。根据地大力发展农业生产，兴办企业，开展税收和货检工作。同时，充分利用皖江根据地紧邻南京、芜湖、安庆、合肥等大中城市，与沦陷区、国统区犬牙交错，而且这一带物产丰富、工商业比较发达的地理优势和外部条件，在对外贸易上大做文章，收到许多意想不到的效果，创造了许多经济奇迹。今天，振兴老区更需要弘扬老区精神，开拓视野，更新观念，充分发挥老区的优质红色文化资源，实现创新发展。比如，革命老区流传下来的一

★安徽省金寨县大湾村新貌

个个感人至深的红色故事，传唱着的一首首催人奋进的红色歌曲，矗立着的一处处令人肃然起敬的红色遗迹，都是老区精神具象化的宝贵素材。实现老区振兴发展，要坚持弘扬老区精神，因地制宜，充分挖掘利用老区“红”“绿”两种资源，让红色资源融入文化旅游产业中，着力打造红色为本、绿色为基、特色鲜明的产业体系，培育一批特色产业、特色小镇，向特色优势要竞争力，探索特色发展之路，使红色资源得到创造性转化、创新性发展，让老区群众既是红色文化的传承者，也成为红色文化的受益者。

弘扬老区精神，激发老区振兴发展内生动力。老区实现振兴发展，离不开党和政府及社会各界大力支持。同时，老区人民也要坚持弘扬自力更生、艰苦奋斗的优良传统，依靠自己的勤劳和智慧创造更加美好的未来。幸福是奋斗出来的。正如习总书记所强调的，贫困地区发展要靠内生动力，内外结合才能发展。脱贫致富终究要靠贫困群众用自己的辛勤劳动来实现。“没有比人更高的山，没有比脚更长的路。要重视发挥广大基层干部群众的首创精神，让他们的心热起来、行动起来，引导他们树立‘宁愿苦干、不愿苦熬’的观念，自力更生、艰苦奋斗，靠辛勤劳动改变贫困落后面貌。”[①] 在革命、建设和改革实践中，一代代老区人民传承红色基因，激发出伟大的精神力量，书写了一个个“奇迹”。进入新时代，我们要沿着先辈的步伐，弘扬老区精神，把红色基因内化于心、外化于行，保持坚如磐石的信念、只争朝夕的劲头和坚忍不拔的毅力，强化责任担当意识，提振干事创业精气神，切实担负起时代赋予的光荣使命。

革命老区作为一个时代的符号，谱写了历史的辉煌乐章。老区精神积淀着红色基因，具有丰富的内涵，是团结民众、汇聚民心、唤起民志的光辉旗帜，是战胜敌人、壮大自己、克服困难、赢得胜利的锐利思想武器，在新的形势下仍然具有强大的生命力和感召力。“实现中国梦必须走中国道路，必须弘扬中国精神，必须凝聚中国力量。”老区精神是中国共产党人精神谱系中具有鲜明特色的一种，熔铸了爱国主义的核心价值，承载着党与人民群众生死相依的鱼水深情，映现着中国共产党带领人民排除万难的决心和勇气。我们要永远珍惜、铭记老区和老区人民的牺牲和贡献，继承和发扬老区和老区人民的光荣传统，凝心聚力、攻坚克难、苦干实干，努力走出一条新时代安徽革命老区振兴发展之路。

---

①中共中央党史和文献研究院:《习近平扶贫论述摘编》,中央文献出版社2018年版,第135页。

后　记

为了贯彻落实习近平总书记两次考察安徽重要讲话指示批示精神，弘扬伟大建党精神，巩固拓展党史学习教育成果，进一步深化对大别山精神、新四军精神、淮海战役精神、渡江精神、淠史杭精神、王家坝精神、小岗精神和老区精神等革命精神的研究，讲好安徽革命、建设、改革的故事，传承红色基因，赓续红色血脉，中共安徽省委党史研究院组织编撰了《安徽党史上的革命精神》一书。

本书坚持以习近平新时代中国特色社会主义思想为指导，以党的三个历史决议为遵循，吸收借鉴了学术界的最新研究成果，对每种精神的形成背景、核心要义和时代价值进行了学术梳理和系统阐述。

本书的指导思想、编写思路、框架结构、写作风格由省委党史研究院院务会议集体讨论决定，由课题组成员分工执笔完成。本书在编写过程中，参阅了大量专家学者的研究成果，得到了合肥、六安、宿州等市党史部门和中国文史出版社的大力支持，在此一并表示衷心感谢！

由于掌握的资料和编写水平有限，本书难免有疏漏和不当之处，敬请广大读者和专家学者批评指正。

编　者

2023年7月